年報死刑廃止2000-2001

終身刑を考える

インパクト出版会

目次

特集1　終身刑を考える

特集にあたって　4
終身刑導入は死刑廃止への近道か　菊田幸一、安田好弘、石塚伸一、筒井修、寺田恵子、岩井信　6
死刑に代替する終身刑について――アメリカでの現状を踏まえて　菊田幸一　45
受刑者にとって終身刑とは　免田栄　62
資料　67
無期刑囚の執行期間及び医療体制に関する質問主意書・答弁書◎無期刑囚の仮出獄制度の運用及び外部交通の実情に関する質問主意書・答弁書◎いまこそ、「終身刑」を議論しよう◎「終身刑」を検討し始めた国会・石川顕◎衆議院本会議での質問◎法務省矯正局「受刑者処遇について」◎法務省刑事局「終身刑制度について」

特集2　死刑の時代へどう踏み込んできたか――1999年を考える

死刑の時代へどう踏み込んできたか――1999年を考える　福田雅章・海渡雄一・笹原恵　83
死刑「執行」の論理を問う――再審請求中の執行は許されない　佐々木光明　114

文献1999-2000

1999年9月10日の執行　122
事実経過について・岩井信◎人身保護請求と今回の死刑執行・山崎吉男◎執行された三人の死刑囚・菊池さよ子
1999年12月17日の執行　130
経過について・岩井信◎法務大臣への抗議行動・新津久美子◎人身保護請求について・田鎖麻衣子◎人身保護請求人として・石塚伸一◎執行された二人のこと・菊池さよ子

天台宗死刑制度に関する特別委員会　最終答申　143
多田謡子反権力人権賞を受賞して　安田好弘　144
M氏の公判再開を求める刑事法研究者の声明　148
後藤田裁判、控訴審へ　高塚哲彦　150
2000年6月9日（予定されていた）死刑執行を阻止したぞ　江頭純二　152
6月8日夜廻り　死刑廃止フォーラムinおおさか　155
2000年11月30日の執行　156
執行をめぐる状況・安田好弘◎国会での取り組み・大島令子◎執行された三名について・菊池さよ子

死刑をめぐる状況

99年死刑判決・無期判決一覧　菊池さよ子　162
福岡高裁、死刑囚の外部交通制限の風穴えぐる！　筒井修　174
益永さんの死刑囚処遇をめぐる訴訟　益永美幸　176
死刑廃止に向けた国際的動向1999-2000年　桑山亜也　181
死刑関係文献案内　前田朗　192
死刑廃止運動にアクセスする　204
死刑を宣告された人たち　216
死刑をめぐる年表1999-2000　228

特集にあたって

欧州から風が吹いてきた。

二〇世紀最後の二年間を振り返る「年報」だが、日本の死刑廃止運動が欧州と連携し動き出したことは、報告しておきたい。

二月一九日、欧州評議会人権委員会のヤンソン委員長が、日本における死刑の現状調査に来日し、法務大臣らとの面談、拘置所視察、国会議員、死刑囚家族、弁護士、宗教家、ジャーナリスト、そして死刑廃止ＮＧＯからの情報収集を精力的に行った。調査結果は三月上旬欧州評議会人権委員会で報告される。日本のおぞましい死刑制度が、死刑のない欧州の人々の前に晒されるのだ。

続いて五月にはイタリアから「ハンズ・オフ・カイン」（HANDS OFF CAIN）のメンバーが来日する。彼らは昨年一一月三〇日、日本で死刑が執行されたと聞くと、ただちにローマの日本大使館に抗議デモをかけてくれた。国会議員もデモに参加してくれた。来日目的は、日本のＮＧＯと連携した廃止運動の協議である。

追い風を受けて、死刑廃止への新たな道がきっと開かれるだろう。

さて、終身刑、である。

九九年九月に調査された総理府世論調査で、死刑容認が七九・三％に達した。戦後七回の調査で、最高の数字だ。だが、この数値は「死刑制度の絶対維持」を示すものではないことに着目しなければならない。いたずらに「あぁ、死刑賛成が八割もいる」と嘆くことはないのである。

世論調査は、「廃止賛成」「死刑容認」のそれぞれの回答者に、死刑制度を将来どうするべきか補助質問をしている。容認派の選択肢は、死刑制度は「将来も存続」「条件が整えば廃止してもいい」「わからない」の三つ。九九年調査で

表　補助質問への回答を全体に換算

	即時廃止	廃止賛成・漸次廃止	条件付廃止賛成	将来も存続
1967.6	3.3%	11.6%	20.2%	43.4%
1975.5	5.8%	12.9%	8.6%	43.8%
1980.6	3.2%	9.3%	7.6%	48.4%
1989.6	4.3%	10.3%	10.4%	51.1%
1994.9	5.9%	7.1%	29.2%	39.3%
1999.9	3.7%	4.6%	30.0%	44.8%

(94年調査から容認派への選択肢の表現が変わっているが、「将来も存続」は不変)

は、それぞれ五六・五%、三七・八%、五・七%だった。「どんな場合でも死刑は廃止すべき」「場合によっては死刑もやむを得ない」から選択された七九・三%より、補助質問への回答の方が大きな意味を持つ。「死刑制度をどうするべきか」を問うこの設問の方が、世論を正しく反映している。

あくまでも死刑が必要と考えているのは、容認派約八割の中で五割強しかいない。全体の比率に直せば四四・八%だ。国民の大半が死刑制度を永久に必要と考えているわけではないのだ。過去の世論調査で、補助質問への回答を全体の比率に換算したものを表にした(一九五六年の第一回調査では補助質問がなかった)。

死刑を絶対必要と考えているのはおおむね四割強。たったこれだけしかいない。しかも三〇数年前の調査とほとんど変わっていない。

九〇年、死刑廃止論者の顕在化を旗印に始まったフォーラム運動は、全国に広がった。各地との連携も生まれ、執行の危機には連動した協同行動もとれるようになった。しかし、世論構造は三〇年前と同じだ。なぜか。フォーラム運動は廃止論者の顕在化には成功したが、それ以外の層に声を届けることができていないということではないか。

九六年、フォーラム・東京は存置論者との対話を始めたが(『年報・死刑廃止97　死刑――存置と廃止の出会い』参照)、継続させることができなかった。ぼくらが容認派に語りかける言葉をもたなかったからだ、と思う。容認派の耳に届く、死刑廃止への具体的な道筋を提示し得なかったからだと思う。

終身刑論議は、容認派とりわけ条件付死刑廃止派に廃止の声を伝えようとの試みから始まった。廃止運動を身内だけのキャッチボールに終わらせないためには、死刑廃止への道筋を示すための真剣な議論を交わすことは避けて通れない。

二一世紀に、死刑廃止の扉を開くためにも。

(文責・対馬滋)

終身刑導入は死刑廃止への近道か

菊田幸一・安田好弘・寺田恵子・筒井修・石塚伸一・岩井信（司会）

1、終身刑導入をめぐっての与党プロジェクトチーム

岩井　今日は終身刑導入の議論をめぐって、今後の死刑廃止に向けた展望を探るという主旨で座談会をしたいと思います。

最初にこの間の経緯を私の方からコンパクトに紹介して、その上で皆さんの意見を聞きたいと思います。

二〇〇〇年九月一五日付の朝日新聞朝刊に「終身刑導入を検討　与党三党」という見出しの記事が掲載されました。正式には「与党政策責任者会議終身刑に関するプロジェクトチーム」という形で、現在の与党、自由民主党、保守党、公明党三党で終身刑に関するプロジェクトチームが設置されたのです。もともと公明党は、政策の中に死刑制度の廃止の検討というのが含まれていまして、そうした観点から現行の刑罰制度を見直すべきだという提案があったようです。しかし、最終的には与党三党の議論の中で死刑廃止という文脈を切り離して、終身刑そのものだけの導入についての議論をするプロジェクトチームを設置するということになったわけです。またこれに連動するように、法務省が終身刑に関する調査費を計上したという報道も出てきています。

プロジェクトチームは、毎週火曜日午後四時からヒヤリング方式という形で、一週間に一回のペースで会合を持っているそうです。第一回目は今後の運営について、第二回目は法務省刑事局からヒアリング、第三回は最高裁事務総局からヒアリング、第四回は日弁連からという形で、一二月五日まで

はヒヤリングが続けられて、そこで一応論点整理ということをする予定になっているそうです。

今日は終身刑の論議が行われていることに対して、死刑廃止へ向けたさまざまな運動に関わってきた私たちがどういうふうに考えているかを話してみたいと思います。

今こうした終身刑の導入についての議論にコミットしていくべきだということを菊田さんはおっしゃってきたわけですが、いかがでしょうか。

2、終身刑導入の意義について

菊田　死刑廃止フォーラムの中でも以前から終身刑ということについて調査をし、検討会を開くということを継続的にやってきております。私も個人的には死刑廃止論者が代替刑としての終身刑を検討するということには論理的に矛盾があるということは当然意識しているわけです。この終身刑の問題というのは終身刑そのものの理論のための議論ということではナンセンスなんで、われわれとしては死刑との関係で終身刑というものを考えなくてはならん。これは必然的なことだと思うんです。なぜ終身刑が話題になってきたか。やはり先進諸国でも大ざっぱに言って死刑廃止に代えて終身刑を採用している。しかも廃止直後は、限りなく死刑に近い終身刑を採用している。世論をある程度抱き込むためには厳しい終身刑ということで死刑が廃止されているという経緯があります。

菊田幸一（きくたこういち）
明治大学教授。

最近アメリカを例に調べているんですが、アメリカは存置州と廃止州があって、廃止した州もそういうプロセスを経ています。これから廃止しようという州も終身刑というのを真剣に考えている。どこも共通して終身刑を死刑との関係で考えている。こういう中で日本でも、とくにサリン事件以降、被害者の立場というものが強調されて、死刑廃止にとっては逆風が吹いている。少年法の改正もそうですし、国全体が被害者はともあれ刑罰強化という方向に全体の流れがある。こういう時代では、私は一歩後退二歩前進という言葉を使うわけですけれど、後退して、実のあるものとして一歩前進するということが必要じゃないか。なぜなら、理論的に死刑を廃止せねばならんということは正しいわけです。だけども現実問題として、刑法典から死刑をなくすことはわれわれが生きているうちには不可能だということを現実問題として考えなければいけない。例えば内乱罪とか外患誘致とかそういう問題が刑法上あるわけですが、法律上死刑をなくすということは現実問題としては不可能だという前に立たされて、一歩前進するためにはなにが必要かということに当然至るわけです。したがって私は限りなく死刑に近い終身刑、場合によっては死刑判決が仮りに出ても執行しない、死ぬまで刑務所にいるというぎりぎりの選択も、それも一つの前進だと思います。

終身刑というものがどういう形の終身刑か、それは皆さんいろいろ議論されるでしょうが、いずれにしても私は終身刑ということにこだわるつもりはないです。国民感情といいますか、今の為政者を抱き込んで一歩前進することができる具体的なものであれば名目にとらわれないで新しい動きをここで求めるということで、具体的なものとして今終身刑が浮上している。これをどうするかはこれから議論していく必要があるということです。

九月の『ニューヨークタイムス』で強固な死刑存置論者に対して終身刑を提示することはその主張する人たちの主張をうち砕く論拠になるといってるんです。強硬な死刑存置論者の勢いをうち砕くような終身刑とは、生やさしい終身刑じゃダメなんですよ、仮釈のない終身刑でなければいけない。そのような終身刑を提示することで死刑をなくすということが必要なんだということをいってるんです。

専門家が終身刑をどうするかは、将来の課題です。とくに日本という国は刑法典の中身から言っても世界に冠たる死刑ありきの国だと思うんです。その中でわれわれが一歩前進するためにはやはり終身刑というのを導入する必要がある。菊田はもう死刑廃止論者でなくなったのではないかという人もいるそうだけれど、そんなレベルでものを言うんじゃなくて、すべてを捨てて、私は肉をあげても血は渡さないというそういう精神で臨むべきだと考えています。

3、終身刑論議の活発化を

安田　一九九三年の三月、死刑が再開されたわけですが、今年（二〇〇〇年）は昨年の一二月死刑の執行があって以来執行がない状態が続いています（注・この座談会は一二月一九日に行われた）。死刑の執行は、ずっと恣意的・政治的に行われてきていますから、もう既に一年近くなる死刑執行がない状態についてはそれなりの政治的な意味の下に、あるいは目的の下にこういうふうになっているのではないか、と考えるべきだろうと思いますし、そういう中から今の死刑制度がどちらに進もうとしているかというのも、読みとっていく必要があるんじゃないかと思うんですね。

よく言われているのが、この間与党が終身刑プロジェクト

安田好弘（やすだよしひろ）
弁護士。フォーラム90

をやっていることが一つの死刑執行の抑止力になっているんじゃないか、ということです。もう既に皆さん方もお気づきになっていると思うんですが終身刑議論というのはまさに政策論そのものでして、その政策論というのはいかに死刑を廃止させるか、あるいはいかに死刑執行を少なくさせるか、そしてさらに死刑判決を少なくさせるかという目的の中で、この間、死刑廃止論者の方からむしろ積極的に提起されてきたものなんです。例えば今回の与党三党の終身刑プロジェクトの提唱者は公明党でしたし、それは公明党の中の死刑廃止プロジェクト・チームの中から出てきたものです。死刑廃止を正面に掲げますと、自民党などまったく相手にしようとしませんから、刑罰制度の多様化・適正化・国際化を推進するという名目で、終身刑導入議論がスタートしたわけです。具体的には、現在の日本の刑罰制度の中では死刑と無期刑の間にはあまりにも大きな差がある。この差を埋めるとすればそれは終身刑しかない。また、平均寿命も延びた、現在の無期懲役の一〇年という仮釈放期間も見直す必要がある、というような呼びかけがされて、現在の状況になってるわけです。もっとも、これはあくまでも政策論なものですから、その実現が可能であるかどうか、たとえ可能であっても確実であるかどうか、あるいは効果的に実現できるかどうか、そして弊害を生じさせないかなど、いろんな難しい問題を、しかもさまざまな力関係の中で考えていく必要があります。ですから、私は今の時点でいろいろな視点あるいは状況把握の中で、終身刑導入の是非について議論をしていく必要があると思っているわけです。それで今日こういう座談会となったわけです。

　与党三党の終身刑導入プロジェクトの動きが、この間の死刑執行を止めている力となっているのではないかとも考えられるわけですけど、他方で法務省がどういう風な反応をしているかということも見なければならないと思います（資料5参照）。法務省は終身刑残虐論というのを展開します。もう一つ法務省が展開しているのは終身刑不要論です。不要論というのは何かというと、無期懲役は既に終身刑であると、だから新たに屋上屋を重ねる終身刑を作る必要はないという不要論、そして更に法務省の三つ目の主張が終身刑不能論、つまり処遇を困難にさせるし、処遇自体を桎梏状態にさせてしまう、という三つの理由を立てて終身刑反対論を展開しているわけです。

自民党の方は、平均余命が延びたことによる刑罰の見直し、つまり有期懲役の上限を拡大する。それに見合った無期懲役の仮釈放期間の長期化をする。その背景には刑罰の重罰化、具体的には厳罰化、あるいは刑罰領域の拡大、今回の少年法の改悪、あるいは昨今言われている保安処分導入の動きなどの一環として終身刑の導入も考えてみようということだろうと思います。ですから終身刑の導入議論は死刑廃止を目指した政策論から出てきたわけですけれども、同時に一方ではそれと裏腹な形で刑罰の重罰化とちょうど噛み合うような形で動き始めた。他方、それにブレーキをかけ、終身刑導入論をつぶしてしまおうとしているのが法務省というたいへん複雑な様相を呈してきているわけです。

少なくとも現在の状況で言えることは、終身刑の導入が活発に議論され、それが本当に現実化する中にあっては、それは、確実に死刑執行抑止の防波堤になるでしょうし、死刑判決について抑止の方向に進むだろうと思います。今の死刑確定者の中には、終身刑があれば死刑を避けれたケースが多数あるわけですし、また裁判官にとってみれば終身刑があれば死刑判決を避けれるというケースもあるわけです。新たな刑罰法規の遡及効をどこまで認めるかという理論的な問題もありますが、少なくとも終身刑が導入されるかどうかという問題については、刑の執行においても判決においても一種のモラトリアム状態が続くのではないか。そして、その前触れ、前段階が今の状況であるのかなあ、とも思っています。

4、人権の観点から

岩井　つい一週間前、地方裁判所の判決で無期懲役を言い渡した裁判官が、なお書きの形で、仮釈放する場合には被害者の意見を聞くべきだという趣旨の意見を付した判決がありました。既にいくつか判決のレベルでは無期懲役の仮釈放の条件について言及する判決も出てきていますし、被害者の声を考えると、やはり現行の無期懲役と死刑との間にあまりにもギャップがあるんじゃないかという議論もあります。寺田さんはいかがですか。

寺田　私は基本的には終身刑導入には反対です。終身刑も死刑と同じようにというよりも、終身刑だけ考えても非常に非人間的な残虐な刑罰だと思っています。これまで私は死刑廃止を訴えると同時に残虐な刑罰や拷問の禁止、取り調べの公正化、冤罪反対、処遇の改善などを求めて活動してきました。終身刑という一生涯社会に復帰できない全く希望のない苛酷な刑罰を導入しようとすることは、私がこれまでめざしてき

寺田恵子（てらだけいこ）
アムネスティ・インターナショナル。
死刑廃止フォーラムIN大阪。

たものとは全く違うと思っています。現在、犯罪を犯した人を社会や地域の中でその罪を自覚させて反省させて更生させるというような新たな取り組みも始まっていて、非常に注目しているんですが、終身刑はそういう取り組みにも反するというふうに思っています。『フォーラムニュース』の中に死刑が非人道的だから廃止を求めてきたのに同じく非人道的な終身刑導入を言うことは死刑廃止論の正当性に関わるという反対論が掲載されていましたが、私は廃止論の正当性とまではははっきり言い切れませんが、やはり自分と同じような思いだなと思って読みました。

一方でそういう個人の思いとは別に、私は死刑廃止運動を担ってきてこれからもそれでやっていこうと思っている一人としては、毎年繰り返されている死刑執行に対して非常に無力感を感じています。何とかして執行を止めたい。しかし何をやってもどんな対抗手段をとっても執行を止めることはできない。政治的な動きだとか被害者遺族の感情とかを考えたり、世論調査の結果が期待できるとしたら終身刑という選択肢も、つまり死刑が廃止される前段階としては終身刑導入を言うのも仕方がないのかなあというくらいには感じているんです。ただ私にとっては終身刑導入というのは非常に辛い選択で、できれば選びたくない。それをやる人たちと袂を分かとうとは思ってはいないのですが、自分はやりたくない。

そういうことをいうと大阪では、すごくいい加減だといわれて非難されたんですけれど、そういうふうに揺れているのが現在の自分の気持ちです。

筒井　私の死刑廃止運動の関わりは一つはTシャツ訴訟の原告として死刑囚の外部交通の問題を考えてきたことです。しかし、基本的に私はどちらかというと労働運動をやっている人間でして、その立場からいって、私は死刑廃止を将来的に実現していくためにも、いま終身刑論議を死刑廃止運動の側からすべきではないというふうに結論的には思っています。

今の終身刑論議が公明党の廃止論の側から出てきているといわれていますが、私は今の情勢の中で終身刑が導入されるということは自民党が目指している刑の重罰化と多様化という方向にしか流れないのではないかと思っています。少年法

筒井修（つついおさむ）
福岡地区合同労組。Tシャツ訴訟原告。

の改悪を含めて、重罰化、厳罰化の中で現在無期ですんでいるものが終身刑にいって、死刑は死刑として残るということは十分予想されるんで、運動的な観点からいうと、今廃止運動の側が終身刑議論をすべきではないと思っています。

　それと終身刑そのものについても刑罰制度の根幹を揺るがすものだろうと思います。少なくとも今の刑法典の中で死刑だけ除くことがあり得ないといってますけれども、基本的には刑罰というものをどのように考えるかという考え方の基本からは、死刑そのものが今の段階では異端だと思うんですけれど、もし終身刑というものを今の刑法体系に入れたら、基本的には刑罰というのは応報的なものなんだという考え方、要するに死刑を頂点として、死刑、終身刑を刑罰の究極目標としていくような刑罰制度へ、いわゆる教育刑から応報刑に、刑罰の本質そのものを変えていくような議論に死刑廃止運動の側が加担していく結果になるのではないか。だから終身刑を私たちが主張していくこと自身が、人間は変わり得るんだということを主張してきた私たちの側にとって問題ではないかと思います。

　政府がそういうプロジェクトを作ってやっているということは、ひとつは規約人権委員会の勧告についてどのように対応するのかという、そういう国際化という意味で検討していると思うんですけれど、それを最終的に死刑廃止に向けて議論を重ねているのではなくて、国際的な批判を具体的にどうかわすのか、という形で検討しているにすぎないのではないかと思っています。今後、そういう議論を模索しています、みたいな形で政府報告書を書いて、国際的な批判をかわしていこうというようにしかならないので、終身刑を導入するという方向性がそのまま死刑廃止につながっていくというのは考えられないという気がしています。

　それと、これは左翼的な発想になるかと思うんですが、私は、国家の側というか、権力の側になるたけ選択肢をたくさん与えることについては反対です。最終的に死刑の廃止が実現するのは、ステップの問題ではなくて、本当に実現するとしたら、一挙的に死刑はストレートに廃止されるということがあり得るんでは、と思っています。

　じゃあ現実の執行をどう止めていくのかと言われると困る

んですけれど、ひとつは今の法体系の中でできることについてきっちり追及する。具体的に恩赦制度について、法律上恩赦ということがあったとしても、それが活用されていないというような状況の中で、本当に政府が死刑廃止の方向に行くとしたら、その前の段階として、恩赦の活用という形で現実に執行を停止したり、恩赦を増やしたりして、死刑廃止に向けた具体的な実態を作っていく試みは追求できるのではないかと思いますので、今の段階で終身刑を私たちの側から言うということには反対です。

5、刑事政策の立場から

石塚　私のここでの役割というのは、おそらく刑法とか刑事政策の理論をやっている者として、今までのお話をうかがって、どう考えるのかを話せということでしょうから、そういう立場からお話しします。

話のレベルは、政治のレベル、政策のレベル、理論のレベルの三つに分かれると思うんです。政治のレベルで言うと、先程お話がありましたように、自公保という与党三党の政策形成のプロセスの中で、刑罰政策をどう操作しようかという一連の流れがあると思います。例えば、少年法についていえば、公明党は昔は少年法改正反対と言ってたんですけれど、与党になって、ぱっと変わられましたし、その前でいえば、盗聴法の時もぱっと変わりました。そもそも政党に理論があるかというと、刑罰政策について理論を持っているとは思えないので、状況依存的に動くと思いますので、今約束したことを守ってくれるとは思いません。ですから、そこは私自身あまり信じていません。

二番目に刑事政策や司法政策全体の観点からいうと、今、法制度改革が進んでいるなかで、小さな政府にして大きな司法を作ろうという一連の流れがあります。これに対して、裁判所とか法務省は基本的にコンサバティブな、保守的な役所ですから、現状をできるだけ変えないような方向にするということが彼らの役割ですので、大きな変化を避けるという自己保存本能をもって動いていると思います。そうすると、先程の終身自由刑の導入について法務省がなぜ反対をしているのかという謎解きをすれば、現在すでに厳罰政策というのは始まっていて、九〇年代の半ばからかなり厳しい、タフな刑罰を科していこうという方向は変わっていないと思うんです。例えば、死刑求刑で無期判決が出た場合には、原則として控訴して、もう一度死刑求刑し直す、量刑について求刑と判決の差が大きい場合には控訴しようじゃないかとか、そういう一連の動きをしています。その一連の流れの中で刑務所の人口はどんどん増えてきています。もし、もっと大きく決定的な重罰化政策への舵を切れば日本の刑務所はパンクします。

法務省という役所が矯正局を抱えていてそういう方向に舵を切るわけにはいかない。現場を説得できませんから、さしあたりは反対のポーズをとると思います。しかし、例えば、政治家が予算をつけて、今の刑務所の倍の収容人員を提供してやるからそれでやれと言えば、それは法務省がのってくる可能性がないわけではない。したがって、刑事政策のレベルでは、法務省が今反対しているからといっていつまでも反対しているとは思いません。

日本の刑事政策は今まで少ない収容者で、できるだけ刑務所にいれないで、犯罪の少ない社会を作ろうとしていたわけですが、これを新保守主義的な流れの中で、大きい司法にして、たくさんの人を刑務所に入れて、たくさんのお金を刑事司法に投入するという形に展開するのだとすれば、政治レベルでそういう判断があれば、政策レベルではそれに順応する政策が進んでいくと思います。今は、そのつばぜり合いをしているところなのだと、私自身は位置付けています。

理論的にいいますと、私は終身自由刑の導入については賛成できません。先程、菊田先生もおっしゃいましたが、理論的にはこんなものはダメに決まっているというのは、まさに刑事法を勉強してきた人間としては当然なわけです。まず、人道性の観点でいうと、終身自由刑というのは残虐な刑罰であることは間違いないと思います。死刑という残虐な刑罰があって、そこに新たな種類の残虐な刑罰を導入するということは、私自身は賛成できません。私はドイツをずっと勉強してきているので、ドイツの経験に即してお話しますが、終身自由刑をいざやってみると、仮釈放のない終身自由刑というのはきわめて残虐なもので、「死刑より」という比べた言い方は私は好きではなくて、「死刑も残虐であるし、終身自由刑も残虐だ」、質の違う残虐さだと思いますけれども、やはり、何らかの形での仮釈放の付いていないものは、人間の尊厳に反しています。連邦の憲法裁判所もこのことを認めています。それは死刑を廃止して、終身自由刑が残って、それをより人道化していくプロセスの中にそういう判断が出てきたんだと考えています。

もうひとつは刑罰論全体の中で終身自由刑を入れるというのは非常に大きな意味を持つと思います。ご存知のように日本は今、死刑と懲役と禁錮と罰金と拘留と科料という、六種類の刑罰を持ったシステムです。死刑とか罰金とかは違いますが、少なくとも自由刑に関していえば、自由刑は応報的な側面も持っているけれども、教育、改善というか、社会復帰というか――私は社会復帰という言葉を使いますが――、社会復帰や再社会化に役立つような処遇を刑務所の中ではするということをきわめて重要な課題として担わせているわけです。刑務所の中で一生涯外に出てこない人がいる状況を作り出すことは刑罰理論を応報の方向へ、あるいは隔離の方向へ、大きく舵を切ることを意味すると考えます。例えば、教壇の上から学生さんに刑罰理論の説明をするときに、終身自由刑というのは社会復帰のための刑罰です、とは言えないわけで、終身自由刑というのは応報のための刑罰です。日本では死刑と終身自由刑という応報のための刑罰を存置し持っているんですよ、という説明をしなければなりません。こういう理論上刑罰目的のバランスが応報に揺れるということは、全体の刑罰理論自体を応報の方に振るということになると思いますので、今、社会復帰と応報・隔離というものとの間の緊張関係の中にある刑罰理論のバランスを崩したくないと思っています。そういう観点からも、私は終身自由刑の導入には基本的には反対です。

石塚伸一（いしづかしんいち）
龍谷大学教授。

安田さんがさっきおっしゃっていた、議論することまで閉ざすのかということですが、閉ざすつもりはありません。ただちょっと心配なのですが、少年法の時もそうだったんですが、弁護士会と法務省と裁判所だけで話すのはやめてほしいと思います。これは、大きな失敗があるので、少年法の問題でも、もっと教育関係の人とかいろんなところで子供の問題に直接関わっている人たちが話していたら、全然違った結論になっていたと思います。ですから、交渉の局面を一部の法律専門家だけに限る議論には反対です。みんなで話しましょうというのであれば、もう少し分かりやすい議論をすべきでしょう。私たち研究者は、市民の人たちに正しい情報を提供すべきだと思うし、外国の状況も分かり易く説明するよう努力は惜しまないつもりではいます。

6、終身刑論議は危険か

岩井　終身刑論議が危険だとする意見には、大きく二つあるように思います。一つには、終身刑論議は、今までの死刑廃止運動の根拠をくつがえすものになるのではないかという問いかけがあります。残虐な刑罰に反対するという死刑廃止論からすれば、終身刑も同じく残虐ではないかということです。もう一つは死刑廃止運動の側から終身刑の議論を出すことは、結果的に、一部の政府与党やその周りにいる弁護士や死刑廃止運動関係者たちだけでの「ボス交」的で、広く議論をまき起こすことにはならないのではないか、ということです。

まず最初に、終身刑論議というものが死刑廃止運動の根拠をくつがえすものになるのではないかという議論について、いかがでしょうか。

安田　終身刑導入論の一番のきっかけというのは先程出てきた、うち続く死刑執行、これを止めるための、そして死刑廃止に向けての有効な手だてが見つからないということから始まっているわけですね。しかし、もうひとつの契機がありまして、いろんな世論調査、あるいは国会議員の意識調査を見てみると即時全面死刑廃止よりは条件付死刑廃止、あるいは死刑存置よりは条件付死刑存置、その人たちのほうが実は多数を占めている、というところからもスタートしているんですね。もう少し卑近な例をあげてみますと、例えば死刑廃止議員連盟の中心的なメンバーは、死刑廃止を具体化させるためには、代替刑としての終身刑導入が必要ではないかと考えているし、現に、そういう説明の仕方を選挙民にしている、あるいは、そうせざるを得ない、という現実があります。世論調査では、存廃のどちらの側であっても条件付、というのが多数を占めているわけですから、どうすれば死刑廃止に向けて市民、国民の中で積極的な同意の形成ができるか、その視点で考えてみますと代替刑の終身刑を導入することによって死刑廃止への合意形成ができないかというのは、現実的で積極的な試みですし、私は、とてもわかりやすい方針だと思いますし、説得力があるとも思います。つまり、これは、強固な存置論者を除いた人たちとの間で、廃止への合意形成をしていこうというものです。ところが、この間、もう一つ問題が複雑化しているのが、強固な存置論者との連携であるわけです。この人達、つまり自民党や法務省との関係の中で終身刑を導入することによって、刑罰制度そのものを流動化させ、その結果、死刑判決をより少なくさせ、死刑の持つ意味を相対的に小さくさせて、言い換えれば、死刑が必要であるという存置論者の法的確信を揺がせ、あるいは、死刑が必要であるという政策論を展開しづらくさせる、そこまで入りこんで、死刑廃止へのいしずえを作ろうではないかという動きであるわけです。これが、この間の与党三党プロジェクトの中で公明党があえて突き進んだ道だろうと思うんです。具体的には、死刑を存置したままで終身刑を導入するという道です。

先程の石塚先生の話にあるわけですけれども、終身刑について私自身がどう考えているかというと、終身刑は五、六年で破綻すると思っています。それはもう目に見えている。なぜかというと、もう亡くなりそうな人をあえて拘禁しておく合理性も正当性も必要もない。もちろん、国家財政からしてもまったく不合理です。どんな応報感情であっても余命いくばくもない人をなお閉じ込めておけというほどの応報性はない。逆に、それこそ残虐だという話になってくる。終身刑の破綻は見えていると思うわけです。もちろん、死刑復活に後戻りすることはないと思います。そうすると、終身刑の導入の是非を理論面から考察することも重要なことですが、同時に流動的な流れの中で、終身刑を導入して死刑を廃止して、そのあと五年後はどうなるか、一〇年後はどうなるかを見据える必要もあるだろうと思っています。少なくとも、死刑を止めさせるのですから、その次があるわけです。

ただ、私自身の中にも大変大きな悩みがあって、終身刑を導入するとき、死刑存置の人たちになんて説明するのか。少なくとも廃止グループの中で、あるいは条件付き死刑存置論者との間では終身刑導入の論議はできても、そうではない人たち、とりわけ強硬な存置論者との関係では、特に今回の与党三党のプロジェクトのような場面で、終身刑導入をなんて説明したらいいのか、これは大変難しい問題だろうと思います。死刑廃止の志を隠して話をするのか、死刑廃止と言いながらも、あなたがたにとっても、存置にとっても終身刑は有用ですと言うのか。これはいわゆる運動論の問題になってくるわけですけれども。そうなってくると、じつにウルトラの政策論を私どもは議論しているのかなという気がするんですね。

今日の議論を混ぜ返してしまうかもしれないけれど、そういうウルトラの政策論が通ずることも必要かもしれないけれども、一方でもっと原則に戻った運動論、つまりソフトランディングとかあるいは合意とかそういうものの延長上に死刑廃止を考えると今回の終身刑議論というのは巧妙でかつものすごく高度な議論だろうと僕は思うんですが、他方、一歩離れて見ると、いわゆる原則的な運動論からみると、出発点からは、かなりほど遠いというか、もっと言ってしまえば、不服従で直接行動的なものをきれいにそぎ落としてしまったところにある運動論なのかな、と。もしかしたら、死刑廃止を直接行動、不服従、あるいは抵抗運動的な性格とは別なものと思っている。あるいは、そのような運動の先に死刑廃止の実現を見ていない、あるいはやろうとしていないから、今のような議論になっているのかなという気もしているんですね。戦争反対、徴兵拒否、常に直接的で、不服従で、そして国家政策あるいはマジョリティーに対する抵抗、死刑廃止は、そもそもそういうものではなかったのか。これは私自身の反省も含めてですけれど。ちょっと話が飛んでしまって、こんなことを今日言おうとは思わなかったんですが、この二、三日間考えてみて、じつは運動論もひっくるめて考え直さなきゃならない時期に来ているのかなあという感じもしているんです。

菊田　石塚さんの話ですが、今、政策論を話しているわけで理論は俎上にのせる必要はないと思います。それにしてもその理論の前提にある終身刑というのは、永久に出さない終身刑と頭から思っているとそういう議論になるんでしょうけれども、たとえばノルウェーやスウェーデン、デンマークでは六、七年以上獄中に置くことは残虐じゃないかという意識があるんですよ。ですから、それはその国の福祉的なものの考え方、政策のレベルによるわけで、相対的な問題ですね。日本は死刑が現前として今存在する、その中で終身刑を採用しようという場合に、死刑と同じ残虐なものを取るというような短絡的なことじゃなくて、私は法務省が今の与党のプロジェクトに対して反対しているのは、死刑はありき、これは別問題だとして、自由刑の中で終身刑は残虐だと言っているんですが、ならば、私は終身刑という名前は別にとらなくてもいい。法務省が言っているように、今の無期懲役の中でも終身刑並の者がいるんだ、現にやっているんだと言うわけですよね。ということは、残虐な重刑を現にやっているんだということを認めていることになるわけですよ。

しかし、これは、一般国民は一〇年以上で仮釈放になるという現実と離れたことだけが一般に流布されていて、現実の厳しさというものについては最近まで伝わってこなかった。その中で死刑にくらべて乖離がありすぎるということが一般に流布されて、死刑は置くべきだということになっているわけだけれども、問題はそれでは法務省が現実には厳しい終身刑並のことをやっているんだと言ったって、一般国民は、世論としてはそれは納得できないんです。やはり世論としては三〇年以上は出さないとか、二〇年以上出さないとか、今の無期懲役よりも厳しいものを形として出すならば、死刑に代えていいじゃないかと、そういう議論はいろいろなデータの中で、国会議員もそうだけれども、意識ある人たちの意識にはあるわけですよ、裁判官を含めてね。そういうものをあえて出さなければならないんじゃないかと、そういうことを言っているわけです。

それで問題は、与党三党の中で、終身刑は残虐じゃないかというふうにいう人がいる、これをどう解釈するか、説得させるかというような意味だったと思うんですけれども、私は、与党三党の人たちの中身の多くは弁護士出身だと聞いていますけれども、いずれにしても立法者として国会議員であるわけだから、まったくの素人とは思えない。この人たちに対して、終身刑を仮に採用しても、この終身刑が残虐ではないという証拠、証言、それをいっぱい私はデータとして持っています。アメリカで終身刑務所の所長が何を言っているか、あるいは終身刑になった人間がどんな生活をしているか、それは行刑当局の課題でもあるけれども、いずれにしても三畳一間に厳正独居に入れておくことじゃないわけです。そういう説得をする材料はいっぱいありますから、それはそれなりに説得できます。

ところが、繰り返しになりますが、そういうこととは一般市民は違うんですよ。一般市民は仮釈放のついてる終身刑を取るなんて言ったらね、死刑がいいと言う。それくらい現状は厳しいんです。死刑に対する依存度というか、一般国民の意識は。それに対しては形式的にも、これは三〇年以上は出さないんだと、場合によっては終身刑があってもいい。これは浜四津さんがいみじくも一昨日言っていましたが、今の無期懲役、それからプラス二〇年、三〇年後の仮釈放付無期懲役、それに終身刑をチョロッと付けておく。そうしたら、裁判官も選択肢が増えるし、国民も、ああ終身刑もある、三〇年以上もある、ならあえて死刑をやらなくていいじゃないかと、こういうふうになるんじゃないかということを言っていましたけども、あくまでもポリティカルな発想なんですよ。私は理論じゃなくて、さっきから言っているように、一歩でいいから、中身を崩していこうじゃないかと、こういうことなんですね。

石塚　今のお話で、刑罰を多様化して、死刑と終身自由刑と仮釈放があるけど今よりもっと仮釈放まで時間がかかる、例えば二〇年は仮釈放できないような仮釈放と、今の無期懲役と多様化してですね、一般の人たちに死刑じゃなくても他の刑罰、代替刑がありますよと言ったときに、一般の市民の人たちの中でどのくらいの人たちがそれなら死刑を止めてもいいよって言うだろうか、というシミュレーションしなければいけないと思うんですよ。

菊田　今までのデータとしては、朝日新聞とかNHKとかわれわれがやった国会議員に対するデータというのはありますね。同時にこれからもう少し計画的に、裁判官に現実に聞いてみる、アンケートを取る作業はやってもいいと思うんですよ。われわれがやるんじゃなくて、どこか中立的な立場でやるというような形でやるということ。それからご存知のように今、判決の中でもそういうのが出ていますよね。そういうものをもっと世の中に知らせるという積極的な方策もわれわれがやらなければならないこととしてはある。それに、安田さんも指摘していますが、現在の確定死刑囚の中には量刑上から死刑ではなく、いわゆる重無期懲役に該当すると思われる者が少なくとも二〇数名はいるといわれています。

石塚　死刑を存置したまま、終身自由刑を導入してみてどのくらい死刑が減るかというのを見るべきだというご意見なんですか。

菊田　見るべき、じゃなくて、今ある制度に新たなものを作るということ、このことによって、判決が死刑よりも重無期懲役もしくは終身刑の方に傾いたというデータがアメリカにあるんですね。そのことによってまず世論を押さえることができた。そしてその後で終身刑が非常に問題だということで緩和していった、そういう経路をたどっているわけですね。だから私は日本においても、日本という国は知的レベルは高いですよ。

石塚　それは何とも言えませんが（笑）。

菊田　日本の裁判官だってレベルは高いですよ。その点から言えば、新たな重刑罰ができたとき、それでも死刑、というよりも、こちらへ来る、ということは十分予想可能なわけです。

石塚　菊田先生の政策提案というのは、現行制度は残しておいて新たに無期懲役と死刑との間に終身自由刑という刑罰を刑法の九条を改正してそこに入れるという、そういう提案ですか。

菊田　いや、刑法を改正しなくたってできるんじゃないですか。今の無期懲役を、団藤さんも言っているけれども特別法でも作って二〇年、三〇年という形にすればいいんで。

岩井　今、終身刑ということをめぐって議論していますが、人によって意味あいが違います。死刑廃止を前提にした終身刑導入という議論もあるでしょうし、死刑は存置したままでも、まずは終身刑を導入して、ひとつでも死刑判決が減ることがまず第一のことなんじゃないかという議論です。

菊田　ちょっと言葉をはさみますけれども、死刑廃止を前提とした終身刑だ、あるいは、それを別にして終身刑だけを議論するというように明白に分かれるのではない。私はもちろん死刑廃止です。だけど、今、旗印として出す必要はない。これは頭の奥に置いといていい。というのは、それほど現状は厳しいんですよ。今の世の中、日本の現状が、さっきから言っているように被害者の面からしても。だから置いといていい。そして何も言わないで、終身刑だけを唱えなさいと。そうしたら死刑廃止は後から付いて来るんです。急がば回れということであって付いて来るんです。それが運動というものなんです。死刑廃止を叫ぶことは理論的には正しいですよ。だけど今までの経験からわかるように効果的ではなかったですよ。

安田　でもそのときに、何も言わなければ終身刑議論って存在しないんですよ。

菊田　具体的に申し上げると、与党三党のプロジェクトは死刑をさておいて終身刑だけ議論すると言っています。そのときに法務省が終身刑は残虐だと言っているのは、これは死刑なんか問題にしていないわけですよ。じゃあお前たちは重刑罰化だけを狙っているんだから、私はそんなものに与することはできないと、法務省と喧嘩して言えるか。喧嘩してはいけません。なんといったって法務省の権限、権力というものは絶対的なものですよ。だから私はここで法務省と、重刑罰化けっこうじゃないかと、一緒になってそれをやっていきましょうと言うくらいの度量の深さがあっていい。それが採用されたあとで実を取りますよと、言わなくていい。それは必ず取ることになる。私はそういうことを言っているんですよ。

石塚　うーん。その見込みは僕とは違いますね。

菊田　いや、見込みよりも行動をおこさなくちゃダメ。空理空論は可能ですよ。だけども私どもは確実なものから、とりあえず掴んで、そこからなんとしてでも穴をあけなくちゃならんという発想なんですよ。

石塚　そうすると今まで死刑廃止の運動をやってきたことはすべて無駄だってことになるんですか。

岩井信（いわいまこと）
フォーラム90

菊田　そんなことを言っているんじゃない。

石塚　今までだってひとつひとつ穴を開けていったわけじゃないですか。

菊田　そうですよ。今回だってひとつの穴なんですよ。

岩井　今までの例でいうと、例えば八〇年の後半頃に執行停止をどう訴えるかという議論があって、そのときも、死刑廃止運動というのは死刑の廃止をめざして活動しているんだから、執行の停止ということを前面に押し出すのはおかしいんではないかという議論もあったと思うんです。問題はそのときの死刑の廃止か執行の停止かという議論と、今回の死刑の廃止か終身刑かというときに、果たしてその延長線上で議論できるのかどうかというときに、確かに、執行停止ということは死刑廃止を前提にした議論になっていくという点は僕はあると思うんです。ところが菊田さんの場合、死刑廃止と切り離された形で、とにかく終身自由刑というものが導入されて、結果的に死刑判決が少しでも減るような可能性があるならばそれはそれでまずいい、そこに必ずしも死刑廃止という冠を着けなくてもいいじゃないかと、一歩踏み込んだ提案を今しているわけです。その意見に対しては、寺田さんとか筒井さんとかは、さきほど述べられていますが、今までの死刑廃止の根拠を崩すものではないか、ということになりますか。

筒井　そういうことになりますね。

寺田　それともうひとつは、理論的なことじゃなくて、本当に終身刑導入が死刑廃止につながるという確信が持てない。新しい重罰を増やすだけだという気がして……、日本では、何か制度や法律がひとつできたらそれを崩すのはすごい大変なことじゃないですか。たとえ死刑が廃止されても次には終身刑という非人間的な刑罰に反対する運動を始めなければならなくなる。そういう未来が見えるから、私たちの側から終身刑導入を言うというのは問題だと思うのです。

岩井　死刑の廃止というときに、死刑制度の廃止というのがひとつありますよね。もうひとつは、今まで死刑判決になっていたものが、それによって死刑判決にならないかもしれない、そういう点はどう思いますか。

寺田　もちろんそういう可能性もあるけれども、反対に死刑を残したままだと、たった一人であっても、死刑判決を受ける可能性もあるわけでしょ。たった一人でも死刑の判決があって執行されるんだったら、終身刑導入は何のためかと思いたくなります。私たちがやってきた運動とは、そのたった一人の弱者のために闘ってきたので……

菊田　あなたのおっしゃることは良くわかるんです。そういう形で仕事をされてきたとわかるんです。だけど、辛いけれども将来に向かっての選択もやぶさかではない、とあなた、言ったでしょ。われわれと同じ思いですよ。私だって死刑を執行されることに対してどんな思いがあるか。だけども、そこで今一歩引いてでもここで少しでも前進するために辛い選択をしなきゃならないということを申し上げているんですよ。

「確実性があるならやりましょ」というそんな生やさしいものじゃなくて、確実性なんてないかもしれないけれども、世論を動かしていこうじゃないかと、今そのちょっとした筋が見えてきているんだからそれにくっついていこうじゃないかと言っているわけです。楽観的なものが先に見えているわけでも何でもない。それぐらい日本の壁は厚いという意識を持ってやることが大事だと私は思っています。

安田　議論の前提の前に整理する必要があると思うんです。死刑廃止を求める運動であることは確かだろうと思うんです。そのときに政策論として死刑廃止を直接求める、それから死刑を廃止して代替刑として終身刑を導入する、それから死刑も存置しかつ終身刑を導入する、とこの三つに分かれていると思うんですよ。

おそらく菊田さんの話は、従来は、私の理解としては、死刑を廃止して代替刑としての終身刑だったのが、この間、死刑を存置してなおかつその隙間に終身刑をすべり込ませるという話も射程に置かれているわけです。そうすれば法務省も巻き込むことができるし、そうすることによって死刑判決をより少なくさせることができるし、そして死刑存置論の根拠も実質上なくしていくことができる、というふうに考えていらっしゃるわけですよね。

これも先程から僕が言っているきわめて政治的な色彩のウ

ルトラのウルトラでして、そこまでくると、確実性とか効果論というのを考えざるを得なくなってくると思うんです。というのは、完全に相手の懐に入り込んでいく議論ですから。ですから先程も出てきた法務省との間に無用な波風を立てないようにやっていくということになるんですけれども、そこまで来るとちょっと待てよという感じになってきます。というのは、法務省は少なくとも近い将来においては現行体制を変えようとしない。決して、法務省以外の人間に刑罰制度に手はつけさせない。刑罰法令の制定から運用まで、すべて自分たちが独占する。ですから国会や政党が終身刑導入を議論すること自体に反対している。これはとても強固な全体としての意思であり、力だろうと思うんです。そういうふうな法務省の壁を終身刑導入というだけで突き破っていくという可能性は私はほとんど不可能に近いんじゃないかという気がするんです。

菊田　ちょっと待ってください。私が法務省と喧嘩することはないと言うのはなにも法務省の言う通りやれと言っているのではなくて、法務省と共闘の中でやっていかないと物事は動かないと言っているわけです。今ある無期懲役が終身刑並みだという法務省に同調しているんじゃなくて、今ある無期懲役にプラス二〇年、三〇年、あるいは終身刑と選択肢を拡げたものを形式的に法律として作りなさいと、そこで法務省が妥協しなければ、われわれは譲るべきものは譲るけれども、それ以上のものは譲れないという姿勢で今行くべきですよ。まさに与党プロジェクトがやっているのはそこなんで、法務省が言うことを、今喧嘩すべき時ではないと無条件にそんなことを言っているわけではない。

安田　もちろんそうですよ。理解します。ただ、今の終身刑の問題からすると、法務省が無期懲役を現実には終身刑のように運用しておきながら、一方で一〇年で仮釈放という法律に手をつけようとしないのか。それはやっぱり法務省の専権的な裁量権の独占だと思うんです。仮釈放期間が二〇年なり、仮釈放期間を判決で言い渡すという制度も外国にはあります。しかし、そういうのものさえ導入させないというのは、私自身の見方では法務省の権限をできるだけ多く取っておくということであって、それを手放すはずはないだろうと思います。ですから、終身刑導入も拒否するだろうし、仮釈放期間の裁判での宣告化、あるいは仮釈放の司法審査制、それらに対しても法務省は反対するだろうと思うんです。そうなってくるとどこに展望が見えるだろう。

菊田　おっしゃることはよくわかるんですよ。だから宗教家や、いろいろな市民グループも含めて死刑廃止のもっと大きな運動を展開すべきだ、そういうものが背景にならなきゃいけないとおっしゃるんだと思うだけれども、しかし、とりあえずの焦点は法務省がどうするかということなんだから、今、具体的に与党プロジェクトができて、具体的な案を検討しているわけだから、そこでやっぱり法務省と喧嘩しないで、具体的な案についてどういう終身刑にするか、あるいは重無期懲役にするか、これから煮詰める段階でしょ。ここのところで、頭からこれは重刑罰化だと言ってしまって論争の場をなくしちゃいかんということを私は申し上げているわけです。

安田　その場面では私も賛成です。与党が動いているというのは、この間の執行を止める力にはなっていないだろうと思っているんですよ。

岩井　実際問題、今、このプロジェクトチームの中の議論、特に例えば法務省なんかがペーパーを出してきているようですけれども、それを見ると行刑の問題、恩赦の問題、そして現行の無期懲役制度の実態の問題がからまって議論せざるを得なくなっているという事実はあると思うんです。ですから、ひとつはそういう、どちらかといえば今までは、そういう議論をすることで、刑罰体系という今まで誰もそもそも怖くて議論しようとしなかったところに根本的な議論の流動化をしようというので、このかんは整理してきたと思うんですよ。その流動化を一歩踏み越えて、菊田さんのように、具体的に終身刑だけでも導入していいんだ、という言葉が出てきたときに、どうしても躊躇の念というのが一方で出てくる。そういう意味ではそれまでのとにかく議論をして流動化して問題点が、今まで動かなかったものが動くような状況を作ればいいという、ある意味ではレトリック的なところがあったのかもしれないですよね。その点について、例えば、そういうふうな議論の場所を持っていることについてもやはり結果的には自民党の重罰化の路線の中にすくい取られるだけだという話が、先程、筒井さんからあったと思うんですけれど、そういう観点からすると、議論自体も非常にあぶないという認識になりますか。

筒井　そうですね。私の感覚なり私の経験からいって、死刑廃止運動に限らず、いろんな社会変革を求める運動が困難に直面したとき、それを乗り越えるひとつの方法として、それこそ向こう側に寄り添うような形での対案なりを提起していくということはたくさんあると思うんです。今回の場合、終身刑を私たちの側から出していくことが、本当に死刑廃止につながるというのが全然わからない。菊田先生は終身刑が導入されたら死刑が廃止される近道だと、結論的にそういうことを先にポンと言われていますけれども、全然それがそういうふうに実感として湧かない。今の情勢の中で終身刑導入という流れは、無期懲役と死刑とでは格差があまりにありすぎる、無期懲役は軽すぎる、だから終身刑を入れるべきだというふうなことと、それをもってもなお許せない人間の存在はあるんだということで、死刑は死刑として存置していくということにしかならないと思う。終身刑を入れようとしている人たちが本当に死刑廃止の前段として入れるというということの確約があったとしても、そういう確約なんて、公明党の組織犯罪対策法のときと同じようにころっと変わるのに、そういう確約も全然ない。いわゆる死刑廃止の代替刑としての終身刑だということの確約もなく終身刑だけボンと入れるというのは、死刑廃止運動にとってマイナスではないかなという感はぬぐえませんね。

7、世論の逆風をどう考えるか

岩井 今の話を引き継いで少し違う角度で議論してみようと思うんですけれども、例えば、私たちが運動の側として、そしてまた実際に現行の法制度を運用している側がいて、その二者の関係の中で物事を捉えるだけではなくて、一方では実際に例えば被害者の遺族の声ということで厳罰化を求める声とか、実際にいろんな形で世論調査なんかに出てきているいわゆる世論、そういう、いわゆる運動とは違う立場で、かつ現行の法制度を主体的に運用している側にいる人でもない、その人たちの存在というのがあって、実際にＮＨＫの調査や世論調査で、終身刑が導入されるならば死刑に反対してもいいと答えている人の方が存置論よりも多かったり、もしくは存置だけれども条件が変われば考えるという人がこのかん二倍以上増えているという中で、どういう条件を整備していくのかという議論がもうひとつあると思うんです。そのへんについてはどうでしょうか。やっぱり現状の今のままで行くのか、そういう人たちにどういうふうに声をかけて、今の死刑制度を変えていくように呼びかけていくのか、そういう議論についてはどう思いますか。

筒井 でも国際的な、それこそ規約人権委員会からの勧告も含めて、死刑は廃止すべきだという勧告や国際的な世論はあるにしても、それは死刑廃止の代わりに終身刑を導入して廃止したほうがいいという勧告ではないわけですよ。

菊田 私は人権委員会も出席しているけれども、向こうで委員会の専門家が言うのには、これは勧告ではないですが、国が死刑廃止に向けて五年間どういう努力をしたかを問うているわけです。たとえば世論について、死刑に代わる制度としてこういうものを設けた場合、あなたは死刑についてどう思いますか、というような世論調査をしてみましたか、それでどうだったか、ということを私どもは聞いているんだと。世論が存置だから日本は時期尚早じゃなくて、どういうふうに世論を変えてきたか、と。それでも日本は死刑存置だと、そういうデータが欲しいんだと専門家たちは言っているわけですよ。ストレートに死刑廃止を望んでいるのは人権委員会として当然だけれども、その段階として、国がどういう努力をしたかということを求めると言っています。そういうニュアンスですよ。

筒井　だからこそ努力の方向として、終身刑を間に入れましたという形で政府が対応することによって、国際的な批判をかわそうとする動きだと思うんですよ。

岩井　逆に言うと、政府の動きとは別に私たちの側でその条件整備が必要なのでしょうか。そもそも条件整備は必要じゃないんだ、死刑は残虐だから廃止するんだ、それで議論は十分なんだとすべきなのでしょうか。

寺田　はっきり言って私はあまり世論調査を信用していないので、世論調査で死刑廃止の代替刑があれば死刑がなくてもいいというパーセンテージが多いと聞くけれども、私は実際に凶悪な犯罪が起こったとき、国民が犯人を生かしておく、命だけは助けるというのは公平ではない、やっぱり死刑にしろという声があがってくると思います。その声が大きくなって、国を動かす。そういう流動的な心情的な世論調査を根拠にして終身刑を言うというのはやっぱり難しいかなあと思う。

岩井　終身刑の議論とは別に、条件整備についてはどう思われますか。

石塚　廃止への道というなら、大きな政治変動があって政策決定が行われる時以外は、基本的にはモラトリアムがあって、国民世論が機の熟したところでもって政治的決断ですよね。今は逆でしょ。そういうようなモラトリアムもない。厳罰化の流れの中で廃止への動きの世論を盛り上げること自体は、そういうオールマイティの札があればいいけれど、僕は基本的にないと思っている。こういう政治が冬の時代で、厳罰化の流れがとても厳しい時代に、法改正というのは誤った法改正をする可能性が極めて高いので、制度論よりもむしろやるべきはやっぱりひとつひとつの人道的な刑罰改革をしていこうという潜在的な世論を盛り上げていくことの積み重ねでしかないと思うんですよ。ですから、個別の権利救済の問題の中でまだやれていないことはないだろうかとか、地域レベルでの市民集会等に人々を集められているだろうかとか、そういうことをもう一回チェックして、頑張ろうねという形で声をかけていかない限り、霞ヶ関や永田町に行って法律の議論をしてたら、そこに数少ない死刑廃止運動の人たちがみんな勢力を吸収されちゃったら、冤罪の問題でもそうですけれど、そのひとつひとつの権利救済活動というのが本当に大丈夫なんだろうかと思います。

それと同じことで、さっきの話で、終身自由刑が導入されれば、おそらくものすごく残虐な刑罰になるでしょうから、こんな刑罰はダメだという結論が出ると僕も思います。だけどそれは新たな犠牲者を作って、その人を救済するために、これまで以上の新たなエネルギーを注いで、ということで、権利救済運動をまた拡げなきゃいけないわけです。そんなに戦線を拡げてやれるのだろうか。やっぱり死刑廃止運動の強みというのは、人道的刑罰改革の中で現実に権利侵害されている人たちがいる。これをおかしいと思いませんかと人々に問いかけていく。そこに説得力はあるので、そこの線をやっぱり譲ってはいけないし、そこに力を注いでいくことが長い目で見たときに世論を説得できると思います。だって現実に手紙も出せないのはおかしいと思いませんか。やっぱりおかしいと思っているわけですよ、みんな。心情安定というけれど、誰でも会えないで心情安定なんておかしいと思いませんか、家族でも会えないんですよ。これは説得力あるわけですよ。そこのところから改革していく中で、その死刑確定者の人の本当の声が聞こえてきて、心から謝りたいと思ってるとか、そういう話が出てきてはじめてそこでわかるわけです。できるだけ透明性を高めていくという今までの努力の延長戦上にしか僕はやっぱり死刑廃止というのはないと思うんです。

僕はわりとオプティミストで、また死刑確定事件の中に冤罪事件が見つかりますよ（笑）。だってあると思いますよ。みんなそれぞれに関わっているじゃないですか。なぜ九〇年代になって死刑確定事件で、冤罪事件での再審無罪がなくなっちゃったのか。ここが問題なわけで、そこのところにみんなでもう一度力を注ぐ。

先程、菊田さんがおっしゃったようにアメリカで最近死刑はおかしいのではないか、という議論が出てきた。そうするとモラトリアムを始める州が出てくる。そこでのポイントは、DNA鑑定使ってみたらどうも誤判だったみたいだ、という話が出てきた。その強さですよね。人道化というひとつの流れと誤判。この二つの軸をやっぱりずらすべきではないと思う。僕は、そこをみんなで頑張りましょうよという考え方なんですけど。古いかもしれませんが……。

菊田　それはそれで大いにやるべきであって、私はぜんぜんそれを否定していないですよ。

安田　今、石塚先生がおっしゃった運動の視点というのは失っていないと思いますし、今でもずっと引き続いてきてこれている部分というのは、誰もが汗を流しているからだと思うんです。もちろん、さらに力を加えなければならないことも多数あるだろうと思うんです。しかしこの間、私たちが見てきたのは、世論の弱さというか、報復感情に、そして重罰化に一気に流れる。人権・人道ということがほとんど歯止めになっていない。そのうえ、法務省は、死刑廃止の世界的な流れに徹底して抵抗する。抵抗を正当化する勝手な論理をうち立て、さらに自分たちの仲間を増やそうとする。アジアに橋頭堡を作る。私どもが人権・人道と言ったら、彼らは国家主権にすり替えます。私どもが社会復帰と言ったら、社会を転覆させるほどの危険と、救いがたいほどの凶悪を対峙させてくるわけですね。かれらは、私どもが突きつけるものに、逐一反応し、私どもを叩き続けてきたと思うんです。そして、その場面は、モグラ叩きのように、時とともに多岐に広がっていっています。ですから、今回の終身刑導入議論も、運動の収れんではなく、私たちの運動の拡がりと考えて捉えたほうがいいと私は思ってるんです。

というのは、そっちの方だけが特化するわけではない。一方では、今日のメインテーマではないんですが、あえて出したいのは、今までの一種の運動形態、ゲリラ的にあったかもしれないけれども、つまるところは、政策的な社会変革というかソフトトランディング政策運動、それをどこかで市民運動の側ももう一回見直してみる必要がある。大衆的民衆的抵抗運動がもしかしたら本当は必要な場面もあるんじゃないだろうか。非暴力直接行動的なものがやっぱり必要で、もっと卑近な例をあげてみれば、この死刑廃止運動で逮捕歴三〇回の人がいるだろうか。アメリカの公民権運動では三〇回なんてザラだった。キング牧師だって三〇回パクられている。そういうふうな直接行動、非暴力でも、そういう運動も射程距離の中に入れざるをえない、それほど強い国家、政策との対峙だということを見直してみる必要があるような気がするんですね。そういうものが一方であって、片方でものすごくウルトラの今菊田先生が言われている終身刑の導入がある、おそらくそういうものが全体にならないと死刑廃止は実現できないのかというのが、私のこの一週間ぐらいの考えなんです。

岩井　今の安田さんの言い方だと、非常に決断主義的な側面というのが出てきているように思うんですよ。確かに終身刑の導入をめぐる議論は決断主義的なところがあって、今この場でどちらを決断するんだという形で迫られます。根拠よりも、決断が求められます。しかし、決断したのはいいが、本当にそれで実現可能性があるのかということはわかりません。

それに対し、非暴力直接行動を対置することは、結局この終身刑議論とは違う形での決断主義的になってしまうような気がします。死刑廃止運動全体として、この追い詰められた状況の中で何かをしなければならないという形で、結局のところ、終身刑論議が、まさに現状がデッドロックに上がっているということを、少し言葉をずらしているだけであることを認めることになります。半年に一回執行が続く状況と決められないもどかしさ、それに対する何もできない無力感、それをどこかでやはり転換しなきゃならないというあせり、それが「ボス交」的政策論的な部分と、非暴力直接行動的な部分と、一見全く正反対に見えて、その表現の仕方は同じではないかと思います。しかし、それでは広がりを作れないのではないでしょうか。

石塚　多くの市民の人たちの支援が得られない、得られるためにはどうしたらいいか、という議論と、具体的に止まらないから行動主義的になんかやろうやないかという、この二つが両方必要だというのはわかるんです。ただそれはいつの時代でも同じように言えることじゃなくて、それはその機が熟するときというのがあると思うんです。

菊田先生が今の政治的な働きかけの中で実現できるものからしていこうというのも、ひとつの状況分析と政治的判断だと思うんです。ただそこが僕自身は共有できていないんですよ。なぜできていないかというと、やっぱり世界中が今犯罪に対して厳しい刑罰をという方向に進んでいることは事実ですね。よく見てみるとどこもそんなに特別大きな社会変動を迎えていないように見える。だけど間違いなく一〇年前に起きた東西の冷戦構造の崩壊というものは今新たな社会変動を生み出しているわけです。そのことについての議論はしているわけです。そのときに政府の側から見れば一番安直な治安維持方法というのは重罰化という言葉を語ることなんですよ。ところが、それを本当にやるととんでもない債務を抱え込んでしまって、刑務所は満杯になるし、どこも困っている。これはヨーロッパでもどこでもそうです。ただヨーロッパでは死刑を廃止していたという強みがあるからそこのところでひとつ最後の防波堤ができている。今ドイツなんかでも世論調査をすると死刑再導入というのが時々五〇％を超えることもあります。でも、短期的には重罰化の傾向があるかも知れないけれど、長い目で見ていくとやっぱり死刑というのは廃止に向かっているし、人道的な刑罰を求めるという方向に向かっているという確信を共有しないと。短期的な社会不安定の中でどんどん刑罰を強化しようという今の動きが、いかにばかげているのかということを、こういう問題を真面目に考えてきた人たちが、一つひとつみんなにわかりやすく説いていかなければいけないと思うんですよ。

岩井さんふうに言えば、決断主義的なところまで追いつめられているとは思わない。死刑が止まらないというけれども、でももう一一カ月止まっているんですよ。執行できないような客観状況がここでできあがっているということも事実ですから、それを評価しないとね。これはやっぱりみんながいろんなことをやってきたし、裁判所がいろんな判決を出しているることの成果だと思うんですよ。だからあんまりマイナス思考になりすぎずに、これまでやってきたこと、今やっていることを評価して、今できることをもう少し拡げていこうとしないと。確かに厳しいですけれどね。そこが現状認識でちょっとずれが出てくる大きな分かれ目だと思う。

菊田　僕は同じようなことを言っているように思えるんだけ

れども、なぜか結論が違うような（笑）。そういう言い方しているから僕は反論するんだけれど、凶悪犯罪が増えてるというけれど、長い目で見れば日本は凶悪犯罪は減っているわけですよ。国際的に刑罰強化と言っているけれども、それはアメリカのことを言っているかもしれないけれど、世界的、国際的に見ればそんなことはない。ヨーロッパにせよなんにせよそんな傾向はありませんよ。とりわけ日本で凶悪犯罪が減っている世の中で、しかも日本国民の知的レベルというものは非常に高いわけです。そういう中で世論というものが、代替刑を望むならば死刑はあえて必要ではないという意見が満ち満ちている。ましてや専門家の裁判官においてはそういう意見が判決の中にも出てくるような状況の中で、あえて自民党と組んで、代替刑を、終身刑を工夫していこうじゃないかというのも、そういうバックグラウンドがあるからね、こういう与党プロジェクトというものの形として初めて出てきたんですよ。政府が動かない、法務省が動かない中で、与党の中で行こうじゃないかというのが出てきているわけですからね。ここでわれわれが乗り遅れてはいけない。むしろ、死刑廃止をやっている連中が、代替刑にもっと早く手を上げるべきなんだよ。そして国会議員を動かすべきだったんです。与党が動けたからね、それに乗ろうか乗るまいかなんて言ってるんじゃなくて、おまえたち今まで死刑廃止運動をやってきて何をやってきたかと、むしろ向こうから忠告を受けなければならないような立場にあるわけです。それぐらいバックグラウンドが国民の間に満ち満ちているからああいうものが出てきたということですよ。法務省だけを相手にしていたらいけませんよ。だから法務省も喧嘩しないでさっきから言っているようにその大きな力というものをここにぶつけていきなさいということなので、私は結論はあなたとぜんぜん違うけれども、プロセスは間違っていないと思いますよ。

石塚　菊田先生のご意見は、例えば今の無期懲役について一〇年で仮釈放だけれど、現実には二〇年九ヶ月ぐらいが平均だと言っていますよね。そうすると例えばもうそこで併合罪や再犯の加重を入れて考えたときに、二〇年が有期刑の上限なら、無期懲役については仮釈放は現実に合わせて二〇年にするというような改正というのも、菊田先生のいう終身自由刑の導入というか死刑代替案に入っているんですか。

菊田　だから具体的にどういう終身刑になるのかはそのときの問題だけれども、私が最右翼として今言わなきゃならないことは、さっきから言っているように今の世論の被害者をはじめとする厳しさ、死刑に対する依存度、存置論者の強力な空気の中では、世論を誤魔化すのではないですよ、説得するには、死刑にもっとも近い終身刑を提示するという、すべての理論を伏せてそういう政策を選択しない限り世論を動かすことはできないんだぞと言っているんです。私はもちろん法務省の言っているように、終身刑は残虐だ、もっと軽い仮釈のある終身刑でいきましょうというのなら、それはそれでもいい。でも今までのような仮釈まで長い無期懲役で終身刑並みのことをやっているというんじゃ国民を説得する材料にはならない。終身刑という形だけは出しなさいと言ってるんです。

それと、これは行刑の問題だというけれども、ご存知のように日本では責任無能力だと思われるような人間もやった行為の重さによって長期懲役に入れているわけですよ。そういう人間も入れていて、なおさら拘禁性ノイローゼで本物の精神障害にしておいて出せない、と言っているわけですよ。ほんらい病院に入れるべきものをあえて刑務所に入れて悪くしている。そういう問題もあるのだから、何も私はとくに凶悪な犯罪をやった人間を長期いれなきゃならないという根拠はない。今の現状というものをもっと分析しなきゃいけない。法務省の役人、医者たちも、もともと入れるべきじゃない人間を入れてるということを指摘していますよ。

石塚　責任能力の判断基準の議論をすると、もうひとつ保安処分導入についてのルビコンも渡っちゃうことになるわけで、精神障害を持っている人の処遇というのもひとつの問題ですけれども、それを福祉、治療の問題で議論していくのか、社会の治安維持の問題で議論していくのかで違うわけですよね。

菊田　精神障害で犯罪をやったたって、それは精神上の問題があるなら、保安処分ではなくたって、病院で治療するべき対象ですよ。刑務所へ入れる対象じゃないですよ。

石塚　しかし、世論を言うならば、そちらのほうが世論を変な形で盛り上げてしまう可能性があるわけです。つまり、非常に凶悪な犯罪を犯した人がいれば、攻撃の矛先は、今は一七歳に向っていますけれど、次は精神に障害のある人たちにおそらく向くでしょう。いつでもそういうような事件を探そうと思えば探せるわけですから、それをひとつの奇貨として保安処分導入だと、保安監置みたいな予防拘禁を入れる。それと比べりゃ刑務所のほうがましだろと言わせてしまうと、もともと責任能力の判断基準が曖昧ですからね、議論はパタパタとドミノのように倒れていってしまうと思いますよ。

菊田　その議論は止めましょうよ。私が言っている強制入院措置ということがあるにも関わらず取っていないということが言いたいんです。

石塚　学者としては、その議論をして、社会の安全とか社会の防衛とかいうところを最優先に置く議論を肯定してしまったときにはそれは止まらないと思いますよ。

菊田　僕が今言ってるのは病院で治療すべき人間を刑罰として刑務所に入れているということを言っているんです。

石塚　それは裁判における責任能力の判定基準がおかしいということをおっしゃってるんですよね。

菊田　裁判官の問題はもちろんありますよ。

8、どういう終身刑を考えるのか

岩井　終身刑そのものに戻って議論しますが、例えばプロジェクトチームに提出した法務省刑事局のペーパーでさえ、終身刑の定義を「終身刑とは刑期が終身にわたり、受刑者が死亡するまでその刑を科するものをいう」としつつも、ただし注として、「受刑者が死亡するまで刑務所に収容し仮釈放のない刑のみを終身刑というわけではない」という言い方をしているそうです。終身刑の定義に含みを持たせようとしているようにも思えます。石塚さんは、先程の終身刑に反対する議論の前提として、仮釈放のない終身自由刑を想定していたと思いますが、そうではない終身刑ないし無期懲役を想定することはいかがでしょうか。

石塚　僕は具体的なプランを持っていて、今の無期懲役というのは一〇年で裁量的に仮釈放ができることになっていますよね。これは裁量的仮釈放として残して、二〇年を超えたときに、権利仮釈放制度をくっつけた無期自由刑にする。そして死刑を廃止する。そういう考え方を持っています。ですから原則として刑務所にいるのは最高でも二〇年。特段の事情のある場合、刑務所の中で反則ばかり繰り返しているような場合には、無期懲役の審査については仮釈放の基準を二〇年以降も例外的に再審査をしていって仮釈放の時期を探る。だからどのような刑罰を受けても最終的には社会に復帰するチャンスを提供することが必要であるというふうに考えます。

岩井　二〇年過ぎたら当然に仮釈放されるということではなく、却下される可能性があるが、ともかく仮釈放を申請できる資格を取得するということですか。

安田　ヨーロッパの人権裁判所などが身柄拘禁の合法性判断の指針として出している。将来、おそらくあと一〇年ぐらいすると世界ではほとんどそういう制度を導入しようということになっていると思うんです。精神医療の面でも同じような導入のしかたをやっている。もっとも、日本の精神保健法はその流れを無視して作られたのですけど、身柄拘禁に対する一定期間ごとの司法審査の保障制度、それは大きな流れになるだろうと思うんですよ。ただ、それで、今、この沸騰している治安優先論、取締優先論、あるいは応報優先論、被害者絶対論とどう対峙するんだろうか、ということなんです。

石塚　対案を持っているかと言われたときにそういう対案は持っています。もうひとつ、じゃあ今なぜ厳罰化ということがいろんな局面で出ているのかという分析をきちんとしているだろうか。特定の政治的な動きにだけに振り回されていて、日本の社会が世論を含めて重罰化、厳罰化を要求せざるを得ない状況というのは何なのか。べつにオウムのことだけじゃないと僕は思っているないと思うんです。外国人の犯罪でもないと僕は思っているんです。本当の問題は、リストラを苦にした自殺とか、借金に困った強盗が増えているとか、常習累犯が増えているとか、労役場留置の人たちの数が増えているとか。大きな社会不安の中にあるわけですよね。その社会不安の原因が何で、それに対してどういうような刑罰的な対応をしようとしているのかということを、国民的に議論しなければいけないと思います。そういうことをきちんとしたデータにもとづいてみんなで話せばそれはある程度見えてくると思う。見えてきた上でも、それでも重罰化策でいくんですかと聞いてみたいと思う。最終的にそういう判断であれば、民主的手続きの中ではしょうがないと思いますが、僕は市民を説得できると思っている。

安田　終身刑導入論で、公明党などが頭の中に描いているのは仮釈放のない終身刑ですが、同時に司法審査の対象になる恩赦請求権を持っているはずです。何年後に恩赦請求権を認めるかというところまでは、具体化していませんが、この恩赦請求権はまさに今おっしゃったような二〇年後の司法審査と同じような意味を持ってきて、趣旨としては同じだろうと思います。しかし、あえて仮釈放といわないのは、社会から一生隔離するという終身刑のもつ言葉の意味とイメージ、つまり、死刑に次ぐ厳しい刑罰というイメージに乗っかろうということだろうと思います。ですから巧妙とさっきから言っているんです。じつはそんな終身刑なんか存在しないんだけれども、法務省が言っているように終身刑は人間を荒廃させる、破壊させる、もう生きる望みもなくさせてしまう。そういう世の中の誤解の上に乗っかって作ってしまおうというのが、おそらく菊田理論だと思うんです。だからこそそれを説明するのはなかなか難しい。定期的な司法審査請求権というのを一方では隠しながら、終身刑の導入を説いていくのですね。そこらあたりが丁寧に議論していく必要もあるのかな、と。もっと言ってしまえばそういう隠された意味も含めて何を突きだしていくのか、ということをですね。

石塚　ここで今話しちゃったら、全然隠されたことにならないですよ(笑)。

安田　そうなんです。だから仲間内では議論になっても、仲間の外に対してはどういう議論をするんだというところが大変難しいところで、もしかしたら自己崩壊に陥ってしまうという不安も感じるわけです(笑)。

石塚　菊田先生の終身自由刑論は今安田さんがおっしゃったようなものを考えておられるんだと思っていますよ。だけど、あえて終身刑という言葉を使われているんだろうということも、そう思います。ただ、そこで、終身刑という言葉の刑罰制度における意味というのは僕は非常に重要だと思うんです。つまり、自由刑の中から隔離と応報だけを目的とする刑罰を作るということを意味するわけです。これは行刑の現場の人たちだけの問題だけではなくて、私たちの作っている社会にとってすごく大きな問題だと思います。やっぱりどの人も社会復帰するチャンスがあるんだ、どの人も社会の構成員だというところから、やっぱり死刑の運動もはじまっていますから。

菊田　それはちょっと違うんですよ。無期懲役というのは言葉通りに無期懲役なんですよ。ほんらいは一〇年で出すなんてないんですよ。それを途中で改正して一〇年にしたということになっているわけです。だからアメリカではライフ・センテンスという言葉はあるけれども、無期懲役と終身刑は分けていないんですよ。ウィズ・パロール／ウィズアウト・パロールという言い方があるに過ぎないわけですね。さっき言ったようにヨーロッパでは一〇年以上出さないものは事実上無期懲役だという発想があるわけ。だから私が言うのは今のそれはそれとして、なぜ終身刑を言わなきゃならないかと言うと、ちょっと安田さんと違うのは、私は死刑を頭から廃止あるいは少しでも前進するためにどう終身刑を利用するかという発想なんですよ。それは法務省とか自民党の人たちには終身刑は人道的なんだと、いっぱい持っている材料は出すと言っているんですよ。同時に一般市民に対しては、終身刑は残虐なんだという使い分けをしなきゃいかんということを言っているわけです。ということは法律上はそういうものができればそれは説明しなくとも、一般国民は終身刑は死刑よりも残虐なのなら、あえて死刑にしなくてもいいという、そういう思いで、存置論者も賛成してくれるんじゃないかという思いがあるわけです。だから市民に対してはそう。だけど現実に出てくる終身刑に対しては徹底的にやるべきことはいくらでもありますよ。厳正独居なんてそんなことはさせませんよ。させないというわれわれの闘いをしなきゃいけない。そういうことなのであって使い分けをしなきゃいけないということを言っている。政治家を動かしながら死刑廃止に一歩でも近づくにはどうしたらいいかと、その材料として終身刑をどうするかということなんですよ。

石塚　菊田先生、その使い分けが逆になる可能性もあるわけじゃないですか。世論にとっては厳格な厳しい刑罰としての終身刑が支持を受けて、政治家の間では、まあ二〇年、三〇年たったら条件付きで仮釈放の可能性がある、というところで妥協ができて、だけど残ってしまった終身刑というのはまさにその極めて残虐なもので……。

菊田　だけどその場合に死刑はあるかどうか知りませんけど、死刑ありにしても、そういう終身刑に死刑判決が傾くということでも一つ前進だということを言っているわけです。さっきから言っているように死刑を刑法上から廃止しようなんて絶対ありえません。天皇国家を廃止しようというのと同じことなんだから。外患誘致とか、国家転覆罪は人を殺さなくても死刑になるっていうことは、天皇国家を転覆するかどうかだから。そんな国において刑法上も死刑を廃止しようなんて夢のようなことを言ってもダメです。事実上死刑を廃止するにはどうするか、あるいは執行を事実上停止するにはどうするか。そこを今どう模索するかということが重要なんだ。

石塚　それでは菊田先生も引用されていますけれど、憲法九条の平和主義と死刑廃止という木村亀二さんが昔書いていることだってやっぱり……

菊田　それは理論的にはそれは正しい。だけど今の国家権力は、木村亀二はバカかと言っていますよ。

石塚　僕は木村先生は立派だ、と思っていますけど。

菊田　むろん、私もその点では人後に落ちません。しかし、権力はそう言ってますよ。机上論を言っている時代じゃないんですよ。

岩井　今の議論の中でひとつ出て来ちゃうのは、どのような終身刑かということによって、お互いの落ち着く所を探っていくとき、そもそも最初のインパクトを与えて世の中に渦巻いている今の無期懲役じゃ軽いんじゃないか、もしくは厳罰化への要求という中では、逆にかえって中途半端な議論になってしまって、大きな議論を巻き起こすことにもならない。結果的には根幹にわたる部分については変更も起きないだけになる、そういうジレンマもあると今聞いていて僕は思ってるんですけれども。その辺の使い分けの議論をどうするか、今回は特にずっと悩んでいるんです。

石塚　菊田先生、死刑廃止のために終身自由刑の導入という議論が一方であって、その戦略的なものとか、戦術的なものはわかったんですが、終身自由刑が導入されることによって犯罪は減るのかどうかと聞かれたときに、どう答えますか。

菊田　あなたはさっきから日本はもし終身刑を採用したら刑務所人口が過剰化するように言っているけれども、今言っているのはいずれにしても死刑か無期懲役かという凶悪犯罪の問題を言っているわけで、窃盗や詐欺の問題じゃない。だから終身刑を採用したからといって府中刑務所が満杯になるということはない。問題は、行刑当局がどういう終身刑をやるかということが問題になるわけだ。

石塚　減るか増えるかでいうと……

菊田　そんな刑罰が重くなるとか軽くなるとか、あるいはこういう制度を設けたから凶悪犯罪が増えるとか減るとかそんな科学的根拠はいっさいないですよ。

石塚　無いわけでしょう。ということは、死刑存置論の今の基盤になっている死刑が無くなったら犯罪が増えるかもしれない、ということについては否定的なわけでしょう。

菊田 もちろんです。

石塚 だけど、一般世論からいえば、もし死刑が無くなったら犯罪が増えるんじゃないか、終身自由刑ならば、そっちのほうがより残虐だから犯罪が増えることはないだろう、という議論は世論のレベルではけっこう強いですよ。そういう要求に対しては何と答えるんですか。

菊田 それはそれでいいじゃないですか。

石塚 それでいて何年かたつと出てこられるのか、というのが次に当然出てきますよね。

菊田 それはそのとき考えればいいのであって、いいじゃないですか。一般市民がそう思うことは。僕はむしろ、思わせなきゃならないと思うんです。なぜなら、あなたがたが言っている終身刑、必ず出すとか、恩赦するとか、条件付きの恩赦、それじゃ今の厳しい世の中は納得しませんよ。はじめからそんな甘いことを言っていたのでは死刑は動かない。むしろ終身刑とは残虐なものなんだということを明らかに言うぐらいの度量を持って世の中を動かしていかなきゃダメですよ。

死刑を存置するほうも廃止するほうも感情論だなんて言われているでしょ。感情に対しては理屈じゃダメですよ。感情には感情でいかなければならない。終身刑はあなたたちが感情として残虐だと思う、結構じゃないですか。だけど私は現実に残虐な終身刑をやろう、やれと言っているのではない。感情はそういうものなんです。感情として残虐な制度なんだなと思わせることが死刑廃止につながるわけだから、それは仕方がない。いいじゃないですか、それで。それで凶悪犯罪が減ると一般の人たちが思えば大いに結構だよ。

石塚 でもそれは僕は騙したことになると思うなあ。

菊田 今、死刑があることによって凶悪犯罪は増えも減りもしないよと言ったって、わからん人はわからん。抑止力があると確信を持っているんだから、そんなことにいちいちつき合っている意味はない。

岩井 終身刑という議論は、犯罪の抑止という問題よりも、今の無期懲役との間にあまりにも差がある、もしくは、被害者の声に何か応えなければいけないという議論から来ているのではないですか。抑止力から来ているのではないと僕は思うんですよ。

石塚 でも端的にいって、より長期の拘禁によって外に出てきて犯罪を犯せなくなるんですよ。それを肯定するんですか。長い間刑務所に入れておけば危険な人は外に出て犯罪を犯せなくなるんですよ。そういうように隔離をすることによって社会を守るんだという主張とはつながらないんですか。

岩井 少なくとも今出てきている終身刑議論はそれを根拠に

してはいないと思います。

石塚　裁判官は必ず矯正可能性があるかどうかということを、死刑判決を出すときにはチェックをしているわけですね。若い場合には山口の光市の事件でもそうだけれど、改善可能性がまだある、というふうにいうわけでしょう。ということは一面だけを取り出してどういう刑が言い渡されるかということだけを見ていてはダメなので、次に矛盾はやはり出てくるわけですよ。そうすると、その論理は、危ない人は長く刑務所に閉じ込めておいていいという論理と裏腹なんですよ。だからさっき保安処分になってしまいますよと言ったんです。だからその決断はやっぱりしちゃいかんのだと……

安田　まったくその通りですよ。逆にそれ故に死刑の代替刑たりうるし、死刑そのものの存置が必要だという人の確信を揺るがすものになりうるだろうというのが菊田理論なんですよ。だから微温的な終身刑であってはならないわけです。

石塚　だから僕はそこで正面きって喧嘩しようと言っているのに、菊田先生は度量を持ってそれを認めてやって、矛盾が出てくるからひっくり返そうって言うわけでしょ。

安田　僕がわからないのは菊田さんの中で、今死刑存置したままの終身刑を導入すると、端的にすれば、仮釈のない終身刑をビシッと導入することがどういうプログラムないし、どういうふうな力学で死刑廃止につながるのか、あるいは死刑の減少化につながるのか、これをもう少し展開してもらいたいと思う。

菊田　それは理想としては、仮釈放のない終身刑はやめましょう、死刑はやめましょうと、いけばいいですよ。だけどそうはいかない。いかなければ、死刑はやむをえず存在する。ならそこで終身刑を提唱する場合に限りなく死刑に近い終身刑を提唱することによって多くの市民に対して今言ったように殺すよりも残虐だけど、生かすのならあえて死刑を叫ばないという人を説得できるかもしれないということですよ。

岩井　もし仮釈放なしの終身刑を導入した場合に現状はどういうふうになっていくと考えますか。一つは死刑判決が減るだろうということをおっしゃいましたが、それだけで菊田先生はいいというお考えですか。

菊田　だからそれを採用したあとで、その次は次の段階でやりましょうよ。

安田　二つに分けなければならないと思うんです。一つは今の政治情勢の中でどういう力学の中で終身刑導入が実現できるかという問題があります。次に導入したらどういうプロセス、あるいは力学で死刑が減り、死刑廃止の方向にそれが力となるのか、ということがあるわけでしょ。後のほうはだいぶ話してもらったんですが、今、どういう力学で終身刑が実現できるだろうか、それはどうですか。

菊田　法務省が終身刑に反対しているというのなら、そしてとことんまで終身刑にこだわって法務省が反対をするのなら現実問題として動きませんよ。それぐらいの権力を持っているんだから。なら、終身刑というような名前でなくて良いじゃありませんか。今まで言ったように二〇年三〇年と、あるいはもっと長い、あるいは、韓国で取っているのは平均年齢が八〇だとすると二〇歳の人は何年、五〇歳の人は残り何年と寿命の長さによって刑務所に入れる時間を作ろうじゃないかというように、いろいろ選択肢は出てくると思うんです。いずれにしても、中身なので、終身刑という名前を取るか取らないかよりも、いかにそういう選択肢を裁判官に与えることによって死刑という現実を回避することがこういう制度によって可能なんだということを、裁判官は理解できるはずなんです。それなら自然と死刑のモラトリアムの時代が来るということなんですよ。

安田　裁判所にもう少し権限、選択の幅を持たせようと、そうすることによって逆に死刑が唯一の選択肢でなくなってくるということとですか。

菊田　そうですね。それは安田さん、常々言っていることじゃないですか。

安田　それは大変分かりやすいんですよ。だけど、僕はそれに対してものすごく悲観的で、法務省は裁判官に、法務が司法に権限を委ねることはありえないだろう。もともと裁判権そのものは取締り行政の一環として法務の中にあったわけですから、つまり法務省の中に裁判所があって、検察官の方が裁判官のより上だったわけですから。それがたまたま三権分立となって司法が独立していったわけですから、司法に行刑の運用にまで口を出させるようなことにつながるようなものは与えやしないだろうという気がします。

菊田　だって今無期懲役といっても一〇年で出すということ自体が司法に対して修正をしているわけでしょ、日本は。その論理でいけば二〇年でも三〇年でも同じ論理でいくんじゃないですか。

安田　それ以上の譲歩はしないでしょう。

菊田　するかしないかというのは……。国民世論というのは、背景があって、新しい死刑に変わる、変わらないは別にして、重刑罰化しても、格差がありすぎるという声が裁判官にも満ち満ちている中でいくわけだから、法務省もそういつまでも抵抗はできませんよ。だからそこを一押しするかしないかということが今問われている。今押さなきゃ、いつ押せますか。

岩井　今回の議論の場所は与党の責任者のプロジェクトチームですね。今までは法務省中心に議論がなされていましたが、今回は法務省がヒアリング対象のひとつになっているという点は重要な気がします。

今後の流れでいうと、それをどういうふうな議論の場所に持っていくのか。一二月でもし論点整理が終わった後に、そこから違う議論の土俵をどう作っていくべきだと思いますか。

石塚　場所を作る、オープンな議論ができると抽象化したら正しいように思うけど、少年法を見てくださいよ。矯正とか保護とかの現場を含めて、今回のように重罰化するって議論を入れたら絶対法務省、法制審は通りませんよ。刑事局を中心とした検察庁を中心とした人たち、検事さん出身の人たちは、新たなオプションが出来て、少年審判はこれでコントロールできるようになるし、新たな権限を持つことになるわけですよ。そうすると、法務省というふうに見ても、法務省の中でも力の争いがあるわけだから、その中で影響力のある検察庁主導の法改正にならざるを得ません。検察官が法律をメイキングしているわけですから、彼らとしては少年法は成功なんですよ。今度の議論もオプションが減るのではないんです。終身自由刑を入れると求刑の選択肢が一個増えるんですよ。裁判官の選択肢が増えるよりも、日本の裁判の特徴は量刑に対する検察官の影響力がとても大きいことなんです。ですからね、結局、政治主導の法改正と言っても、自民党、与党三党のエネルギーを使って、法務省刑事局はただ乗りできるんですよ。

安田　それは本当にそうなんですよ。この間の政府側、つまり官僚のやり方というのは自分たちで立法するんじゃなくて、民間、そして議員立法の形をうまい具合に利用して法律を作らせ、実はその背後で立法を操っている。臓器移植は厚生省が背後でバックアップしなければ出来る法律ではなかった。しかし、厚生省が作ればそのことだけで反対が多く作れなかった。今回もその視点は石塚さんがおっしゃる通り気をつけなきゃいけない場面なんですよ。法務省はいったいどこまで考えているのか。しかし、法務省は保守的な官庁ですから案外民間のレベルでものごとが決められること自体も嫌っているのかもしれないけれども、しかし、利用されかねないことは確かなんですよ。

石塚　終身自由刑については法務省は、これまでも選択肢を広げる枠組みの中でずっと研究してきているじゃないですか。法務資料の中だって、ここのところインテンシブに諸外国の変化をきちんと押さえていて、資料を出しなさいというとすぐ出せるように準備しているわけですよ。それは常に官僚というのは選択肢を持って、議論しているわけですから、それは政治主導に見えるけれども、政治主導というだけではなくて、やっぱり法務省の中でも、どの現場の力関係で動いているのかに注目すべきです。終身自由刑だって、今、反対しているのは矯正局の人たちだけですよね。あんな面倒くさい話に巻き込まれたくないよと矯正局は思っている。だけど刑事局や検察庁が反対かどうかはかなり疑問です。終身自由刑を議員さんが通してくれたらラッキーと思うでしょう、それは。

安田　彼らのオプションというのはもっとセコくて自分たちの権能が増えるかどうかだけを考えているんです。終身刑というのはあまり権能が増えるんじゃなくて、彼らにとっては領域拡大にならない。むしろ彼らは、死刑そのものが緩んでしまうのではないかというところで終身刑に反対している。彼らは終身刑に反対と一貫していますから容認する議論はありません、調査研究しても必ず終身刑に批判的な調査研究しか出てこないです。

石塚　そこら辺は微妙だと思いますよ。重罰化要求がこれだけ高まっている中で、やっぱり終身自由刑と長期の保安処分は入れたいという勢力はかなり強まってくるでしょう。実際は抱え込むと大変だと思いますけれども。

9、死刑廃止運動と終身刑論議

岩井　ということで、いろいろ議論が出てきてはいるんですが、今日はその着地点を決めること自体が今回の議論の本質を隠すことにもなります。ことの本質は何かというと、今のこの社会の情勢、雰囲気の中で、どう議論を収斂していくべきか。極端な話、死刑は揺るがなくても終身刑が入ることで一つでも判決が減ることを目指すべきではないか。またそれによって終身刑の実態が問題が露見、検出することで、再度変わっていく可能性を制度自体に内包させるという議論があります。それに対しては、原則論からはおかしいという批判があるわけです。どちらを選ぶか、先程は決断主義といったのですが……。

安田　それは意識過剰で、そんなに決断なんか迫ってもいませんし、迫られてもいないですけどね。それぞれの人の確信に基づいて運動は進んでいくんだと思います。終身刑導入の議論も、運動も、ここまで進んできたわけですから、それが誤解のままであっても仕方のない話で、その成功の可能性、あるいは危険性も含めてやっぱりどういう意図でそういう方向に進もうという話がなされているのか、オープンに理解されていく必要があると思うんです。だから、あなたはどちらを選びますか、ではないんだと思うんです。

岩井　私が今言いたかったのは、今日の議論の設定も、死刑廃止運動というのが一つあって、その一つある運動が、終身刑議論というものにコミットするかしないかという、その設定だけではないだろう。逆に言えばじゃあ今の日本の中でいろんな人が生きているわけですよね。死刑廃止運動に関わっていない人もいる。その人たちが、世論調査は信用できないというのが前提にしても、世論調査に答えている人たちもいるだろうし、そういういろんな人がいる中に、例えば小石を投げて波が広がるような波紋をどうやって広げていくのか、また、波紋が自分に返ってくる。そういうのをどうやってあちこちで作るのか、というのが必要だと僕は思っていて、そのときにこの議論を通じて、それを広げる力量を今、私なり、このフォーラムができるのか。

一方では、このあいだもある人から、東京のフォーラムで熱心にやっている人がこういうことを議論しているから変にそれに対して異議を言うのはかえって足を引っ張ることになるんじゃないかと、個人的にはどうかな思うんだけれども、かといってそういう状況がもしあるんであれば、そういう状況を自分は必ずしも肌で感じられないいんだけれども……というふうにして、逆に自分の意見を言うことを萎縮している人もやっぱりいると思うんですよ。それは僕は違う、というか、東京がどうのとかいう議論じゃないと思うので、そういう意味で自分がどういう判断をするか、というつもりだったんですけれども。

石塚　菊田先生がこのところずっと提起している問題はとても重要で、死刑廃止運動、死刑をめぐる議論というのがステレオタイプ化して、ある所で理論的に止まっているというのは事実だと思うんですよ。運動論だけではなくて。その中で菊田先生は長い時間をかけて行われるような非常に残虐な死刑のひとつの形態として終身自由刑がありうるじゃないかという、非常に逆説的な提案をされている気が僕はしていて、その意味ではそういう議論に対してみんながどう考えていくのかも問われていると思うんです。その意味では、終身自由刑の話を自民党がしているならしているで、与党三党がしているなら、そこのところで議論するのは何の反対もしないし、先程も言いましたけれど弁護士会とか一部の人たちの議論ではなくて、死刑とか、終身自由刑とかいう刑罰はいかなる刑罰なのか、それをいろんな所で議論すればいいんですよ。各地域で勉強会を開き、終身自由刑とは何か、というような話をもう一回してみたらいい。そういう意味で僕は決して悪いことだとは思っていないわけで、そういう時期に今あると思います。

菊田　それは当然ですよ。僕に言わせれば今日の座談会は、もう少し私の言うことが皆さんに分かってもらえるかも知れないという期待を持って来たんだけれど、あまり分かってもらえないのは残念だけれどね、その程度の話です。やっぱり市民運動というのはいろんな意見の集約であることは、フォーラム自体もそうなんだけれども、われわれや少数の者たちが終身刑を細々と今まで議論してきていて、私がアメリカの状況を報告するときも、はっきり言ってマイナーな意見として僕のことなんか余り問題にされなかったですよ。今回こういう座談会も設けてくれること自体が数段の進展をしたわけだよね。

ただ、ここに至ってはやっぱりリーダーが終身刑を旗印に行こうじゃないかと、それくらいの積極性を持って……安田さんのことを言っているんじゃないですよ、彼は私の理論に対して非常に柔軟な態度で支援してくれたし私と一緒になってやってきたから、そういう意味では精神的には私は頼ってきたけれども……全体の動きとしては、ここに至れば今日の座談会のような結末じゃなくて、もっとあるべきものに向かってリードしていくということが必要です。一人一人についてはいろいろな関わりがあると思うんです。だから私みたいに勝手なことばかり言えないような人、言えないけれどおまえやってくれという人だって中にいますよね。そういうことも含めて私はもっと積極的に、さっきも言ったようにこれだけの状況が満ち満ちていて、自民党だって死刑を意識しながらなんかやろうじゃないかと言っているときに、今まで市民運動やってきた人たちは、なぜ黙っているんだという雰囲気もあると思うんですよ。そこでもう少し私は終身刑についても、死刑に代わるかどうかはともかくも、積極的に行くべきじゃないかと思っています。

岩井　菊田さんの話に続いて、最後にそれぞれ意見をお願いします。

寺田　私はこうして話をしてきても、終身刑導入にはやっぱり賛成できないんです。しかし、地方にいると国会の動きとか議員の動きとかの状況分析や現状をどういうふうに把握するか、ある意味では現実がはっきり分かっていなかったなあと反省しました。死刑廃止は、人間の尊厳と生きる権利を守るための闘いといった理想論だけで廃止運動だけでやってきたなと。今日聞けなかったんですけれど、なぜ、無期刑じゃいけないのかなあと。無期というのもさっき聞いたら四〇年五〇年入っている人がいるわけでしょ。実質的な終身刑だと言うんだったら、終身刑導入を言うよりも、無期は実質終身刑的ですよということを広く社会に訴えていくほうが私たちの運動に近いかなあという気がするんですけれど。

筒井　私は今日の議論を聞いてもなんで終身刑を導入することが死刑廃止に近づくのかということがやっぱり分からないということと、今の刑罰制度について応報の方に振るようなそういう議論を死刑廃止運動の側からするべきではないんじゃないかという考えには変わりません。あと、やっぱり現実の死刑囚処遇を見ていく中で本当に安田さんは終身刑なんかは実際五、六年で破綻するよというふうに楽観論を言われていますけれども、私は死刑囚処遇が外部交通を制限している今の実態の中で終身刑が導入されたらこのまま終身刑としてこの日本の風土の中で生き続けるんじゃないかと　疑問を持っています。それと、じゃあ死刑廃止の現実性なんか今の日本の風土の中でないんだということを前提的に議論されると……。運動としてはやっぱり、変えうるんだということを国際的にも死刑が廃止されているという実態の中で日本においても実現可能なんだということを前提に死刑廃止運動をやってきていると思うんですけれど、死刑廃止運動の側で、とにかく日本の実情では死刑廃止なんかはできないんだということをある意味では認めた上で終身刑論議をしてしまうと本当に死刑廃止運動全体としてはお先真っ暗になってしまうなという気がします。私は運動というのはもうちょっとドラスティックなものだと思っていますから、ステップの問題ではないんじゃないかと思っているし、そういった意味では運動をやっていくことの展望についてそんなに悲観的ではないと思っています。

石塚 僕は二つ考えています。僕はずっとドイツを研究してきた。ドイツには終身自由刑を人道化しようという動きと、これとは別に保安監置という予防拘禁システムがあることに注意すべきです。これが一番重い制裁ですから、これ自体が人間の尊厳に反するという非常に大きな問題を含んでいます。ですから日本で終身自由刑を導入したら、ドイツの終身自由刑ではなくて保安監置と同じような結末になるのではないか。さっきから言っているように保安処分の議論とセットでおそらく考えられてくるだろうなという予測をしています。ですからそういうふうに展開しないような議論を立てないと議論をすること自体が危ないと思っています。もう一つは先程言った刑罰政策の意味で大きな転換期に入っていると思います。少年法の問題でもそうですが、刑事政策では、犯罪が減ろうと増えようとそんなことは関係ない。そんな効果の問題じゃないんだと言う人たちが増えています。ともかく国民の犯罪に対する不安感を安定化させることが大切だと言うのです。これはドイツの理論だと法確証だとか法秩序の防衛という言葉が使われますが、そのために刑罰を使う。これを積極的に根拠づける——積極的一般予防論と言いますけれども——そういう議論がドイツでは九〇年代に入って非常に強くなってきています。日本ではそういう議論がなぜ出てこないのかなあというふうに思っていましたし、出てきても不思議じゃないと思ってました。これまでも、ドイツの議論を紹介した人はたくさんいるんです。ところが、今回の少年法の「改正」をめぐる議論の中で都立大学の前田雅英先生が書かれている『少年犯罪』という本の中にある議論はそういう法秩序の防衛、法確証を重視した議論になっています。今日お話を伺っていて、菊田先生が出来るだけ多くの国民に賛成してもらうには、やっぱり終身自由刑のような厳しい刑罰しかないんだとおっしゃるのも、意味は違うと思いますけれども、やっぱり法秩序の防衛とか法的確信とかいうものを無視できないような理論状況に我々が追い込まれているというふうに思います。僕は研究者ですから、刑罰論のレベルで理論的に整理して議論を分かりやすくして、皆さんに考えていただきやすいようにしなくてはいけない、と今日のお話を伺っていて思いました。

安田　僕は、将来死刑が廃止されるんじゃなくて、現在において死刑が執行されない、現在において死刑が少なくなる、ということ……もちろん将来の死刑廃止につながっていくわけですけれども……を常に射程距離に置く必要があると思うんですね。そうするとやっぱり死刑については廃止するならば必ずそれに対してどうするかという展望をやっぱり出さざるを得ない。自分たちだけの社会ではなくて死刑が必要だと、あるいは死刑のような応報が必要だと確信している人たちが現実に存在しているし、その人たちがどうやっても減らないんですから、そうなってくるとやはり終身刑を導入して死刑を廃止するというのはそれなりに具体性を持って説明できると、あるいはより多くの賛同を得ることが可能になると、あるいは賛同を得ることが出来ないとしても、少なくとも議論の組上に昇るのではないかと思います。それを通して死刑の執行が出来なくなっていく可能性もありますし、死刑が廃止されていく可能性もあるというように思っています。ですから、終身刑導入論というのはやっぱり必要な議論だろうと思っています。同時に自分たちがこの間やってきた運動を見直して、やることができたのにやっていなかった部分も必要ですけれども、もうちょっと広がりを持ったというんでしょうか、多様性を持った運動に広げていかなければならないとも思っています。だいたいそんなところです。

岩井　どうもありがとうございました。

（二〇〇〇年一一月一九日、港合同法律事務所にて）

死刑に代替する終身刑について
——アメリカでの現状を踏まえて

明大教授　菊田幸一

一、日本における死刑代替刑論議
二、終身刑の種類
三、終身刑を支持する世論
四、終身刑受刑者の課題
五、無期懲役の現状と終身刑
六、終身刑の導入

死刑制度を廃止するに際し、その代替刑として終身刑を採用することは、これまでの死刑廃止先進国が、いずれの国においても経験しているところである(1)。むろん死刑廃止に伴う直接の代替刑として終身刑を採用する国もあれば、死刑廃止後の最高刑として、従来からの終身刑が残されたにすぎない国もある。わが国においては、死刑に次ぐ最高刑は無期懲役であるから、ここに改めてそれとは異なる終身刑の採用が問題となる。

アメリカにおいては死刑廃止州と存置州があり(2)、すでに死刑を廃止した州においては終身刑の問題は、その現実を行刑問題として論議の対象としており（死刑を廃止したヨーロッパ諸国でも同様の動きがある）、他方、存置州においては、死刑廃止に向けての代替刑として、終身刑に関する論議が中心となる。その意味では、アメリカにおける終身刑論議を知ることは近い将来での死刑廃止を検討するわが国において格好の素材を提供するものである。本稿は、主としてアメリカの終身刑論議を素材とし、日本における終身刑採用の具体的方策を探ることを目的とする。

（1）各国の現状については、菊田幸一「死刑代替制論議の提唱」『年報・死刑廃止98　犯罪被害者と死刑制度』（一九九八年、インパクト出版会）一四六頁以下。菊田幸一、辻本衣佐「死刑廃止先進国における死刑代替制について」（1）、（2）、（3）、（4）『NCCD』11号、12号、13号、16号、等参照。

（2）九七年現在、アメリカでは三八州と二連邦（合衆国政府および合衆国軍隊）が死刑制度を維持し（このうち、カンザス、ニューハンプシャー、ニュージャージー、ニューメキシコ、サウスダコタ、テネシー、コネチカット、ニューヨークおよびワイオミングの九の州および連邦政府と合衆国軍隊は七六年いらい死刑執行をしていない（Amnesty international, UNITED STATES OF AMERICA “A macabre　assembly line of death” Death penalty developments in 1998. による)。一二州とコロンビア地区が死刑を廃止している。なお九八年末で死刑確定者は三七州と連邦刑務所において三、四五二人である。

一、日本における死刑代替刑論議

まず、日本における最近の死刑代替刑論議を簡略に紹介しておきたい。死刑廃止論者としての私見としては、基本的には死刑廃止論者が死刑の代替刑を主張することに論理的に矛盾のあることを承知している(1)。死刑廃止実現の見通しには、楽観論、悲観論のいずれにもそれなりの客観的状況判断があるにしても、単に成り行きを見守るのではなく早期実現を具体的に手中にしなければならない。そのためには可能な限りの実現可能な施策を提唱しその段取りをしていかなければならない。それには、もっとも悲観的状況判断から対策をとることが、短距離であるという認識も必要である。私は、率直にいって現行刑法典から「死刑罪名」を削除するという、いわば正面からの死刑廃止は困難であると考える(2)。事実上の死刑執行停止を実現することに当面の課題がある。そのためには、こんにちの死刑と無期懲役の格差をなくする、いわゆる終身刑の採用を早急に実現する必要がある。またその採用に賛成する意見は各方面から出ている。

世論としては、九四年七月にＮＨＫが実施した調査では、「終身刑を創設して死刑を廃止することに賛成か否か」の問いに対し、「死刑は必要」と答えた人は四三％、「廃止賛成」は四七％であった。また、「死刑廃止フォーラム90」が九六年一〇月、衆議院選挙の当選者を対象に行ったアンケートでも、「終身刑などの代替刑や被害者援助の充実など条件を整えて死刑を廃止すべきだ」と回答した議員が五〇・九％に上り、無条件廃止を含め八五・二％が死刑存続に反対している。

終身刑導入を条件に死刑執行を停止すべきだとの意見は、日弁連をはじめ最近では宗教界にも広がっている。キリスト教諸教団はもとより、仏教界ではまず真宗大谷派が九八年六月に「死刑制度を見直し、死刑の停止を求める」声明を、また天台宗が九九年四月に「死刑執行を停止し、被害者や遺族との悲しみの共有と、償いが可能な社会をつくる」声明を出している。

この背景には、九三年九月に最高裁によって「一定期間死刑の執行を法律によって実験的に停止する」ことを含む立法措置を提起する補足意見が出されたことも影響している(3)。また近年では、地裁・高裁レベルでは死刑の求刑に対して、死刑判決を回避する傾向が顕著である(4)。九四年九月に広島地裁が言い渡した無期懲役判決事件は、前の事件で無期懲役判決を受けて仮釈放中の人物が起こした殺人事件であったが、裁判官は「死刑と無期の間には無限の隔たりがある。裁判所としては、仮出所のない無期懲役を考えても良いと思う」とし、いわば実質的に終身刑の考えを示した。

　現実に死刑制度があり、定期的に処刑がある日本の現状や被害者感情を考えれば、「凶悪犯人は死刑にせよ、さもなくば生涯を刑務所で」の声が今日の日本における多数の意見であると思われる。そして現時点では、国民の多数の納得が得られる刑罰は、仮釈放のない終身刑に傾いていると判断する。実は、このような状況は、死刑を廃止したフランスやドイツあるいはアメリカで言えば死刑廃止州において同様な現象がみられる(5)。

（1）詳細については菊田幸一『死刑—その虚構と不条理』（九九年、明石書店刊、新版、三一三頁以下参照）。

（2）事実上の死刑廃止と法律上の死刑廃止には、相当の間隔があるのが死刑廃止先進国の経験でもある。たとえばフィンランドでは、ほとんど一二〇年を要したし、デンマークでは四〇年、ノルウェーでは二九年、スウェーデンでは一一年を要したとされる（National Institute of Law Enforcement and Criminal Justice, United States Department of Justice, March 7.1979: at.2.）

（3）九三年九月一〇日最高裁第三法廷の大野正男裁判官は、補足意見ながら「死刑制度は、この四五年間にその基礎にある立法的事実に重大な変化が生じている」との見解を明らかにした。

（4）最近において裁判所が死刑判決を回避した例：①札幌地裁（主婦殺人）・求刑死刑、一審、二審　無期懲役、九七年三月札幌高検上告、②広島地裁（女性殺人）求刑死刑、一審、二審無期懲役、九七年二月　広島高検上告、③東京地裁（主婦殺人）、求刑死刑、一審　死刑、二審　無期懲役、九七年五月　東京高検上告、④岡山地裁、求刑死刑、一審　死刑、二審　無期懲役、九七年一一月広島高検上告、⑤大阪地裁、求刑死刑、一審　二審　無期懲役、九八年一月大阪高検上告。

（5）八一年に死刑を廃止したフランスでは、廃止直後の最高刑は、仮釈放のない終身刑であったが、一五年後に仮釈放を導入した。四九年に廃止したドイツでも絶対的終身刑を修正して、七一年に仮釈放を認めた（詳細については、菊田・辻本、前掲論文参照）。なお、この項は、朝日新聞に掲載した（九九年七月二八日朝刊）「論壇」に一部補筆した。

二、終身刑の種類

アメリカでは、終身刑にはパロール（仮釈放）のない終身刑（Life Sentence Without Parole, LWOPと略称している）とパロールのある終身刑（Life Sentence With Parole, LWOと略称される）の二種類がある。なおアメリカでは終身刑（life sentence）のみがあって、日本の無期懲役に相当する概念はない。またパロールのない終身刑でも二〇年ないし二五年を経過すれば仮釈放するものもある（1）。現在のアメリカでは、およそ三三の州とコロンビア地区および連邦政府がパロールを許さない終身刑を採用しており、一四の州では少なくとも二五年間はパロールにしない終身刑を採用している（2）。この終身刑に関する法律は、大別して二種類ある。一つは、殺人など死刑相当犯罪（capital offence）に該当する第一級謀殺罪に適用するもっとも一般的な法制であり、他は常習累犯者やアルコール、麻薬中毒者に対するものである（3）。しかし、終身刑そのものは、受刑者が自然死するまで刑務所に留めるものであって、社会からの追放を目的とするものであった。その意味では、本質的に終身刑は、もっとも凶悪で危険な犯罪者に限定して適用するものである。ところが七二年の合衆国最高裁によるファーマン判決（Furman v. Georgia）において、死刑が残虐かつ異常であるとの判断が示された結果として、死刑に代わる終身刑が全州にわたって制定されるに至った。そして、こんにちでは死刑を支持する者もパロールのない終身刑を支持する傾向となっている（4）。

現在、死刑を廃止している州のうち、その三分の二の州はパロールのない文字どおりの終身刑である（ただしアラスカ、ノースダコタおよびミネソタの三州は死刑とともに終身刑もない）。ハワイ、アイオワ、マサチューセッツなど六州では終身刑は死刑該当犯罪のみに適用されている。ただしメリーランド州では、死刑存置であるとともに死刑該当犯罪および常習犯者にも終身刑を適用している。本稿では主として死刑該当犯罪に適用する終身刑を問題とするが、上述のように死刑廃止州における終身刑と、死刑存置州における終身刑に対する論議とは、自ずからその視点が異なってくる。一般的に死刑のない州では、自動的にパロールのない終身刑を科す傾向があり、死刑のある州では、事件によって裁判所がパロール付きか否かを選択するか、または死刑に代えてパロールのない終身刑を選択する傾向がある。ただし死刑存置州においても、死刑または終身刑の選択が可能な場合に、文字どおりのパロールのない終身刑の他に、何年か経過後にパロールの可能性を残している州もある。たとえばネヴァダ州では、①酌量余地のない場合は死刑であるが、②パロールのない終身刑、③パロールの可能性ある終身刑の三種を第一級謀殺罪に適用・選択できるものとしている（5）。ウエスト・ヴァージニア州（死刑存置州）では、終身刑選択において陪審員がパロールを付けるか否かを勧告できるとしている。ただ一般的には死刑に代えて、まず終身刑を採用すること、それもパロールのない終身刑を採用し、その後において行刑の問題として終身刑を検討・修正する方向にある（6）。

このように死刑の存否と、どのような終身刑の方式を採用するかは、必ずしも一定ではない。厳格には、同じ方式の終身刑を採用している州はないとまで言われている(7)。大別して六種類に分けることができる。その六種類とは、①死刑、パロールのない終身刑、通常の終身刑（regular life）の三種から選択（ケンタッキー州）、②死刑、最低一〇年までパロールにしない終身刑、通常終身刑の三種から選択（メリーランド、オクラホマ、ネバダ、モンタナおよびワシントンの諸州）、③死刑またはパロールのない終身刑からの選択（アラバマ、アーカンサス、カリフォルニアなど一六州）、④死刑、年限制限のある終身刑からの選択（アリゾナ、コロラド、オハイオ、オレゴン州など）、⑤パロールのない終身刑および通常の終身刑からの選択（死刑廃止州のロードアイランド、ウエスト・バージニア、メーン州などで）、⑥パロールのない終身刑のみ（ハワイ、アイオワ、マサチューセッツ、ミシガン州など）である。

これらのどの種類を採用するかは、いうまでもなく、死刑に該当する犯罪にどう対処するかにある。ほんらい死刑に該当する犯罪ないしは犯罪者というものは、その他の犯罪・犯罪者に比べて再犯性という点では、むしろその確率は低い。ところが、その凶悪犯罪行為そのものへの反動として、いわば報復刑としての死刑がある。問題は、その死刑に該当する犯罪が個別具体的に公正に選択できるか否か、あるいは死刑の威嚇力が犯罪の抑止にどこまで役立つかといった、いわゆる死刑存廃の基本観念をどこにおくかによる。その結論として死刑廃止を打ち出すにしても、この段階においては、まず死刑に次ぐ刑として終身刑の問題が出てくるが、必ずしも終身刑に直結するものではなく、制度としての死刑を温存させたまま、単に刑の執行をしない、いわば事実上の死刑執行停止へ、そして死刑に代えての終身刑となり、その終身刑もパロールなしの終身刑からパロール付きへと変遷する。ただし、その段階は必ずしも順序だったものであるとは限らず、種々の併合のものであることもある。

本稿で問題とする終身刑についても、どのような終身刑を採用するかは、その地域または国の社会的・政治的その他、諸般の状況によって自ずから決定される性格のものである。アメリカの各州において、さまざまな組み合わせがあるのは、そのような背景がある。

(1) 一二〇年ないし一五年過ぎてパロールにしても、多くはすでに老人となっており、死刑に相当するような凶悪な犯罪を犯す危険性は皆無であるところから、この種のパロールの有無は終身刑の範疇に入るとの観念がある。

(2) Sentencing For Life-Americans Embrace Alternatives to the Death

Penalty A Report by The Death Penalty Information　Center,1993. ただし後述するようにパロールのない法制と少なくとも二五年経過後にパロールにする法制の両制度を採用している州（例：アラバマ、デラウエア、フロリダ、ルイジアナ、ネバダおよびサウス・カロライナ州）などがある（The Life Without Parole Sanction Its Curent Status and a Research Agenda, Derral Cheatwood, CRIME& DELINQUENCY, Vol. 34 No.1, January, 1988. p.45 参照）。

（3）パロールのない終身刑を採用している州のうち死刑相当犯罪、常習者の両者に終身刑選択を可能にしている州にフロリダ、ネヴァダなどの六州がある。

（4）九四年一一月、いわゆる三振アウト法案が米国上院で可決され、条件付きではあるが、三回の有罪で絶対的終身刑が言い渡されることとなった。このためどの州でも終身刑受刑者が増加している。

（5）Nebada Sec.200.030. なおカリフォルニア州では、二五年経過後にパロールの可能性を残しているが、現在までのところ二五年を経過してパロールとなった者はいない（Editorial, No Parole Means What It Says, San Francisco Chronicle, April 13, 1990）。

（6）パロールのない終身刑を採用している州でも、知事の恩赦権で釈放の機会を残している州もある（例、サウスダコタ、ミシガン州など）。

（7）J.Wright, Liffe Without Parole : An Alternative to Death or Not Much of a Life at All?, VANDERBILT LAW REVIEW, Vol.43 : 529. at540～541.

三、終身刑を支持する世論

どのような終身刑を採用するかについて強い影響力を有するのは、やはり世論である。アメリカにおいても世論の大多数は死刑存置であるが、最近の世論において注目すべき動きは、死刑に対する不信感である。その背景をなしているのは、死刑の威嚇力が信じられているほど効果的でないこと、死刑の適用が黒人をはじめとする少数民族に対し、不公平に適用されていること[1]、無実の疑いある者に対する死刑適用への不信感[2]、死刑執行までに要する費用が終身刑より高く付く[3]、という報告の影響などが死刑の支持を低下させていると指摘されている。

また陪審員たちも代替刑を望んでおり、検察官の死刑相当の事件に対する死刑選択に躊躇を感じている。死刑事件に直面し、死刑に代えて終身刑選択ができないか繰り返し要求していることが、この心情を示している。ただし現実に終身刑を選択して七年ぐらいでパロールになることは適当でないと判断し[4]、やむなく死刑を選択している[5]。

死刑は、凶悪犯への威嚇力、社会の安全のため必要であると信じられてきたが、パロールのない終身刑も生命を剥奪することなく、その目的を達せられるのではないか。死刑は、人間の尊厳を侵害してきたが、終身刑は、死刑の誤判による国家による殺人の危険性を避けることができる。そして何よりも人間の尊厳を侵害することなく適用が可能である。こうした観念が一般市民、陪審員などの間で理解されつつあり、被害者への賠償を付加した厳しい刑罰を採用するなら、あえて死刑を望まないとする世論が高まっている。死刑情報センターの資料によると(6)、九三年四月の Greenberg/Lake and Tarrance Group 調査社による一連の死刑に関する世論調査では、インタヴューされた一、〇〇〇人のアメリカ人は、抽象的には死刑を支持しているが、パロールのない終身刑および賠償要求が付加されるならば、死刑支持四一%となり、終身刑支持者が四四%となったことを明らかとしている。さらに賠償を付加し、二五年間は釈放しない制度を採用するならば死刑支持者は三三%まで低下するとしている。

またギャラップ調査でも、八六年の世論調査では、パロールのない終身刑を採用すれば死刑支持は一九%下がり、同じ質問をした九一年の調査では、二三%低下したと報じられている(7)。このことは、犯罪被害者への賠償を刑罰に付加することを多くの人が望んでいることをも示している。これを段階的にみると、第一に、二五年間パロールにしない代替刑を採用するなら死刑支持者は、五六%に低下する。第二に、パロールのない終身刑を採用するなら死刑支持者は、さらに四九%に低下し、第三に、二五年間パロールにしない終身刑に賠償金を付加するなら、死刑支持者は、四四%に低下する。また第五に、パロールのない終身刑に賠償金を付加するなら、死刑支持者は、四一%まで低下すると報告している。つまり抽象的には死刑を支持している七七%の者が、条件が変われば最終的には四一%(その差は三六%)まで死刑存置の意見が死刑廃止に変化する。その死刑に代替する終身刑の条件は、可能な限り厳しいものであること(パロールを認めない)、同時に賠償金を支払わせることを強く望んでいる(8)。

たとえばネヴラスカ州では、死刑廃止法案を検討している議会への資料として九一年に電話による世論調査をした。質問は死刑代替制度として、①二五年間はパロールのない終身刑、②四〇年間はパロールのない終身刑、③パロールのない終身刑、④パロールのない終身刑にプラス被害者家族への賠償を付加する、の四つを提示した。その結果を表示すると次のようになった(9)。

この調査で明白なことは、④パロールのない終身刑にプラス被害者家族への賠償金を付加する代替刑を採用するなら、死刑を支持する意見が、①二五年間パロールのない終身刑に比較すると、ほぼ半分に減少することである(「わからない」の半分に減少)。

実際においても、概略からいえば、死刑存置州での代替刑

	賛成	死刑支持	わからない
①二五年間はパロールのない終身刑	31.0	51.6	13.0
②四〇年間はパロールのない終身刑	39.7	46.4	10.7
③パロールのない終身刑	46.0	42.9	8.9
④パロールのない終身刑プラス損害賠償	64.2	26.1	7.3

は、絶対的終身刑となり、死刑廃止州の終身刑は、たとえ絶対的終身刑でも知事による何らかの減刑の余地を残す傾向がある。たとえば、アラバマ、ルイジアナ州などの死刑存置州は、「パロールのない終身刑（Life）は、パロールなし、減刑なし、生命を終えるまで出ることはない」と公言しているし(10)、サウスダコタ州では、減刑委員会および知事が減刑権を有しているが七四年いらい減刑された者は一人もいない。ミシガン州（死刑廃止州）は、三一年いらい絶対的終身刑を採用しているが、知事による減刑権がある。ただし八三年から九〇年までの平均で二七年を経過しなければ減刑となっていない。

日本においても、近年の世論調査において「終身刑など何らかの代替刑を創設して死刑を廃止すること」に各方面で賛同者が増えていることは前述した。これまでの死刑廃止先進国においても、廃止直後においては、もっともきびしい文字どおりの終身刑を採用し、その後において緩和策を講じていることも参照されるべきであろう。

（1）死刑の適用には人種差別があり、そのことが死刑制度に対する不信感となっている。とくに黒人の多数は、同じ犯罪を犯しても白人に比較して死刑になる可能性が高いと信じている（Sentencing　For Life, Id.at 26）。

（2）最近の調査でも、無実であった者への死刑執行に関する報告がある。"In Spite of inocence"の著者（Radelete, Bedau, &Lane, In Spite of Inocence : Erroneous Convictions in Capital Cases, 1992, p.271）は、死刑判決を受けた四〇〇件のうち、少なくとも二三件は無実で処刑されている、ところが最高裁は、この無実の訴えを人身保護令状（habeas coupus）により再審することなく市民の疑問を払拭させてはいないと指摘している。

（3）死刑は、終身刑に比較して費用が高くつくという報告が、アメリカではまともに論じられている（例：Millions　Misspent : What Politians Don't Say About the High Costs of the　Death Penalty, The Death Penalty Information Cente, 1992. Mark　Costanzo, Is the Death Penalty Cheaper than Life Imprisonment? JUST REVENGE, pp.59-69. N.Y1997）。

たとえばカリフォルニアでは、他の非死刑事件の殺人事件に比較して、死刑事件は判決確定までに六倍の裁判および陪審員の選択、証人等の費用がかかっている。またカンザス州では同じく一件当たり通常犯罪に比べ一〇万ドル余計にかかっていると報告されている（The Death Penalty Information Center, at 3)。

（4）多くの法域では善時制をとっており、さらに刑務作業や行状次第で刑期が短縮されるので、第一級謀殺罪の終身刑でも七～一〇年という刑期のことがめずらしくない。

（5）J. DeParle, Abstract Death Pealty Meets Real Execution, The New York Times, June 30, 1991. テキサス州においては、陪審員には、死刑または終身刑選択決定の段階で被告人の「将来の危険性」を考慮することが求められているが、その終身刑は、パロール資格を得るのに三五年間の服役を要することが知らされていなかったため死刑を選択した。九七年一〇月二〇日、テキサス最高裁は、この事件（Browntv. Texas）は、違法ではないとして却下した。

この事件は、長期の終身刑を採用することが死刑支持を低下させることを示していると報じられている。これは死刑存置州における死刑と終身刑選択の判断基準の問題でもある（九四年のSIMMONS v. South Carolina 事件に対する合衆国最高裁判決でも問題となった。UNITED STATES OF AMERICA, Death penalty developments in 1997, amnessty international, at 25.)。

（6）A Reporot by The Death Penalty Information Centre, at..4~29. なお筆者は九九年九月二四日、ワシントンDCにある同センターを訪問した。同センターのExcutive Director, Richard C. Dieter 氏もパロールのない終身刑採用が死刑廃止の前提条件であることを強調していた。

（7）Zeisel & Gallup, note7, at 290. パロールのない終身刑を採用すれば、死刑支持は七二％から五五％に下がった（Gallup Reports 244&255, Jan./Feb.1986, at 10-16.)。

（8）その他の最近の世論調査としては、カリフォルニア（一九九一年の調査でパロールのない終身刑を七三％が支持）、フロリダ（過半数が死刑は、人種と経済的要因で差別があると考えている、八六年）、ジョージア（五三％がパロールのない賠償付終身刑を支持、八六年）、ニューヨーク（九〇％以上の人びとは、犯罪を減らすのは死刑よりも教育の促進、職業訓練、雇用の機会均等を挙げている、九一年）、オクラホマ（死刑に代えて終身刑を科すことで死刑の人種差別が解消されるなら死刑に反対する割合が五六％から三五％に低下、八八年）、ヴァージニア（同六四％から二七％へ、八九年）およびウエスト・ヴァージニア（九〇年の全州調査ではパロールのない終身刑を採用すれば死刑支持の意見は、六九％から一九％に低下した）などがある（W. Bowers & M. Vandiver, New Yorkers, Want an Alternative to the Death Penalty, Executive Summary, Appendix Summarizing other state polls, 1991)。これらの調査結果からの興味ある事実は、パロールのない終身刑よりも、賠償要求と結び付け、二五年間はパロールにしない終身刑を採用するならば、さらに死刑賛成が減少する。

（9）William J Bowers and Margaret Vandiver, NEBRASKANS WANT AN ALTERNATIVE TO TEH DEATH PENALTY, College of Criminal Justice Northeastern University, Boston, Masachusets, May14, 1991

（10）Death Penaly information center, Id.at.13.（Alabama, U.S. Court of Appeals Judge Edward Cames)

四、終身刑受刑者の課題

終身刑に対する期待は、死刑との対比において顕著である。終身刑は、死刑と異なりいわゆる誤判に対する挽回が可能である。それに付随してアメリカでは死刑該当事件は必要的上訴制が採用されているため、確定までの裁判日時が長期化し、いきおい裁判費用が莫大なものとなることから、死刑制度は終身刑より高くつくとされている。その点で終身刑は上訴が必要的でないため長期化を防げることができる。また死刑には憲法上の問題がつきまとうが、終身刑にはその問題がない(1)。そのうえ社会防衛上は、死刑に匹敵する有効性がある、等である。

ところで死刑と終身刑は、ほんらいは比較の対象ではない。死刑は刑罰としての限界を越えているとの私見では、死刑廃止後の刑罰として、死刑についで重い終身刑（アメリカでも「終わりから二つ目」（penultimate penalty という言葉がある）の採用は、自然の結論であると考える。終身刑採用に反対する根拠として、刑務所で自然死させることは、死刑より残虐であるとの意見がある。この点に関し詳論する余裕はないが(2)、この終身刑受刑者に対し、どのような処遇を施すかは、もっぱら行刑の課題である。このような認識を前提として終身刑の問題点を検討する。

その第一は、どんな凶悪な犯罪者にも死刑がないならば、刑務所内での殺人や暴動が多発する危険性がある、との指摘がある。しかし多くの矯正の専門家たちは、このような悲観的な考えをもっていない(3)。たしかにパロールのない終身刑は、仮釈放の機会はないのであるが、多くの重警備刑務所に収容されている受刑者と同じく、終身刑受刑者が他の受刑者より極端に危険であるという報告はない(4)。

パロールのない終身刑受刑者を収容しているミシガン矯正局のレオ・ラロンデ（Leo Lalonde）氏は、「入所後、数年経つと時間と場所に適合し、善良な受刑者となる。むしろ問題なのは短期受刑者である」と述べている(5)。

第二の問題は、終身刑受刑者の精神状態が異常化することにいかに対処するかにある。終身刑は、ほんらいは生涯にわたり刑務所に収容するものであり、この者の精神状態が重大な問題であることは否定できない。これまでにも、この問題に関する調査・研究が多数なされている(6)。しかしアメリカでは終身刑受刑者と有期受刑者との処遇に基本的には差異はなく、郊外作業等が許されない程度の差があるにすぎない(7)。この問題は、ひろく長期受刑者の問題であり、過剰拘禁さらには厳格な規律による精神的ストレスの問題でもあって、必ずしも終身刑特有の問題ではない。むろん終身刑そのものが絶対的なものであってよいかどうかの問題がある。アメリカでは、歴史的に刑務所は受刑者を単に拘禁する所ではなく、社会復帰の準備期間とする観念がある。永久に隔離する観念はなじみがない。パロールのない終身刑も形式的にせよ恩赦の適用など必ずしも絶対的終身刑を意味するものではない。

第三の問題は、終身刑受刑者の老人化対策である。これは、現実の問題として深刻である。終局的には、老人となり虚弱化し、犯罪を犯す危険性のない受刑者を刑務所にもはや収容しておく必要はなく、釈放の機会を与えることとなろう。減刑は、飽和状態の刑務所問題解決の基本的な方策でもある。

そして第四の問題は、終身刑採用に賛同する被害者家族の意見も重要である。しかし現実には刑務所での労働対価が被害者賠償に直結するには困難な課題があるし、ほんらいは被害者問題は、加害者が逮捕されたか否かとは関係なく検討されなければならない課題である(8)。それでもこのような意見がでるのは、死刑そのものよりも生きて償いせよとの被害者感情の表れとみることが必要である。しかし立法としては九三年にネブラスカ州では、死刑を廃止する代わりにパロールのない終身刑に損害賠償を付加しているし、アーカンサス、カリフォルニア、ウィスコンシン、アイダホおよびオレゴンの各州では、被害者家族への賠償金支払いを殺人事件について併科している(9)。

本稿では、死刑に代替する終身刑を課題としている。これまでの検討から明らかなように、どのような形態の終身刑を採用するかはともかく、死刑に代替する終身刑はアメリカに限らず、世界の死刑廃止先進国において採用されてきたものである。それは死刑廃止にいたるその国もしくは地域の種々の背景により異なるが、終身刑を代替として死刑を廃止し、その後において、どのように修正するかを検討することは当然のところである。

ちなみに一九世紀末に死刑を廃止したポルトガルやオランダでは、終身刑はイコール、パロール付であることが前提となっているし、さらに、いかにこの終身刑を廃止するかが、こんにちの関心となっている。このような変遷についてはアメリカにおいても州の発展に平行して同様の動きにあることは上述した。

（1） Hamelin v. Michigan,111 S. Ct. 2680（1991）; People. v. Bullock, 485 N.W. 2d 866（Mich.1992）. この判決において合衆国最高裁は、六七二グラムのコカイン所持によるパロールのない終身刑が「残虐かつ異常な刑罰」に当たらないとして上告棄却している。死刑事件以外では個別的量刑を要求していないというのがその主たる根拠である（本事例については、「アメリカ法」一九九四年、日米法学会、一九九四―一、一九五頁以下（佐伯仁志氏執筆）、「比較法雑誌」二八巻一号、九四年、三五頁以下（堤和通氏執筆）に紹介がある。

（2） 菊田幸一『死刑――その虚構と不条理』、九九年、明石書店刊、三一四頁以下参照。

（3） Stewart & Lieberman, What Is This New Sentence That Takes Away Parole? 11 STUDENT LAW. 14, 15（1982）. シンシン刑務所長（ニューヨーク州）ローウ（L.E.Lawes）氏は「一般に信じられているのとは反対に終身刑受刑者は模範囚である。彼らは規則を守り、トラブルを起こすことも少ない。彼らの多くは一時的な激怒で殺人を犯したのであって、間違いをくり返すことはない」と述べている（Federal Probation, March 1962, VOL. 25, NO. 15）。またイギリスのウエストミンスター大学死刑研究センターのピーター・ホジキンソン教授は「イギリスには三、〇〇〇人の無期受刑者がおり、三〇年以上服役している者も六名いるが、彼らは自殺していない。これは、長期の拘禁がただちに精神的苦痛を与えるものではないことを示している」とも述べている（『関東弁護士連合会・死刑廃止を考える』四八五～四八六頁）。なお「アメリカ合衆国における終身刑受刑者処遇上の諸問題」（法務総合研究所、研究資料四六号、九九年）の報告者、山口昭夫氏は、ミシガン州およびカリフォルニア州の終身刑受刑者処遇について「終身刑受刑者は、生涯拘禁されるという特殊な状況の中で、精神上の不安定に陥り、希望を失って職員の指示に従わなくなり、規則違反をくり返し処遇困難者になるという予測は、表面上当たっていないように見える」と述べている（同報告書五六頁参照）。

（4） アラバマでの調査では、一般受刑者より五〇％も懲罰になる者が少ないとの報告もある（e.g., J. Wright, at 564）。

（5） Katz, In Mich., Life Without Parole, Newsday, June 20, 1989. p.9. Thomas Coughlin（Former Commissioner of the New York State Department of Correctional Servises）Tabak & Lane, note12. at. 124-125.

（6） 代表的なものとして Cohen, S.and Taylor, L.（1972）. Psychological survival:the experience of long-term imprisonment. Harmondsworth : Penguin. がある他 Timothy J. Flanagan（ed）, Long-Term Imprisonment : Policy, Science, and Correctional Practice,

SAGE Publications, 1995. に多数の論文が収録されている。James Bonta and Paul Gendreau；Reexamining the Cruel and Unusual Punishment of Prison Life. Law and Human Behavior, Vol.14. 1990. at357によると、平均二・五年、四・九年、六・九年、一一・三年の受刑期間の比較調査では、精神上のなんらの相違を見つけることができなかったと報告している他、多くの研究では、収容期間よりも処遇内容いかんによる影響に結びつけている。なお、わが国の文献として、橋本健一、徳山孝之、大川力「無期受刑者の研究——第一報告」『法務総合研究所研究部紀要』（六九年）、福田美喜子他、「凶悪事犯長期刑受刑者の実態に関する研究・第二報告」同研究部三九号（九六年）一頁以下がある。

（6）筆者は、九七年九月にフォート・ディクス（FCI Fort Dix）刑務所（ニュージャージー州）で終身刑受刑者五人にインタヴューした。詳細については、『明治大学社会科学研究所紀要』第三八巻一号六九頁以下参照。

（7）刑務所作業に賃金制を採用するにせよ、日本のように単なる賞与金であるにせよ、受刑者が刑務作業で得た労賃を被害者への賠償金に充当することは、理論的にはともかく、現実には困難な問題があり実現にはほど遠い。ただしフランスでは、刑務作業に対し国庫から報酬が支払われており、家族の扶助、釈放時の積立て、被害者への賠償に当てられている。アメリカでも労働で得た収益を家族に送金する制度がある（例・COMMONWEALTH of PENNSYLVANIA Inmate Handbook, 菊田幸一・監訳、『法律論叢』第七二巻一号一〇六頁以下参照）。むしろ金額の多寡よりも精神的な意味あいが高い。

（8）Restitution：Eligibility/types of Restitution Allowed（Draft）, National Victim Center, Arllington, VA（1993）.

五、無期懲役の現状と終身刑

日本において死刑廃止に賛同できない理由の一つに、現行の無期懲役は、ほぼ一三年程度で仮釈放となり、死刑との格差がありすぎるとの指摘がなされてきた。現に強盗殺人事件の死刑求刑に対し無期懲役を選択するに際し、あえて「死刑と無期の間には無限の隔たりがある。仮出所のない無期懲役を考えてもよい」と述べた判決がある（広島地裁判決・一九九四年九月）。現行法においては一〇年を経過すれば仮釈放の資格があるため（刑法二八条）、一般にも死刑との格差が信じられてきた。

しかし現実の無期懲役は、いわれるように軽いものではないことが最近になって判明した[1]。それによると一九九七年現在の無期懲役囚は、九三八人であり、同年における出所者（仮出獄者を含む）の平均受刑在所期間は約二四八月（約二一年六月）である。これまで一般にいわれていた平均一三年で出所するとの数字とは、格段の相違が明らかとなった。

ここで注意しておくべきことは、約二一年六月という数字は、仮出所した者の平均在所期間であって、現に在所している者の執行期間ではないことである（もっとも、在所者の平均期間をだしてもさしたる意味はない）。そこで現に在所している者の執行期間の一部を明らかとしたのが左の表である。

１９９９年４月１日現在、２５年以上の無期刑が継続している者

２５年以上３０年未満	２７名
３０年以上３５年未満	１７名
３５年以上４０年未満	１２名
４０年以上４５年未満	７名
４５年以上	４名
総計	６７名

総計六七名が二五年以上にわたって執行継続されていることが明らかとなった。なかでも四五年以上の四名のうち一名は、五〇年を越えていることが判明した。これまでは、逮捕されてから仮釈放されるまでの最長は、通算四〇年余といわれていた。この最長の例は、一九四七年の「福岡事件」で死刑判決を受け、恩赦により無期懲役となった者で通算四二年七ケ月の拘禁であった(2)。

なお九三八名のうち六七名についてだけ明らかとなったものであり、他の者については、いぜんとして不明である。また、これらの者の罪名別も不明である。当局が、こんにちに至るまでこれらの事実をも明らかとしてこなかったことは問題である。無期懲役が死刑に比較して格段の差があるとの一般の印象を踏襲する狙いがあったと推測されても仕方ない。さらに詳細な実態を明らかにすべきである。

それでも無期懲役の実態の一部が明らかにされたことを前提にして、改めて無期懲役について検討しておく必要がある。まず平均在所期間の二一年六ケ月は、前述のごとく、それが仮釈放者の平均であるにしても、これを長いと判断するか否かは、人によって異なる。また実際問題として仮釈放の決定には、本人の刑務所における行状はもとより、犯罪行為の重さ、あるいは被害者への宥恕の有無や帰住先の問題など多角的要素がからんでくる。その意味では個々的に判断されるべき問題であり、一般論を述べるには必ずしも適切ではない(3)。ここでは死刑に代替する制度としての無期懲役もしくは終身刑を視野に入れて検討する。

この観点から検討するならば、仮に二〇年以上の無期懲役が長期であるか否かは、概括的にいえば、その国における刑罰体勢の範疇内で検討するほかない。たとえば死刑のないヨーロッパ諸国では、パロールもしくは恩赦のない終身刑は、事実上存在しないのが現状である(4)。一方、アメリカにおいて、現に死刑のある州においては、文字どおりパロールのない終身刑に傾倒していることは前述した。

このような背景から検討するならば、日本においては、たとえ平均二一年余の無期懲役であっても、その事件が仮に限りなく死刑に近い事件であるならば、本人の改悛の情いかんに拘わらず、長期刑に服することは現状としてはやむを得ないものと判断しなければならない。

そこで次に検討しなければならないのは、これまでの一般認識と異なり、平均二一年余の無期懲役であるなら、あえて終身刑を死刑に代替する制度として提示するまでもなく、十分に無期懲役で対応可能であるとの判断が生まれるかも知れない。しかし、筆者はその考えに必ずしも単純に同調できない。なぜなら現に死刑があり、毎年数名が現実に処刑されており、しかも凶悪犯罪発生のつど無期懲役を含む刑の軽さが世論となり、死刑の存続が被害者を中心に叫ばれている現状においては、従来からの無期懲役で死刑に代替するとの提唱がただちに多数の支持を得るような現状ではない。

むろん国の施策がこうした世論先導で定着するものではなく、死刑と無期懲役という、極刑とそれにつぐ刑が永年にわたり、わが国の刑罰体系に地位を有していること自体が、これを重く見なければならないことも事実である。しかし、死刑の存在を前提とした無期懲役から死刑のない、もしくは極刑の重点を死刑から遠ざける施策のもとにあっては、従来の無期懲役は、その限りにおいて仮釈放の基準を厳格にするといっても、その保証がない限り説得あるものとはならない。その意味でもあたらしい刑罰が介入することは自然の成り行きであろう。現在の死刑を縮小もしくは執行を停止するとの施策のなかにおいては、被害者感情を視点とした無期懲役の見直し、もしくは死刑と無期との中間の刑罰の介入が求められてもよい。

（1）参議院議員・福島瑞穂氏の国会法第七四条による質問に対し、一九九九年五月二五日に当局が明らかにした。

（2）朝日新聞一九九九年六月二〇日付。同紙は、「事実上の終身刑」と報じた。「福岡事件」は一九四七年に旧軍関係の隠匿物資のヤミ取引にからんで石井健治郎氏ら二人は、無実を主張していたが死刑判決を受け、共犯とされていた他の一人は処刑された。

（3）「凶悪事犯長期受刑者の実態に関する研究」（第1報告、第2報告）福田美喜子他、『法務総合研究所研究部紀要』（三八号、三九号、一九九五年、一九九六年）は、この点に関する貴重な研究であるが、殺人罪、強盗致死等により死刑または無期懲役の確定判決を受けた者についての実態報告である。

（4）死刑廃止先進国の死刑代替刑の現状について、菊田幸一「死刑代替制論議の提唱」『年報・死刑廃止98　犯罪被害者と死刑制度』一四六頁以下参照。

六　終身刑の導入

わが国において、死刑に代替する終身刑を早期に導入すべき時期にあることを冒頭でも述べた。その終身刑がいかなる種類のものであるかは、前提として、わが国の犯罪者処遇の実態をとらえておかねばならない。たとえば確定死刑囚といえども現実には厳正独居に近い日常生活を強いられており、これは明らかに国際準則に違反している(1)。かれらは、文字どおり処刑を待つための生のみを強いられている。さらに言えば、厳正独居に収容されている長期受刑者の非人間的扱いが実態としてある。その現実のうえに死刑制度がある。その死刑制度を廃止することがいかに厚い壁であるかを改めて認識しなくてはならない。このような現状認識のもとにあっては、死刑の代替刑提示は、残念ながら限りなく死刑に近い代替制を提示することで一般多数の賛同を得るものでなくてはならない。現に死刑制度がある日本においては、死刑に次ぐ、もっとも厳しい終身刑を自ずから選択せざるを得ない。それは仮釈放のない終身刑である。仮釈放のない終身刑が死刑より残虐であるとする論理は通用しない。

確定死刑囚・大道寺将司は次のように述べている（要旨）。

「死刑囚は、単に長期間拘禁されたからではなく、死刑囚として、いつ処刑されるかわからないという状況に置かれたが故に、精神的に病んでしまうのです。〝いつ処刑されるかわからない〟という思いを抱かずにすむのであれば、長期間拘禁されても、精神病を病む人は少なくなるはずです。たとえ生涯、塀の外に出ることができなくともです。塀の中の生活もまた人生です。シャバとはかけ離れた厳しい生活のなかにも、喜びや生きがいを見つけだすことは可能です。終身刑を死刑の代替刑とすることで、百年先の死刑廃止の実現よりも、近未来の死刑廃止の実現をめざすべきだと思います」(2)。

死刑に値するような凶悪な犯罪を犯した者には、生涯にわたり刑務所から出ることができない刑罰を科せられても現実問題として、これに耐えるしかないとの認識をあえてもたねばならない。他人の生命を抹殺した反動として死刑への恐怖を伴わない終身刑は刑罰の一つとしてあり得る。自らの生涯を刑務所内で生きるのも刑罰の一つとしてあってしかるべきである。終身刑受刑者として刑務所内で被害者への贖罪と労働に服することも行刑の一つである。終身刑そのものがイコール残虐であるとする考えも間違っている。ここで採用する終身刑の処遇が一九世紀初頭におけるヨーロッパの監獄のように暗い部屋に生涯閉じ込めるものであるはずがない。日本における「厳正独居」が想定されてはならない。むろん仮釈放のない終身刑にこだわっているわけではない。前提として事実上の死刑廃止ないしは死刑執行停止を早期に実現することが担保されるならば、もっとも厳しい終身刑が説得しやすいと、単純に考えているにすぎない。

本稿の表題を「死刑に代替する終身刑について」とした。しかし必ずしも死刑に代替する終身刑にこだわる必要はない。死刑廃止が目標であることは当然であるが、終身刑を採用することで必然的に死刑判決が減少し、さらには事実上の死刑執行のない時代を迎えることも戦略として考慮されるべきである。つまり現行の死刑制度を法典から削除することなく存続したまま、新たに「終身刑」を導入することも検討されるべきである。

周知のように、現時点では世論の動き、あるいは犯罪被害者の死刑支持の勢いからみても、早期に死刑廃止を法的にも実現するには、多くの困難が予想される。このような状況にあっては、死刑廃止を求めながらも、最終的に実を得るような方策があってもよい。それには現段階では、死刑廃止に向け外堀を埋めていくことが必要である。

それには、これまで述べてきたように、限りなく死刑に近い終身刑（仮釈放のない）を採用する方向で世論を引き寄せねばならないし、これまでの調査でも、この案については日本でも多くの賛同を得られる。さらに現在、法務省で検討されているといわれる、重無期懲役（服役二〇年以上の仮釈放資格）を新たに導入する検討にも参加することがあってもよい。つまり死刑、終身刑、重無期懲役、無期懲役といった選択肢が実現してもよいのではないか(3)。このことにより現在の死刑と無期懲役の格差をなくするならば、死刑判決の選択が減少することは、アメリカでの経験でも実証済みである。ある人は、そのことは重刑罰化に加担するものであるとの批判をするであろうが、一歩後退し、二歩前進することが今は求められている。

（1）詳細については、菊田幸一『受刑者の人権と法的地位』、日本評論社、九九年二月刊、同『検証・プリズナーの世界』、明石書店、九七年一月刊、参照。

（2）交流誌『キタコブシ』（九八年六月号）。

（3）日弁連・死刑制度問題対策連絡協議会案では、①仮釈放を認めない終身刑、②仮釈放の制限刑期を二〇年とする重無期懲役刑の二種類を提示している。この案は、現行の無期懲役の仮釈放制限刑期は一〇年であり、実際には平均在所期間が一八年ないし二〇年であるところから、新設の重無期懲役の仮釈放制限刑期を二〇年とするものである。実際的にもこの案によれば、裁判の段階では終身刑もしくは重無期懲役、無期懲役の三段階の選択が可能となり、現行法での実際の不合理はこの提示により解消される。

（本稿は『法律時報』二〇〇〇年九月号掲載論文に加筆したものである）

受刑者にとって終身刑とは

免田 栄

――死刑に替わる刑としての終身刑について、免田さんはどうお考えになりますか?

免田　難しい問題です。終身刑ということじゃなく、私は死刑の刑期で、何年間かの刑期をおいて、その人の自由意志にまかせればいいんじゃないかと思っていました。

――どういうふうに?

免田　早く執行してくれと願せんを出して執行を受けた人もおったから。

――免田さんと一緒に拘置されていた人?

免田　自分で白い着物を作って裸足でいった人もいた。お金を持っていたからそれができたんだけど。そうかといえば、確定判決に不服だけども、それにたいして、再審するお金もないし、弁護士もいない。泣き泣き、教誨師の因果応報の説法に従って諦めて刑場に散っていく人もいた。「その人の自由意志にまかせれば」というのは、まったく希望のない状態の場合のことです。

――死刑がある状態でのことですね。

免田　終身刑の問題にしても、悪いことをしたからといって、あそこに一生置くということは、これはかわいそうですよ。こういう自然にたいする人間の反逆っていうものはないですよ。こういう厳しいものはないですよ。

――免田さんの考えでは、犯罪を犯した人でも、きちんと更生すれば、人間は変われるということですか?

免田　私の経験からいいますと、第三次再審の決定(再審開始決定)が出た。死刑囚と一緒に生活していたんだけども、夕方、決定書が私のところにきた。真ん中に廊下があって、両側に死刑囚が何人かいるわけですよね。朝、私が掃除に出たところが、隣におった死刑囚が「免田、何か来たろう?」っていって、机の上にあった決定書を取り上げて調べ始めたんですよ。「ああ、これは」って言ったもんだから、みんな出てきたわけですよ。四〇人ぐらいいる死刑囚が、私を取り囲んで胴上げしてくれました。その時に、私、初めて、それまで大きな壁を持っていた死刑囚にたいして、同じ人間なんだなという感じを受けました。それから、対対に接触することになったんです。人を何人も殺して死刑になっていても、やっぱり人間に変わりはないですから。

――自分は、先行き処刑されるしかないのに。

免田　やっぱり、涙もある。他者《ヒト》のことにたいして自分は明日もわからない立場にあって、隣同士、場合によってはケンカしてねたみあっている、それが、そういう場面になってくると、「よかったね、よかったね」と喜んでくれる。そうした経験がありますから。死刑にしたからって、終身刑にしたからって、「人殺し」がおさまるものじゃないんですよ。それよりも、社会がもっと考えて、そうしたことが起こらないようにする必要がある。

――死刑囚の毎日は、どんな状態ですか？

免田　死刑囚は誰でも、明日、殺されるかわからないという、前の日まで苦行するんです。

――恐怖にどう立ち向かえるかという。

免田　今まで引いても押しても開かない厚い死の壁を、戸を、今度は指先でさっと開けるような心境になる苦行をしなきゃならない。私は、事件に関係ない。でも、その準備をしておかなくては、いつ殺されるかわからないんだから。再審は何回もしているけれども、却下、却下でくるんだから。今でこそ、六回ということになってるけど、弁護士をつけないでやったのも入れると、一三回やってますから。それがあったから、命が繋がってるんです。いつ殺されてもいいようなふりをして、心の暖かいものを自分で養って、それを保持しながら再審に取り組まなきゃいかんという状態で、苦行に入ったわけです。

――それは、教誨ではできないわけですか？

免田　教誨でいくら話を聞いたって、それは、あくまで他人の話であって、ほんとに自分がその話を受け取って、ということは自分が努力しなきゃいけないでしょ。それを努力しないと、刑場に行って、目隠しされたとき腰が引けるわけです。(死刑囚は) きれいな姿になって逝ける準備をしなきゃいけないんだから。人を殺したからすぐ殺せって一般の人はいわれるけど、本人はそれだけの準備をする、させるようなムードをつくらなきゃできないわけです。

――終身刑が導入されたら、処刑される恐怖はないけれども、一生、社会に出れないということになりますね。

免田　しかし、一生、入れとくということは、これほど、私は、人道に反することはないと思います。それぞれの人生の痛みの中で犯罪を犯して、たまたま死刑になって、そうした痛みを繰り返している社会で、その中で刑務所に入ったわけです。この問題の百分の一、あるいは万分の一は、私は社会に罪があると思います。

――社会に責任があるということですね。

免田　社会にあるんです。社会が、本人が生まれ変われるようなことをしていない。人間の反省ということができるような社会じゃない。今の社会ほど地獄の社会はないです。ここに、終身刑というものを入れてやっても、同じ終身刑を受けるような問題がいっぱいできてくるんです。

――犯罪はなくならないということですね。

免田　「司法の安定のためには一人二人、人間を殺してもいい」というようなことがまかりとおる社会なんですから、一般国民の教化育成にはならないわけです。

――犯罪者に矯正を強いても国民が変わらなければ同じということですね。

免田　同じことの繰り返しなんです。終身刑は終身刑であるならしてもいいですよ。しかし、もっと心と肉体が平行していくような環境に置いて、仕事をさせた利益によって被害者や社会に奉仕するとか、そうした制度をきちっと決めておいてから、終身刑をやらせりゃいいです。

私の死刑が確定して、藤崎拘置所に、二人の年輩の死刑囚と私の三人で行ったわけです。佐賀から来た死刑囚が一人いたから四人になったわけです。この四人が一緒に運動に出るようになった。しかし、他の三人にたいして、私は相容れぬものがあった。そばに寄りつけない。怖いから。塀のまわりをぐるぐるいつも回って散歩しておったわけです。パンジーが一株咲いておったわけ。それを抜いて、日当たりのいいところに植えてやったところが、部長が来て「お前、そんなに花が好きか?」っていわれるから、「育ててみたいなと思っております。許してください」といったんです。そしたら、「じゃあ、こんなにゴミがいっぱい捨ててあるから、運動の時、ここを整理して畑をつくれ」っていって、スコップを一丁、もってこられた。それから、花を作り始めたわけです。

――現在では考えられないことですね。

免田　その人にむいた扱い方をすればいいわけです。仕事でもなんでも。じゃあ、終身刑になったからといって、独房の中に入れておいて、毎日、封筒貼りばかりさせて、どうしますか。運動は運動で、鶏小屋のようなところに入れておいて、運動できるもんじゃないです。

――その状態で一生、出て来れないとしたらどうですか。

免田　それはたいへんです。今でこそ、健康でおりますけど。拘禁症状というのは、今でもときどき出るんですから。私の場合には、花作りをずっとやって、どうかしたときには職員もつかずに一二時まで出しっぱなしにされて花の手入れをした。そして帰ってきて、点字をうったりできた。現在の処遇状態は全然違うでしょ。個人に適したような仕事を与えて、そこでその人の心を、自分で苦行して自分で養っていくということができるということが必要ですね。

――意欲が出るような状態をつくるっていうことですね。

免田　そういった環境を各自に与えるような、それができないことはないんだから。それをやらなきゃ、だめなんです。

――それが全然ないで、一生、刑務所から出さないというのは？

免田　残酷です。ロボットと少しも変わらない。

――ロボットだったら、苦しまなくていいんですけど。生身の人間ですから。

免田　そういうことで終身刑を置くんだったら、国民の恥です。終身刑というと一生でしょ。一生、工場を出たり入ったりする受刑者と一緒に仕事をさせてごらんなさい。耐えられない。じゃあ、逆に、独居なら独居に入れて一人で毎日、封筒貼りとかさせてごらんなさい。それは、身体がガタガタになってしまう。運動がないから。私だって、さっきもいったように、三〇年以上入っていたけど、やっぱり一時間なり三〇分でも畑仕事をしおったから。運動も十分、しおったから。それがなくて、あの囲いの中で、規則の中できちっと縛られて、いやおうなしに仕事をさせられるんじゃ、決して更生なんかにならない。何度も繰り返すように、その人が、終身刑ではなく、一般の人と同じように社会に出て、社会に対応できるような人間の育成をやるようなことをしないと、終身刑にしても一般の刑にしても、ほんとうの人間というものを育てることにならない。もう少し、社会が掘り下げて取り組んでもらわないと。

もう一つは、教誨師というのは、もう少し、へりくだってもらって、お茶でも飲むような状況になってもらって、上から話をせずに、ほんとうの話をするような教誨師がほしいですよね。かたちばかりで来られる人がほとんどですから。

――現在の処遇はもっとひどくて、確定すると交通（文通・面会）が認められない。

免田　警察が、証拠というものを曖昧にして逮捕して、曖昧な裁判で死刑が確定するわけです。今は、確定すると、社会との交通を許さない。そうすると、書信の自由が認められないから、事件のことなんか、全然書けないわけです。それと同時に、親・兄弟にしても、どうもおかしいなと思うことがいえない社会でしょ。そんなことをいったら、反社会人として変に見られますから。本人の方は本人の方で、そうしたことが手紙として出せない。

――誤判の救済が、なかなかできないということですね。

免田　公平な裁判なんかないんですから。

――死刑と終身刑の境目、終身刑と無期の境目というのは、どうしても難しいですね。

免田　あくまでも裁判官の感情問題です。私の裁判のような裁判官がざらにいるなら、公平な裁判なんてできない。七〇人からの死刑囚を見送ったわけですが、何人も冤罪を訴えて曳かれていく人がいた。そうした人が、たとえば終身刑になって、刑務所に勤めても更生にはならないでしょう。人が人を裁くっていうことは、謙虚に物事を考えなきゃいけないということです。人間として。私が、三四年間、獄中にいて社会に帰って、刑事と検察官と裁判官に感想を求めたところが、刑事は「ぼくらは仕事でやった」っていう。検察官は「今さら批判するな」っていう。裁判官は「ごくろうさんでした」っていう。それで事足りるんだから、彼らには反省もなにもない。しかし、そういうことを、もし、私たちがやってごらんなさい。国民は絶対許しませんよ。法で裁かれます。世間の厳しい批判を受けます。悪いことをしたからといって、人を殺したからといって死刑にしても、犯罪はあとを絶たない。ここには、社会の反省というものはないし、政治行政、一般行政の反省というものはないからです。

——責任をとらないですね。

免田　ほんとうに、その人間を人間として支え合うという、人間の原点としての教育がないわけです。ただ悪いことをしたら罪に落としてしまう。出てきたならば、「あれは前科者」ということで孤立する。犯罪を犯す者は悪いけれど、犯すようなムードを作っている社会はもっと悪いと思うんです。死刑で殺しても、その人を一生生かしても、死はあるんだから。裁きようのないのが死だから。それを強制的に刑を加えて殺すということを、上の方のエライ方々が一面的に考えておられる。限定された思想の中での満足感はあるかもしれないけど、ほんとに苦労した我々の身から見ると、なんだとしか思わないもの。なんのために人間が生まれてきたのか。

——生まれてきた意味があるはずですよね。

免田　支配者が管理する、その社会の中でそうした犯罪を犯したからといって、それを殺すというんじゃ、そこには反省がない。全部、殺してしまえ、刑務所に放り込んでしまえ、いい人間だけ生かそうとするからおかしんです。人が人を裁く、そうした権利を持った人がきちんとしたものをもって、裁く人間が相手の気持ちをかみしめて、行政をするようなかたちにならないと、通り一遍にやってしまったらだめなんです。刑務所に放り込めばいいっていうならどうしますか。それじゃ、終身刑にしたって、かえって地獄に落とすようなものです。そういうことじゃ、現場で、彼らを扱う看守っていうのはもっと苦労しますよ。人間だから。悪い者は刑務所に放り込んでしまえっていうだけじゃ、刑務所というのは決して更生の場にはならない。国家の予算を使って、立派な刑務所を作ってやっても、なんの意味にもならない。国民の税金の無駄使いです。そういうことをあいまいにしてる国民も悪いけど。お互いに反省して、今の司法行政というものを、自分たちの身近に、何が起きてるかということをきちんと見つめるような国民になってほしいと私は思います。

（二〇〇〇年一一月二八日、六本木にて。インタビュー・島谷直子）

特集◆終身刑を問う◆資料1

無期囚の執行期間及び医療体制に関する質問主意書・答弁書

質問第一五号

無期囚の執行期間及び医療体制に関する質問主意書

右の質問主意書を国会法第七十四条によって提出する。

平成十一年四月十四日

福島瑞穂

参議院議長　斎藤十朗殿

無期刑囚の執行期間及び医療体制に関する質問主意書

一、「第九九矯正統計年報I」平成九年によると、受刑中の無期刑囚は、九三八人であり、出所者（仮出獄者を含む。）の平均受刑在所期間は約二五八月（約二一年六月）であると報告されている。

しかし、右統計では、現在、刑を執行中の無期刑囚の執行期間を知ることはできない。聞知するところによると服役開始後すでに四十五年を超える無期刑囚がいるとのことである。

あまりにも長期間に及ぶ服役については、無期刑囚の心身に様々な悪影響を生ぜしめているおそれがあり、また、仮出獄等の権利救済手段の保障状況も懸念される。

右観点から、以下の点について質問する。

（一）平成十一年四月一日現在、無期刑囚で受刑開始後、二十五年以上三十年未満の者、三十年以上三十五年未満の者、三十五年以上四十年未満の者、四十年以上四十五年未満の者及び四十五年を超える者の人数及び収容施設名を明らかにされたい。

（二）さらにそれぞれにつき、昼夜間独居拘禁されている者の数及び右独居拘禁継続の期間を明らかにされたい。

（三）また、拘禁反応等・心身に異常があり、治療を受けている者の数及び収容施設名を明らかにされたい。

二、受刑者の施設に対する不満の中には、医療体制が不十分で十分な診療も治療も受けられないという訴えが多い。

受刑者は自ら任意に医療機関に受診に出向くことはできないので、施設内において、健康を維持し、病気を治療するための医療体制が用意されなくてはならないものと考える。

右観点から、以下の点について質問する。

（一）平成十一年四月一日現在、国内の各刑務所ごとに、

1　医師である医官がいるか否か、いる場合は人数及びその専門診療科目

2　嘱託医、外部委託医師がいる場合は、その人数、各専門診療科目及び執務体制（執務曜日、執務時間等）について明らかにされたい。

（二）歯科領域において、虫歯の治療、入れ

別表一（二十五年以上の者の期間別及び施設別人数）

施設名	二五年以上三〇年未満	三〇年以上三五年未満	三五年以上四〇年未満	四〇年以上四五年未満	四五年以上
八王子医療刑務所				一	
千葉刑務所	三	四	二		
大阪刑務所	三	二	一	一	
岡崎医療刑務所	一				
岐阜刑務所	三		一		
広島刑務所				一	
岡山刑務所	一		一		
城野医療刑務所	二	三	二	四	三
熊本刑務所	四	三	三		
宮城刑務所	五	二			
旭川刑務所	一		二		
徳島刑務所	四	三			一
合計	二七	一七	一二	七	四

歯の調整が十分なされていないと言われているが、

1　歯科治療の体制（各施設ごとの歯科医の配置、人数、歯科治療設備の設置有無等）

2　治療の実際、すなわちどのような訴えまたは症状がある場合に、どのような治療（入れ歯・差し歯の調整は可能か、保存的治療にとどまるか、費用の負担はどうなっているのか等）がなされているか

を明らかにされたい。

（三）眼科領域において、受刑中に眼鏡の使用が必要となった場合または使用していた眼鏡が遠視・近視・老眼等の進行により再調整が必要となった場合の実情の把握（例えば視力検査等）・対処（眼鏡調整）の方法及び費用負担の実際を明らかにされたい。

右質問する。

答弁書第一五号

内閣参質一四五第一五号

平成十一年五月二十五日

内閣総理大臣　小渕恵三

参議院議長　斎藤十朗殿

参議委員議員福島瑞穂君提出無期刑囚の執行期間及び医療体制に関する質問に対し、別紙答弁書を送付する。

参議院議員福島瑞穂君提出無期刑囚の執行期間及び医療体制に関する質問に対する答弁書

一の（一）について

平成十一年四月一日現在、行刑施設に収容されている被収容者のうち、無期刑の執行を継続した期間が二十五年以上の者の御質問に係る期間別及び施設別人数は、別表一のとおりである。

一の（二）について

別表一に掲げた者のうち、平成十一年四月一日現在、昼夜独居拘禁に付されている者の人数及び独居拘禁継続期間は、別表二のとおりである。

一の（三）について

別表一に掲げた者のうち、平成十一年四

別表二（昼夜独居拘禁の人数及び独居拘禁継続期間）

施設名	二五年以上三〇年未満 人数	二五年以上三〇年未満 継続期間	三〇年以上三五年未満 人数	三〇年以上三五年未満 継続期間	三五年以上四〇年未満 人数	三五年以上四〇年未満 継続期間	四〇年以上四五年未満 人数	四〇年以上四五年未満 継続期間	四五年以上 人数	四五年以上 継続期間
八王子医療刑務所							一	八年二月		
千葉刑務所			一	〇月						
大阪刑務所	一	六年一月	二	六年一月 六年九月			一	六年八月		
岐阜刑務所	一	一六年二月								
広島刑務所							一	一年八月		
城野医療刑務所	一	四月	二	八年五月 一五年一月	二	三年八月 三一年三月	三	一五年七月 二一年七月 一七年六月		
熊本刑務所			一	一〇月						
宮城刑務所	二	二七年〇月 二七年八月	一	一一月						
旭川刑務所					二	二九年八月 二六年七月				
合計	五		七		五		六		〇	

（注）一月に満たない日数は切り捨てた。

別表三（心身に異常があり治療を受けている者の人数）

施設名	二五年以上三〇年未満	三〇年以上三五年未満	三五年以上四〇年未満	四〇年以上四五年未満	四五年以上
八王子医療刑務所				一	
千葉刑務所	三	四	二		
大阪刑務所	二	二		一	
岡崎医療刑務所	一				
岐阜刑務所	一				
広島刑務所				一	
岡山刑務所			一		
城野医療刑務所	二	三	二	四	三
熊本刑務所	三	二	三		
宮城刑務所	三				
旭川刑務所			一		
徳島刑務所	一	三			一
合計	一六	一四	九	七	四

月一日現在、心身に異常があり治療を受けている者の人数は、別表三のとおりである。

二の（一）の1について

平成十一年四月一日現在、行刑施設に配置されている医療職俸給表（一）適用職員のうち医師の人数及びその専門診療科目は、別表四【略】のとおりである。

二の（一）の2について

平成十一年四月一日現在、行刑施設に配置されている非常勤医師の人数及びその専門診療科目は、別表五【略】のとおりである。

なお、非常勤医師の執務体制は施設により異なるが、診察回数はおおむね月四回程度である。

二の（二）の1について

常勤の歯科医師は、府中刑務所、八王子医療刑務所、東京拘置所、大阪刑務所、大阪拘置所、名古屋刑務所、福岡刑務所、宮城刑務所及び札幌刑務所の九施設に各一名ずつ配置されており、非常勤の歯科医師は、千葉刑務所及び網走刑務所に各一名ずつ配置されている。それ以外の施設においては、外部の歯科医師を施設に招へいして歯科治療を実施している。

また、各行刑施設には、歯科診察ユニット及び歯科用エックス線装置が設置されている。

二の（二）の2について

虫歯による歯痛の訴え等があり、治療の必要性を認めた場合には、投薬、充てん処置、抜歯等の治療を国費で行っている。ただし、充てん材料の種類によっては、本人の負担となる場合がある。

また、入れ歯又は差し歯の調整についても、その必要性を認めた場合には、国費で行うが、新たに入れ歯又は差し歯を製作する場合や新たなものに交換する場合には、その費用は本人の負担となる。

二の（三）について

御質問のような場合には、受刑者からの願い出により、問診及び視力検査を実施し、眼鏡の使用又は再調整の必要性を認めた場合には、本人の負担により、眼鏡店からの購入又は修理を認めている。

特集◆終身刑を問う◆資料2

無期囚の仮出獄制度の運用及び外部交通の実状に関する質問主意書・答弁書

質問第五号

無期刑囚の仮出獄制度の運用及び外部交通の実状に関する質問主意書

右の質問主意書を国会法第七十四条によって提出する。

平成十一年十一月十五日

福島瑞穂

参議院議長　斎藤十朗殿

無期刑囚の仮出獄制度の運用及び外部交通の実状に関する質問主意書

先般、「無期刑囚の執行期間及び医療体制に関する質問主意書」を提出したところ、平成十一年五月二十五日付け答弁書（内閣参質一四五第一五号）をもって回答を得た。

右答弁書によると、執行開始後二五年を超えるものが合計六七名に達する。

出所者（仮出獄者を含む。）の平均受刑在所期間が二一年六月（二五八月）と報告されていながら、なぜこれらの無期刑囚が仮出獄の対象とされずにいるのか疑問である。

また、これらの者達とその親族、身柄引受人らとの面会や親書の交換がなされているか、すなわち外部交通の実状についても伺いたい。

右観点から、以下の点を質問する。

刑の執行開始後二五年を超えた六七名のうち、

1　これまで一度も地方更生保護委員会に仮出獄の申請がなされたことのない者の人数及び申請がなされない主な理由を、施設ごと、経過刑期期間ごとにそれぞれ明らかにされたい。

2　申請がなされたことのある者について、年度ごとの申請件数及び申請が棄却された主な理由を、施設ごと、経過刑期期間ごとにそれぞれ明らかにされたい。

3　本年四月一日現在の年齢別の人数を明らかにされたい。

4　身柄引受人のいる無期刑囚の数を明らかにされたい。

5　最近一〇年間のうちに面会に訪れた者の数を、続柄（親族、身柄引受人、弁護士など）ごとに明らかにされたい。

6　最近五年間の親書の発受の回数を、交通の相手方の続柄ごとに明らかにされたい。

右質問する。

内閣参質一四六第五号

平成十一年十二月十七日

内閣総理大臣　小渕恵三

参議院議長　斎藤十朗殿

参議院議員福島瑞穂君提出

無期刑囚の仮出獄制度の運用及び外部交通の実状に関する質問に対し、別紙答弁書を送付する。

参議院議員福島瑞穂君提出無期刑囚の仮出獄制度の運用及び外部交通の実状に関する質問に対する答弁書

1について

平成十一年十一月三十日における御質問の人数は、別表一【略】のとおりである。これらの者について仮出獄の申請がなされていない理由は、同表の備考欄に記載した事例を除き、いずれも、各監獄の長が、各受刑者につき、処遇関係、身上関係、犯罪関係及び保護関係を総合的に判断して審査した結果、仮釈放及び保護観察等に関する規則（昭和四十九年法務省令第二十四号。以下「規則」という。）第三十二条に規定する仮出獄許可の基準に該当する者であると認めなかったことによるものである。

なお、施設ごと及び経過刑期期間ごとに仮出獄の申請がなされていない具体的な理由を明らかにすることは、個々の受刑者本人及びその親族等の関係者に対し、その名誉を傷つけるなどの不利益を与えるおそれがあること等から、答弁を差し控えたい。

2について

平成十一年十一月三十日までの間における御質問の件数は、別表二【略】のとおりである。同表の備考欄に記載した事例を除き、各地方更生保護委員会が、仮出獄の申請を棄却しているが、その理由は、いずれも、各受刑者につき、悔悟の情、更生の意欲、再犯のおそれ及び社会の感情を総合的に判断した結果、仮出獄を許すことが相当であると認めなかったことによるものである。

なお、施設ごと及び経過刑期期間ごとに仮出獄の申請が棄却された具体的な理由を明らかにすることは、個々の受刑者本人及びその親族等の関係者に対し、その名誉を傷つけるなどの不利益を与えるおそれがあること等から、答弁を差し控えたい。

3について

御質問の人数は、別表三のとおりである。

4について

懲役刑の受刑者等については、規則第八条第一項及び第九条第一項の規定により、監獄の長等が、地方更生保護委員会及び保護観察所の長に対し、引受人の状況、その変動等を通知しなければならないこととされているところ、御質問に係る無期刑受刑者のうち、平成十一年十一月三十日現在、これに基づき引受人が通知されている者の人数は六十六人であり、そのうち、規則第十条及び第十一条の規定による保護観察所の長の調査の結果、実際に受け入れることができると認められる引受人がいる者の人数は十七人である。

5について

平成二年一月一日から平成十一年十一月三十日までの間における御質問の者の延べ人数は、親族が三百六十六人、引受人（親族を除く。）が四十三人、弁護士等が二十九人である。

6について

平成七年一月一日から平成十一年十一月三十日までの間における御質問の回数は、発信については、親族との間が八百十九回、引受人（親族を除く。）との間が百七十七回、弁護士等との間が六百四十四回であり、受信については、親族との間が三百八十七回、引受人（親族を除く。）との間が九十一回、弁護士等との間が四百三十三回である。

別表三（年齢別の人数）

年齢	五〇歳	五一歳	五二歳	五三歳	五五歳	五六歳	五七歳	五八歳	五九歳
人数	三	二	二	三	三	三	六	二	一
年齢	六〇歳	六一歳	六二歳	六三歳	六四歳	六五歳	六六歳	六七歳	六八歳
人数	三	五	五	一	二	五	三	二	三
年齢	六九歳	七〇歳	七二歳	七三歳	七四歳	七五歳	七九歳	合計	
人数	四	二	二	二	一	一	一	六七	

特集◆終身刑を問う◆資料3

「逆風」のなか、死刑廃止を現実のものとするために

いまこそ、「終身刑」を議論しよう

はじめに

九九年の暮れも押し迫った一二月一七日、東京拘置所と福岡拘置所で二名の死刑が執行された。東京拘置所の佐川和男さんについては坂口弘さん、永田洋子さん、澤地和夫さん、猪熊武夫さんとともに人身保護請求が、福岡拘置所の小野照男さんについては再審請求がなされている最中の、異常な死刑執行だった。

これについて、「法務省はこれまで『処刑を避けたいために、再審請求が乱発されている感がある』（法務省幹部）と、再審請求によって死刑制度が空洞化することに危機感を持っていた。／関係者によると、現在死刑が確定している五十数人のうち、約二十人が再審請求中で、今後さらに増える可能性があるため『明らかに無意味な再審請求だと言い切れる場合には（執行を）決断することも必要だろう』（同）としていた。」（九九年一二月一七日共同通信ニュースより）

また、これに先立って、「総理府世論調査（二七日発表）で、容認する人の割合が約八〇%となった死刑制度について、臼井日出男法相は三十日の閣議後会見で『（死刑を定めた）法律があり、制度をしっかり守っていきたい』と存続を強調した。／一方で、仮釈放のない終身刑について『諸外国にもあり、慎重に検討していきたい。国会でも議論してほしい』との見解を示した。」（九九年一一月三〇日共同通信ニュースより）

「フォーラム・東京」の有志は、九六年当初から「死刑廃止後の最高刑」についての具体的検討を行ってきた（『フォーラムニュース』九六年二月二三日号、九七年一〇月三〇日号）。こうした議論の一つのあらわれが、九七年一一月一五日の、シンポ「『死刑廃止後の最高刑』とは何か？～フランスと日本」の開催だった（九七年一二月二三日号）。このシンポを受けて私たちは、「死刑廃止後の最高刑」について、現行の無期刑がそのまま最高刑となることでよいのか、それとも何らかの「代替刑」の提案が必要になってくるのか、慎重かつ冷静に論議を開始していくことを予定していた。

しかし、半年に一回複数名に対してなされる死刑執行とそれへの抗議活動、また安田弁護士への不当逮捕・拘禁とそれに抗議する個々人の関わり、「自自公」体制の成立による国会情勢の流動化などがあって、「代替刑」の論議はなかなか進まないまま今日に至ってしまった。

こうした中、一連の「オウム事件」（とその報道）を端緒にした社会全体の報復感情の高まりを背景に、法務省は「死刑の日常化」をさらに一歩押し進め、誤判のおそれのある者（再審請求中）だろうが、手続上問題のある者（人身保護請求中）だろうが、

「死刑確定囚は必ず執行する」ことを二人の死刑囚の生命を奪うことによって鮮明にした。また、これまで「死刑より残虐だ」「終身刑では人格が完全に破壊されることになる」「一生閉じこめておかねばならない者をどう処遇するのか」として死刑存置の理由にすらしていた「終身刑」の導入について、法務大臣自らが示唆するなど、法務省の対応は「行き着くところまで行き着いた」といえるだろう。

フォーラム・東京が「代替刑」を論じようとしたとき、「『代替刑』を提起するような『生き方』や『哲学』を欠いた死刑廃止運動など、死刑廃止運動ではない」という批判があった。そして、それは一概に却下されるべき意見ではないとも思う。しかし、このような状況で「代替刑」「終身刑」について、死刑廃止を願う側から論議に加わらず、死刑確定囚が執行されるのを、そして死刑と無期の間に「終身刑」が導入されようとするのを、座視するようなことがあっていいのだろうか。むしろ、死刑廃止を求める中で、「代替刑」「終身刑」について、具体的にどのような制度で、何が問題なのかなど、積極的に議論を巻き起こしていく必要があるのではないだろうか。

語られ始めた「終身刑」

「代替刑」、なかでも「終身刑」は上記の臼井発言以外にも様々なかたちで語られ始めている。

一、九四年六月一四日に発表された朝日新聞の「国会議員の死刑に関する意識調査」など、各種世論調査でも「終身刑などを導入して死刑を廃止」という意見と即時廃止意見を合計すると死刑存置よりも多数になることが明らかにされている。

二、昨年末、異例の検事上告により最高裁が二審の無期懲役判決を破棄差し戻した判決があった。無期懲役を言い渡した原審の判決（広島高判平成九年二月四日）は、その理由の中で、「死刑と無期懲役の間には無限の隔たりがある。裁判所としては、仮出所のない無期懲役を考えてもよいと思う。そのような量刑がない以上、死刑の適用は、他の適用が考えられないときに限るべきである」と、「死刑と無期懲役の間」の刑罰の創設を示唆していた。

三、議員による国会質問においてもたびたび「死刑と無期懲役の間にあまりにも格差がありすぎる」「死刑に代わる有効な代替刑があればそれでいいのではないか。死刑に代わる、例えば終身刑とかをもってすればいいのではないか」などと語られてきた。

四、「司法制度改革」の当初の法務省案では「無期刑を見直し、終身刑を導入する。時効制度を見直す。現行の恩赦制度を見直す。」となっている（九九年一月四日読売新聞）。

五、天台宗（藤光賢宗務総長）の「死刑制度に関する特別委員会」（委員長＝雲井昭善勧学）は九九年三月三一日、最終答申をまとめ、「死刑制度は宗教者の立場として認めるわけにはいかないが、そのためには前提として以下の事項が克服されることを要する」として、①死刑は廃止すべきだが、抑止力の有・無でなく、死刑の在り方として応報刑的考え方は取りたくない。②教育刑としての限界もあり、死刑に代わる刑罰として仮釈放のない無期懲役刑の採用…が必要。③被害者救済の手段を法的に整備し、被害者感情を和らげること、ほかの五点をあげている。

六、土本武司氏（元最高検検事）は、「仮釈放を認めない終身刑は、水かけ論に終始している死刑の存廃論の合意点となる」として、さまざまな機会に活発に終身刑導入を提起している（『年報・死刑廃止97』、インパクト出版会参照）。

七、福島瑞穂参院議員（社民党）の「無期刑囚の執行期間及び医療体制に関する質問主意書」に対し、九九年五月二五日、法務省矯正局は答弁書を提出した。これによると、無期懲役の受刑者は、九八年末集計で、九百三十八人。うち六一～七九歳の十一人が九九年四月一日現在で四十年以上服役し、最長は今年二月末現在で五十年九カ月以上になり、いずれも心身の病気で治療中という。十一人を含めて二十五年以上服役しているのは計六十七人（九九年四月一日現在）。このうち仮釈放後に受け入れ可能な身元引受人がいるのは十七人にとどまっている。また、九八年に仮釈放された無期懲役受刑者の平均服役期間は二十年六カ月であった。一部マスコミが「無期懲役受刑者の平均服役期間は二〇年六ヶ月」と誤報したが、仮釈放されていない者も含め無期刑受刑者全体で平均すると、実際の収容年数はもっと長期にわたるものと思われる。これらの調査結果から、現状の無期刑が実質「終身刑」化していることが明らかになった。

八、死刑廃止フォーラムでもたびたび講演していただいている元最高裁判事・東大名誉教授の団藤重光さんも、『ＡＥＲＡ』九九年七月一九日号で、「現在の無期懲役刑を、死刑の代替刑として、終身刑的に運用すること」の可能性にふれている。

「終身刑でも、恩赦による減刑の可能性があります。人間の希望をすべて奪うような硬直した終身刑にはなりません。現行の無期懲役刑にきわめて厳しい条件を付けて死刑の代替に運用する。日本の刑法には、終身刑という刑罰はありませんが、特に新たに法で定めなくてもよい。裁判官が判決を出す際に、十年や二十年程度で仮釈放されることのないように、量刑に厳しい条件を付けるのです。法務省の通牒で定めることもできるでしょう。」

九、死刑執行停止連絡会議代表世話人で、東京犯罪被害者支援センター代表でもある菊田幸一さんも、九九年七月二八日の朝日新聞朝刊の「論壇」で、仮釈放のない無期懲役を導入して死刑を廃止することを提言している。

「仮釈放のない無期懲役あるいは終身用は死刑より残酷である、との意見がある。しかし、ある死刑囚の次の言葉をかみしめてほしい。／「死刑囚は単に長期間拘禁されたからではなく、いつ死刑囚として処刑されるか分からないという状況に置かれているが故に、精神的に病んでしまうのです。たとえ生涯塀の外に出ることができなくとも、塀の中の生活もまた人生です。終身刑を死刑の代替刑とすることで、百年先の死刑廃止の実現よりも、近未来の死刑廃止の実現を望みます」／また、別の死刑囚も「生きて償うことは死ぬよりつらいけれども、その選択の機会を与えて欲しい」と述べている。／現実に死刑制度があり、定期的に処刑されている日本の現状や被害者感情を考えれば、「凶悪犯人は死刑にせよ。さもなくば生涯を刑務所で」の声が今日の日本における多数の意見であると思われる。そして現時点では、国民の多数の納得が得られる刑罰は、仮釈放のない終身刑に傾いている。」

十、九九年一二月七日、地下鉄サリン事件で二名に死刑が、一名に無期が求刑されたことに関連して、一二月一一日の朝日新聞朝刊「社説」では、「死刑制度をめぐる議論を」というタイトルで以下のように呼びかけている。

「国民感情をないがしろにするわけにはいかない。しかし、「世論」を理由に思考を停止してしまっては、欧州を中心に死刑廃止に向かっている大きな国際的潮流から、ますます遠ざかるばかりだろう。／一定期間、死刑の執行を停止し、存続の理由の一つとされている犯罪の抑止効果を検証する。罪と罰の均衡を図るため、現在の無期懲役刑を見直し、仮出獄のない終身刑の創設を考える。犯罪被害者の支援策を質量ともに格段に充実させる―。／…欧州の歩みが教えるのは、政治の側に見識と指導力がなければ、死刑論議はなかなか前に進まないということである。」

「終身刑」とは何か？

ここ数年常に論争の的になっていた「終身刑」だが、具体的に考えていくと様々なバリエーションがあり得ることがわかる。一生涯拘禁されているとしても、現在の死刑確定囚処遇（あるいは「厳正独居」処遇の受刑者）のように三畳程度の居房に閉じこめておき昼間は狭い居房ですわり作業を強制されるというものから、工場出役受刑者のように集団で工場に出て懲役労働を行うというものまであり得る。また、仮釈放や恩赦の運用をどうするか、という問題もある。さらには無期懲役刑と終身刑との間に、仮釈放の対象となる法定期間を現行の無期懲役刑の一〇年から一五年や二〇年に延長する「重無期懲役刑」を新設するなどの提案もある。

「フォーラム・東京」では今年一月に広く参加を呼びかけて、「代替刑」問題について、ひとりひとりが率直に意見を述べあう場を設けた。そこでは以下のような意見が出された。

（消極論）

・終身刑が導入されれば今まで無期刑だった人も終身刑になる危険性がある。

・本当に死刑制度を廃止する方向に政策が動く原動力になるなら「終身刑導入」も意味があるが、その保証はない。

・死刑存置論者と安易に妥協して「終身刑の導入」を言う前に、死刑の持つ問題点をきちんと分析し、それを世論に訴えかけてこなかった怠慢を反省すべきだ。

・今後、終身刑をどう改善していくことができるかに責任をとることができるのか。

・死刑が非人道的だから廃止を求めてきたのに、同じく非人道的な終身刑導入を言うことは死刑廃止論（運動）の正当性に関わる。

（積極論）

・今まで無期刑だった人が終身刑になるのと同じように、今まで死刑だった人も終身刑になる可能性があり、確実に死刑判決は減るはずである。

・「司法制度改革」の案でも現行の恩赦制度の見直しとセットで終身刑が議論されることになっている。法務省も「死ぬまで閉じこめておく終身刑」は考えていないのではないか。

・壁にぶつかっている死刑廃止運動をもう一歩進めるために、多少反発が予想されようとも議論を開始すべきではないか。

会議に参加されていたある死刑囚の家族の方から出された御意見は、複雑な想いを託した重いものだった。「私もこれまで『代替刑』には反対でした。しかし今のままでは、どのような対抗手段をとろうとも淡々と死刑が執行されていくことを実感しました。殺されてからではどうしようもありません。内向きの議論に閉じこもることなく、もっと広く『代替刑』について発言し、議論を巻き起こすことで、今の死刑制度のあり方、死刑廃止運動を活性化していくことを考えてもいいのではないでしょうか。この問題については、すべての死刑囚の家族が複雑な想いを抱いていると思います。その方たちも含めて、より広く議論し、考えていけたらと思います。」

この問題については、五〇〇〇名にのぼる全国のフォーラム賛同者の中には、賛否さまざまな意見があることと思う。ぜひ各地で活発な議論を行っていただきたい。

文責◆フォーラム・東京（す）

（初出『FORUM90』55号、二〇〇〇年三月二日）

特集◆終身刑を問う◆資料4

「終身刑」を検討し始めた国会

アムネスティインターナショナル日本支部　石川　顕

「終身刑導入を検討〜与党三党〜」という見出しが、（二〇〇〇年）九月一五日付朝刊に掲載された。この報道が出るまで、公明党内における検討会議にオブザーバー参加していた立場から報告する。

九九年、公明党の「第二回公明党臨時全国大会」で「基本政策〈中道政治が目指す二一世紀日本の改革プラン〉」が決定された。その中に「死刑制度廃止の検討」が掲げられており、次のように書かれている。

「人の生命の尊厳、人権を守る観点から、政府に『死刑制度廃止検討委員会』を設置し、死刑廃止条約の調印・批准、確定後死刑囚の弁護活動の保障、恩赦や再審の実質保障などを完全廃止までの間の措置を含め、死刑制度廃止に向けた検討を開始します」と、具体的な方策および目標が掲げられた。

この基本政策を知ったアムネスティは、昨年一二月、浜四津敏子公明党代表代行に面会を求め、与党として速やかに基本政策の実施を要請した。このことが契機になったかは不明であるが、今年に入り浜四津氏が動き始めた。菊田幸一明大教授に死刑廃止に向けての意見交換をしたいとの要請があった。二月に実現した第一回目の打合せには、安田好弘弁護士も同行することとなった。

まず浜四津氏から、今の日本社会では「死刑廃止」を実現するには大きな反発があること、最終的に死刑廃止が達成できるような段階的アプローチの必要性が述べられた。菊田・安田両氏は、これまでの死刑廃止活動の流れを説明した上で、もはや国会内で具体的な動きを作りだす時期にあることを力説した。

その後、何度かの意見交換の結果、双方の意見は、死刑廃止をいきなり切り出すのではなく、まず死刑廃止への環境作りという意味で「終身刑導入」を第一ステップとして提案していくことで合致した。

この議論をもとに、今年五月、公明党の常任役員会か開かれ、政策審議会の下に「終身刑導入検討プロジェクトチーム」が設置されることとなった。その後、衆議院選挙に突入し、具体的な動きは八月末からであった。

選挙後の動きで、まず注目すべき点は、法務省の統括政務次官に公明党の上田勇衆議院議員が就任したことである。上田氏は死刑廃止議員連盟、前述の終身刑導入検討チームのメンバーであった。就任時の記者会見で、異例の「死刑に対して慎重」とのコメントを発表したことは皆さんも記憶にあると思う。第二の点は、法務省が来年度予算として「終身刑調査費」を計上したことである。主に米国における終身刑の運用実態などを調査するという。さらには、冒頭に紹介した与党三党内で正式に「終身刑導入」が検討されることとなった。九月二五日の衆議院本会議で、公明党北側一雄議員が総理大臣に質問もしている。ご承知の通り、公明党が死刑廃止を視野に入れての提案であるのに対して、自民党の思惑は「刑の厳罰化」にある。ここに「終身刑」の問題点が浮上して来る。

浜四津氏との検討の場でも、菊田・安田両氏からも終身刑導人にあたっての留意点は指摘された。つまり、恩赦権が確立された形での終身刑、現在の「厳正独居」の廃止、死刑制度との関連で死刑判決は判事の全員一

平成十二年九月二十五日（月曜日）

衆議院本会議速記録（速報版）

公明　北側一雄議員質問より

「次に、与党内に終身刑に関するプロジェクトチームが設置されたことに関連してお伺いいたします。

公明党は、本年五月、死刑制度の将来の廃止も視野に入れ、党内に終身刑導入検討プロジェクトチームを設置しました。これをきっかけとして、死刑制度の廃止という重要なテーマに関して国民的論議を換起してまいりました。現在の刑罰制度では、死刑に次ぐ重刑としての無期懲役が、実際には十数年の服役で仮出獄されることが多いのが現状であります。先日の横浜地方裁判所での判決でも指摘されているとおり、死刑と無期懲役の間には余りにも刑罰の上で大きな隔たりがあることから、私どもは終身刑の導入を主張するものでありますが、総理のお考えをお伺いいたします。」

森喜朗内閣総理大臣　答弁より

「終身刑の導入についてお尋ねがございました。

この問題については、刑事政策上さまざまな問題が指摘されているなどいろいろなご意見があるものと承知しておりますが、与党内において終身刑に関するプロジェクトチームが発足したこともあり、こうした種々の観点からの議論を踏まえ、政府として対処してまいりたいと考えます。」

致制とする、死刑判決を求めての検察控訴を制限する、死刑判決の場合の自動上訴権を確立する、などの条件を提示した。

「死刑廃止」という果実を手に入れるために、「終身刑」という踏み台を置くことへの賛否はあろう。しかし、かつて朝日新聞が行った国会議員のアンケートでは七〇%が終身刑の導入を条件に死刑廃止に賛成しており、また、終身刑があれば裁判官は、死刑判決を出しにくくなるとの意見もある。

「終身刑」にまつわる議論は、多分そう簡単に整理はできないと思う。とは言え、公明党を中心にした「終身刑導入」の動きが、死刑をくい止める動きに発展するよう、慎重に、かつ動きが止まらないよう、注目し続けるべきではないか。

（初出『FORUM90』58号、二〇〇〇年一〇月一五日）

特集◆終身刑を問う◆資料5

法務省矯正局「受刑者処遇について」法務省刑事局「終身刑制度について」

H12・10・17

法務省矯正局

受刑者処遇について

1　我が国における受刑者処遇

(1)　我が国の受刑者処遇は、個々の受刑者の特性に応じ、将来の社会復帰に向けての受刑者の改善更生の意欲の喚起及び社会生活に適応する能力の育成を主たる目的として行われている（分類処遇、累進処遇等）。

注1．分類処遇制度

各受刑者ごとの性、国籍、刑名、年齢、刑期、犯罪傾向の進度、精神又は身体障害の有無等を基準として、各受刑者の収容すべき施設を指定し、その資質、問題点等に応じた処遇を行うもの。

注2．累進処遇制度

刑の執行の過程に4段階の階級を設け、入所したときに最も下の階級に属していた受刑者を、処遇段階での成績に応じて、順次上の階級に進め、それに伴って徐々に自由の制限を緩和することによって社会生活に近づけるとともに、自律心を養成させることによって社会に適応する能力を付与するもの。

(2)　いわゆる「担当行刑」制度

ア　各工場を一単位とし、そこに就業する数十人の受刑者について、一人の刑務官が、処遇・保安業務を併せて受け持っている。

イ　刑務官は、銃器等を携帯せず、信頼関係を基礎として受刑者の戒護・処遇に当たっている。

2　終身刑導入国の同受刑者処遇状況について

終身刑が導入されている国の刑務所においては、逃走や刑務所内での暴行事件を防止するための十分な構造と警備力を有する重警備の施設に収容した上で、終身受刑者に対し、外出及び外泊を認めない等の厳格な措置を執りつつ、社会復帰を目的としてではなく、無為な時間を過ごすことを少なくするなどのために、作業、教育等の機会を与えている例が多い。

3 終身刑受刑者の処遇に当たっての問題点

(1) 社会復帰を前提とした現状の処遇制度等（累進処遇、作業、職業訓練、各種教育等）が妥当しないこと。

(2) 受刑者処遇に多大な困難が伴うこと。

ア 受刑者の精神的荒廃

イ 社会復帰の希望のない者に対する長期にわたる処遇の困難性

(3) 新たな体制整備等が必要となること。

ア 警備力の強化

イ 医療、介護等スタッフの充実

2000・10・17

法務省刑事局

終身刑制度について

1 終身刑の意義

終身刑とは、刑期が終身にわたり、受刑者が死亡するまでその刑を科するものをいう。

（注）受刑者が死亡するまで刑務所に収容し、仮釈放もない刑のみを終身刑というわけではない。

2 我が国の状況

(1) 現行法上での無期刑の概要

○我が国には、無期懲役又は無期禁錮という刑種があり（刑法第12条、第13条）、いずれも仮出獄の制度が認められている（同法第28条）。

無期懲役又は無期禁錮は、刑期が終身にわたるもの、すなわち、受刑者が死亡するまでその刑を科するというものであって、単に期限を定めていない刑という意味ではない。

○我が国の仮出獄制度においては、無期刑に処せられた者に改悛の状があるときは、10年を経過した後、仮出獄を許すことができるとされている（刑法第28条）。また、一旦許された仮出獄も、仮出獄中に更に罪を犯し、罰金以上の刑に処せられたとき、仮出獄中に遵守すべき事項を遵守しなかったときなどには、これを取り消すことができるとされている（同法第29条）。

○この仮出獄の制度の目的は、矯正施設に収容されている者を、収容期間の満了前に一定の条件のもとに釈放して、更生の機会を与え、円滑な社会復帰を図ろうとすることにある。

○平成7年から同11年までに仮出獄した無期懲役受刑者の平均服役期間は、20年9月である。

(2) 明治以降の無期刑に関する法制

○明治6年に制定された改定律例（明治6年太政官布告第206号）では、懲役終身の刑が設けられ、仮出獄は認められていなかった。

○これに対し、明治13年に制定された刑法（明治13年太政官布告第36号。旧刑法）では、自由刑として徒刑（島地に発遣し定役に服せしむるもの）があり無期のものがあった。ただし、同法第53条第2項では、無期についてでは15年を経過した場合には仮出獄を許可することができる旨規定し、仮出獄の制度を設けていた。

○現行刑法では、(1)のとおりとされたが、その際在監期間が長期に及ぶ場合の弊害等が考慮され、第28条では、仮出獄が可能となるまでの期間が10年と短縮されている。

(3) 現行刑法成立後の議論

改正刑法準備草案の際（昭和31年から同35年まで）の議論では、仮釈放を許さない無期懲役を設けるべきであるという主張もあったが、結局これは採用されなかった。

3　仮釈放のない終身刑が導入されている諸外国の例

○アメリカ合衆国の連邦等

連邦においては、1984年の立法により、1987年11月1日以後の犯罪行為に係る拘禁刑について仮釈放の制度が廃止され、終身刑についても仮釈放が許されないこととなった。

また、州においても、仮釈放のない終身刑が採用されているところが多い。

死刑制度については、州によって異なるが、多くの州では存置されている。

○オーストラリアの一部の州

ヴィクトリア州を例にとると、1975年、殺人について定められていた死刑が削除された際、仮釈放のない終身刑が設けられた。

○オランダ

1870年、通常犯罪において死刑が廃止された際、仮釈放のない終身刑が導入された。

○中華人民共和国

凶悪犯罪が増加するなど治安の悪化が深刻な社会問題になったことから、刑罰を強化するなどのため、1997年、仮釈放のない終身刑が創設された。

死刑制度は存置されているほか、仮釈放のない終身刑とは別に仮釈放の認められるものもある。仮釈放の認められる終身刑で仮釈放が可能となる期間は10年である。

○スウェーデン

仮釈放のない終身刑はあるが、運用上、すべて恩赦により有期刑（最長は16年）に減刑されているとのことである。

○ハンガリー

1998年の法改正により、1999年3月1日から仮釈放のない終身刑が創設された。なお、死刑制度は廃止されている。

4　3に掲げた国以外の主要各国の法制について

○イギリス（イングランド及びウェールズ）

終身刑においては、裁判所又は内務大臣が最低拘禁期間（タリフ）を定める。終身のタリフを定めることもできるが、その場合は25年経過後に再審査される制度となっている。

○フランス

法定刑として仮釈放のない終身刑制度は採用されていない。

原則8年で仮釈放が可能となる。重罪院が終身懲役刑を言い渡す場合に仮釈放等が与えられることがない旨を決定することができる旨の制度があるが、刑の言渡し後30年を経過した場合には、破棄院判事により構成される委員会が鑑定人団の意見を聴いて重罪院の決定の適用を止めることを決定できる。

○ドイツ

仮釈放のない終身刑制度は採用されていない。終身自由刑については、最低15年の服役後、仮釈放が認められる。以前は、終身自由刑について仮釈放を認めていなかったが、1981年刑法改正で仮釈放の制度が明文化された。これは、1977年、連邦憲法裁判所が、仮釈放のない終身自由刑について人格破壊の可能性を肯定し、終身自由刑の人間の尊厳に合致した執行は恩赦制度のみによっては不十分であって仮釈放の立法を立法者の憲法上の義務と判示したことによるものである。なお、以前に存在した仮釈放のない終身自由刑は、死刑廃止の際に導入されたものではない。

○イタリア

　仮釈放のない終身刑制度は採用されていない。終身徒役刑については、28年間以上服役したときは仮釈放を許すことができる。

5　終身刑の問題点として指摘されている事項

○終身釈放の期待を持つことのできない刑を新設することは、人道的に好ましくない。

○終身にわたる拘禁は、人格が完全に破壊されてしまうなどの悪影響があり、人間の尊厳、人間性に反する。

○終身刑は、いわば緩慢に死刑を執行するようなものであり、一生社会へ戻さないのであるから、ある意味では死刑より厳しい刑である。

○本人に全く希望を失わせることは、人格形成の無限の可能性を奪うものである。

○終身自由刑は、再社会化という行刑目的に反する。

別紙

・刑法

（懲役）

第12条　懲役は、無期及び有期とし、有期懲役は、1月以上15年以下とする。

2　懲役は、監獄に拘置して所定の作業を行わせる。

（禁錮）

第13条　禁錮は、無期及び有期とし、有期禁錮は1月以上15年以下とする。

2　禁錮は、監獄に拘置する。

（仮出獄）

第28条　懲役又は禁錮に処せられた者に改悛の状があるときは、有期刑についてはその刑期の3分の1を、無期刑については10年を経過した後、行政官庁の処分によって仮に出獄することを許すことができる。

（仮出獄の取消し）

第29条　次に掲げる場合においては、仮出獄の処分を取り消すことができる。

　一　仮出獄中に更に罪を犯し、罰金以上の刑に処せられたとき。

　二　仮出獄前に犯した他の罪について罰金以上の刑に処せられたとき。

　三　仮出獄前に他の罪について罰金以上の刑に処せられた者に対し、その刑の執行をすべきとき。

　四　仮出獄中に遵守すべき事項を遵守しなかったとき。

2　仮出獄の処分を取り消したときは、出獄中の日数は、刑期に算入しない。

・犯罪者予防更生法

第12条　地方更生保護委員会（以下「地方委員会」という。）は、左に掲げる権限を有し、その権限に関する事務をつかさどる。

(1)　刑法（明治40年法律第45号）第28条及び第30条第1項にいう行政官庁として、仮出獄及び仮出場を許し、並びに仮出獄の処分を取り消すこと。

死刑の時代へどう踏み込んできたか

1999年を考える

福田雅章・海渡雄一・笹原恵

1、安田弁護士逮捕の意味するもの

――一九九九年というのは、組対法三法案、ガイドライン関連法、国旗・国歌法をはじめとしてさまざまな悪法が成立し、二〇〇〇年に向かって時代が雪崩をうって悪くなっていった年だったと思います。死刑の問題でいうと、一二月の処刑のときには再審請求中の人が殺されてしまうという今までなかったような事態まで出てきた、そこにまで踏み込んできたということがあるわけです。また検察が無期判決を不服として上告して高裁に差し戻しになり死刑判決が出るという事態もありました。この九九年という時代はどういう時代だったか、それから死刑の問題にとって九九年とはどういう時間だったかということを話し合いたいと思います。

九八年一二月に安田好弘弁護士の逮捕があり、あのときからこの事態が始まったと思います。安田さんの裁判を全部傍聴し続けている笹原さんから口火を切っていただけませんか。

笹原　安田さんが九八年一二月六日に逮捕されたとき、私は浜松にいて、車で大学に向かうところでした。ラジオのニュースで、「麻原彰晃の主任弁護人が逮捕された」という言葉が響いてきた。それまでは安田さんが主任弁護人であると名前が出されることはなかったので非常に驚きました。その前の週に麻原さんの百回公判が開かれて、なにを引き延ばしをやってるんだというマスコミの論調が強まってきていたので、それとの関連だろうと、非常にショックを受けたわけです。

それからずっと勾留と接見禁止が続き、三月三日の初公判まで、港合同法律事務所を通じてしか安田さんの様子が伝わってこない。とにかく初公判を聞きにいこうということで行きました。初公判にはすごくたくさん人が来ていて、抽選があるような状態でしたが、なんとか仲間たちに入れてもらいました。

私の周りの人に「安田弁護士がこんなひどいことになった」と言っても、みんな新聞記事を見て、悪徳弁護士ね、麻原彰晃の弁護士ね、という声になっていて、これはあぶないという感覚が共有できなくてショックでした。

その後もずっと、裁判では安田さんにとって不利な話題というのはほとんど出てこなくて、よくこんなことで裁判が維持できるなあという感じです。今年の三月で一年になるわけですけれども、一年間に二七回という早いペースで、一月に二回、それも終日開かれるということで、麻原さんの裁判と同じようなペースになっています。裁判を傍聴していて非常にショッキングなのは、こんなことで刑事裁判というのは維持されるのか、ということです。裁判官も、常識的に考えればこんなものであればやめてしまえと言ってもよさそうなのに、なかなかそうは言わないし、検事も冒頭陳述とは全く違う展開になってるのに、取り下げもせず無理矢理公判を維持しているという感じで、法廷で行われているのはきわめて政治的なことなのだなあと思います。

もう少し社会的にこの逮捕の意味を考えてみると、安田さんの逮捕は明らかに死刑廃止運動を始めとする市民運動への弾圧であると思います。この一年間を振り返ってみると、死刑廃止運動のセンターのひとつが港合同で、もうひとつが救援連絡センターだと思うんですけれども、救援センターに関わっている人たちへの弾圧もひどいし、死刑廃止フォーラムの仲間の労働運動の方もやられていたりで、市民運動が狙いうちされていると感じます。あるいは、日本の公安調査庁がマークしている団体に、アムネスティが堂々と載っていて、人権派への弾圧が非常に強くなっていることがわかります。それを先取りし象徴していたのが安田さんの逮捕、起訴、長期拘留だったと思います。

もうひとつは今回の事件が経済事件だということです。バブル崩壊後、日本の金融資本が非常に危険な局面を迎えているときに、これまで護送船団方式でやってきていたのが護送だけではすまなくなり、国がまるごと乗り出して、貸した方の責任は問わずに、借りた方にだけ、警察を使っても取り立てるという体制になっている。私の専門は社会学で、経済学ではないんですけれど、マルクス経済学の枠組で現在の金融資本と国家との関係をとらえなければならない状況になっているんだと思います。それがある意味での国家主義、右傾化に結びついている。そんな中でそこに楯突くというか、小さい個人事業家の権利を守ろうとした安田さんを叩いた。

それから、市民運動叩きと重なってくるんですが、非常に気になるのは、麻原さんの弁護をするということが悪であるかのような言われ方がされたり、あるいは和歌山カレー事件で、なんであんな悪人の弁護をするんだという形の弁護士バッシングが始まっている。つまり善か悪かということが非常に一方的な基準で測られている。オウム関連裁判にしても麻原さんの裁判にしても現在進行形で進んでいるにもかかわらず、逮捕されて起訴されたらそれで悪だというふうに決めつけてしまって、そこでもう市民とは違うものというふうに分ける。で、あなたはどっちに立ちますか、といった形で見せしめ的に石を投げる。そういった象徴的なところにも安田さんの事件はある。

無理矢理、安田さんを麻原裁判から切り離すという意味ももちろん含まれているでしょうしね。

今回の事件で安田さんは自分の顧問会社の人たちに対して正しい弁護人としてのありかたを貫いたわけだけれども、ふつうは自分の弁護をしようとすれば、そこで自分の依頼者との絆を断ってしまうことになります。安田さんだからこそあれだけ何も言わずに貫いたんだと思うんですが、それだけのことができる覚悟があなたがたにありますかという問いが弁護士全体に突きつけられていて、そういう意味では市民と弁護士との分断でもある。だから、安田さんがこれまでやってきたこと、仕事もそうだし、思想もそうだと思うんですけども、人権を守る、人間の尊厳を守るといったところのまさに結び目に安田さんがいるわけですが、そこを叩くことによって様々なところを分断して弾圧していこうということの象徴じゃないかと感じています。

2、盗聴法の成立とその反対運動

海渡　僕は去年（一九九九年）一年間を振り返ったときに、一番印象に残っているのはやはり盗聴法のことです。盗聴法の反対運動は九七年からやっていました。最初の頃は弁護士で劇をやったり、けっこう楽しくシコシコとやっていたんです。自民、社民、さきがけの三党が連立政権を作っていた時代は、社民党が連立の中で反対するという構図の中で一歩も進めないような状況を作っていて、その状況の中では野党は基本的に反対に回ってました。よく覚えているのは、九八年一一月一七日の「超党派国会議員と市民の集い」に当時公明党の代表だった浜四津さんが出てきて、盗聴法は違憲の疑いがある、絶対反対だと言っていたんですよ。今にしてみるとずいぶんいい時代だった。その前の年には破防法の請求が棄却されていたわけで、やればやれるというような雰囲気もあったと思うんです。確かに、いろんなことが一瞬にして悪くなっていったきっかけというのは、安田さんが逮捕された九八年一二月ですからね。今、僕が言った集会の翌月になるわけだけど。

福田　寺西裁判官の事件はいつでしたか？

海渡　寺西さんはもっと前で、九八年四月一八日に、「つぶせ盗聴法、市民集会」というのをやって、社会文化会館で、五〇〇人くらい来ていた。我々は劇もやって、寺西さんも来てくれて、彼も盗聴法反対運動を盛り上げるのに非常に大きな貢献をしたと僕は思っています。九八年は寺西さんの弁護活動も一生懸命やっていた。盗聴法自身は通らないような状況でくい止められていたと思うんです。ところが、これはおかしいなあと思い始めたのは九九年二月に「超党派国会議員と市民の集い」をやったときに公明党が欠席したんですよ。これは絶対おかしいと、いろいろ調べてみると、どうも法務省と話合いをしていて、話がつきはじめてるというようなことで、そうこうしているうちに四月末の法務委員会の強行採決。ちょうどこのときがガイドラインの衆議院の強行採決とほとんど同時だと思うんです。だから、ガイドラインと盗聴法の二つで自自公がスタートしたと言っていい。

ただ、それ以降、四月から、最終的に八月一二日に法案は成立しているんですけれど、疾風怒濤の約四ヶ月間、僕自身としては法案は作られてしまったけれども、この運動は成功したと思っているんです。あれだけ大量の報道がされて、一般の国民に大問題になっていることが知れ渡ったり、やってた人たちはまだあきらめてなくて、なんとかこの法律を廃止に追い込もうという動きを今もしている。このときに出来上がった陣形は、象徴的なことでいうと、九九年七月二四日に「なぜ安田さんは保釈されないのか」という集会とデモをやったときのパネラーが佐高信さんと宮崎学さんと辛淑玉さんと僕だった。これって、その前ずっと盗聴法反対の集会で常に一緒だった面子で、そういう意味では安田さんを解放しようという動きと、盗聴法に反対している動きが完全にリンクして進んでいたということが言えると思います。それでたしかに負けてしまったんだけれども、その結果としてやっぱり若干ポジティブな総括をすると、自自公というものが持っている非常に凶暴な姿が一般にかなり明らかになったんじゃないか。今でも自自公は人気ないですからね。

だけども、そういうふうに、少しまともな方に国民の考えが向くかなと思うと、何か恐ろしい刑事事件が起きる。去年はあまりにもたくさん起こりすぎましたが、その問題と、そしてそのバックグラウンドとして常にオウム裁判が続いていて、また死刑求刑が続く。そのなかで、去年一番顕著だったのは被害者の権利の問題というのを非常に大きくマスコミは報道したわけです。もちろん僕らも被疑者・被告人の人権を守るのと同じように被害者の人権も守られねばならないということについては、まったく異論はないんだけれど、マスコミのあおりかたは、被害者の人権を擁護するということ、すなわち被疑者・被告人に自由にさせない、裁判なんか早く終わらせて処刑してしまえというようなものとして、被害者の人権を語ろうとする。処罰しようとする側の圧力が非常に強まっている。この傾向は、世界的な規模で進んでいるような気がしています。九九年四月に僕はウィーンで開かれていた国連の犯罪防止刑事司法委員会で行われている国連の国際組織犯罪防止条約の審議の傍聴に行ったんだけれど、マネーロンダリングの規制を強化しなければいけないとか、犯罪的な組織に加入すること自体を犯罪としなければいけないとか、すごいことを議論しているんです。集まっているのは世界中の法務省の役人や警察の人間で、そこで決まったことが国連で決まったことということになって世界中にばらまかれる。その中心で旗振っているのがアメリカですが、日本はそれに巻き込まれている。そういう動きと軌を一にする形でこの組織犯罪対策法というのも出てきている。

安田さんの事件だけでなく、九九年春に起こったグリーンピースの逮捕事件についても、実はこの事件は僕自身が担当したんですけれど、建物からクライマーが垂れ下がったんだから普通であれば「面白いパフォーマンスをする人がいるわね」ぐらいで終わりにすればいいのに逮捕して、一〇日以上身柄を拘束されてしまいました。やはり日本の社会における排外的な考え方と、犯罪を厳しく罰していかねばならないという圧力が非常に強まっている。その集大成として出てきたのが、去年の年末からの、結局成立してしまいましたが、第二の破防法というべき団体規制法ですね。先だって僕は、内野正幸さんという憲法学者（この法案の審議が行われたときに国会でこれは違憲の疑いがあるとはっきり言ってくれた学者なんですけれども）と話す機会があったんだけれど、この法案は明確に違憲だ、だけどもそのことを言うと「うちの先生はオウムの味方をしているんですって」みたいに大学の中でも言われてたいへんやりにくくなっていると正直におっしゃっていました。純粋に彼は団体規制のありかたという点から見て、近い将来に確実にそういう行為をやるという危険性はないのに、団体自身の活動を規制するのは憲法違反だと、そういう法律的にはごく当然の論理を言うだけで、何か変な目で見られてしまう状況が生まれている。オウム真理教の問題というのは一気に日本の人権の底の浅さというのか、今までいろんな人のこの問題についての対応を見ていると、その人が持っていた人権概念がどういうものだったかがかなりわかってくるという意味ではリトマス試験紙みたいで面白いけれども、面白いと言っておられない大変深刻な事態になっていると気がします。

3、オウム事件と人権

福田　基本的にオウムというのが人権問題におけるリトマス試験紙だというのは私も大賛成です。周知のように、「オウムだけは別だ」「あなたの命が危ない」「危険な殺人カルト集団オウムを潰せ！」といっている間に、気がついてみると、後でくわしく述べるように、オウムを口実にして、実にたくさんの、しかも戦後ずっと治安権力が喉から手が出るほど欲しかった治安体制の強化が図られ、オウムの人たちの基本的人権は根こそぎ剥奪され、「非国民化」されてしまいました。オウムの人たちは非国民でもモンスターでもありません。わたしたちと同じ市民であり、国民です。決して「オウムだけ別」ではないんです。彼らに対する人権侵害は、わたしたちに向けられた八重歯でもあるんです。その意味で、危険といわれるオウムの人たちの人権問題をどのように理解するかは、まさに一人ひとりがどのような、どの程度の人権感覚をもっているかをチェックするリトマス試験紙です。

ところが学者と呼ばれる人、進歩的と思われた弁護士や評論家を含めて、法律や人権問題の専門家までが、今回はオウムバッシングに走りました。少なくともほとんど完全に沈黙してしまいました。わたしの多くの友人も「オウムはしかたないよ」「オウムは別だよ」と言ってました。

じつはこの点については、海渡さんにも注文があるんです。海渡さんとわたしはタクシーのなかで激論したことがあるんですが、海渡さんもオウムだけは別だ、オウムだけはいっしょにできないとはっきり言われました。現に海渡さんたちが主催された団体規制法に反対する集会のときに、オウムの人たちはその集会に参加することが許されず、入り口から引き返しています。本人たちから直接そのように聞いています。団体規制法が制定されれば、真っ先にその犠牲にされる当の本人たちを拒否するような運動って何なのだろう、その程度の人権感覚しか持っていなかったのか、と。あの海渡さんさえもがと非常に残念でした。

ご存じのように、当初麻原被告の弁護人を依頼された著名な人権弁護士といわれている人が、「本当にやっていないなら弁護する」と言っていましたが、無罪だから応援するって言うなら、これは誰でもできるんです。しかし、どんな凶悪な殺人者や集団であろうと、きちんと人間の尊厳と守らなければならない人権がある、それが侵害されているときにはやっぱり一緒に彼らと闘うというそこにこそ人権の本質がある。ところがオウムの場合は違っていた。

たとえば、破防法の反対運動に関しても、なぜ破防法に反対するかというと、それは将来日本の民主主義が危うくなる。いったん伝家の宝刀が抜かれると、自分たちの正当な運動にいつでもかけられてしまうようになる、だから反対なんだという視点の「人権」感覚というのは私は偽物だと思います。人権擁護という点ではオウムの人たちこそ真っ先に犠牲にされる市民であり、オウムへの攻撃はわたしたち自身への攻撃だという人権感覚こそ大切だと思います。専門家は、これこそ人権を養護することなのだと、オウムが非国民化されればされるほど、一緒になってこのメッセージを伝えていく任務を果たすべきだと思います。しかしそれができなかった。私はこれが団体規制法の制定を許してしまったひとつの大きい理由だったと思います。

そんななかで、数少ない例外として安田さんがおられたと思います。あの「忌み嫌われる麻原被告」の弁護団の事実上の責任者として、今犠牲にされようとしている当の本人のために誠実に闘ったわけですね。安田さん逮捕は、安田さんがそういう本当の人権感覚をもち合わせており、誰からも信頼される人格高潔な人権運動のリーダーだから起こったことですよね。オウムと一緒になって、またオウムのために闘おうとする者は、「あの安田さんでさえつぶされる」という恐怖感を与えることが、権力にとって必要だった。オウムに対する歯止めのない人権侵害を抑制する社会的な勢力をそぎおとすことに一番大きい意味があったのじゃないか。

もちろん、笹原さんが指摘されるように、オウム実行犯に対する死刑判決を出しやすい社会状況を醸成するという意味で死刑廃止運動の弾圧でもあると思いますが、直接の目的は、オウムを口実に治安体制の強化を図ろうとしていた権力にとって、オウム問題を通して真の人権運動の展開を萎縮させるという点にこそねらいがあったのではないでしょうか。あの安田さんさえもが「オウムに加担する悪徳弁護士」にされてしまうという恐怖感は、弁護士のみならず、人権を考え、団体規制法の制定に反対するすべての専門家に強烈なチリング効果を発揮したと思います。

いずれにしても、いわゆるオウム犯罪を計画し、実行した人たちは、法に照らして厳正かつ公正に対応されるべきは当然ですが、残された現在のオウムの人たちあるいは集団としてのアレフが本当に危険なのか、危険でないのかということは、メディア情報を鵜呑みしないで、それらを批判的に検討した上で判断すべきだと思います。たしかにわたしは破防法の立会人や団体規制法の代理人を努めたりして、オウムに深くコミットしましたが、公安調査庁が言ったり警察が出す情報は、ほとんどがデッチ上げというか、完全なフレイムアップだという印象を持っています。この点は、常識的に考えても、警察が総力を挙げて違法なガサ入れを日常的に行い、事実を作り上げては「無罪逮捕」を繰り返し、また公調（公安調査庁）が四六時中監視しているのに、どうしてオウムが危険だなんて言えるんでしょうか。しかも危険性を示す「物」も行動も、策謀や陰謀も、そのかけらさえも見つかっていません。麻原元教祖とも完全に遮断もされています。オウムはまったく危険性がないにもかかわらず、第一四五回国会の政治目的を達成するためのスケープゴートとして「危険なカルト殺人集団」というイメージを、政治的にねつ造されたとしか言いようがない。

近年の反オウム住民運動は第一四五国会直前に北御牧村から起こった。しかも、この発端は公調からの村役場への通報です。警察当局もいっしょになりながら住民運動の先陣をきった。これまでオウムが住んでいてまったく問題のなかった他の地域でも、いっせいに住民騒動が始まった。「オウムがいるよ」、「オウムが来るよ」と公安調査庁と警察、地方の政治家が扇動する。メディアが連日煽る。「オウムは殺人集団だ、危険だ、住民の福祉と平穏な生活を守れ！」とその危険性を住民意識にすり込んだ。まるで魔女狩りを楽しむかのように、オウムはあぶり出され、住民票の受理を拒否され、就学を拒否されて非国民化された。このあきらかな憲法違反を、国家権力は「自治体住民の苦渋の末のやむにやまれぬ措置」として応援した。言い換えると、憲法擁護義務（憲法九九条）を負うはずの国家権力と地方権力が合体して、一方で住民の不安をかき立てるとともに、それを守る権力像を演出し、そのような国民の不安と権力への期待を背景に、一気に戦後五〇年成し遂げることのできなかった価値観の転換とそれを達成するための治安権力の増強を実現した。これが第一四五国会であり、戦後日本におけるもっとも重要な国会だったと私は考えております。

ご存知のように憲法調査会、新ガイドライン関連法、日の丸・君が代の国定、新しい国際自由経済体制へ向けての巨額の税金の投入をやってのけていますが、これらが、憲法「改正」、再軍備、国連安全保障理事会での常任理事国入りを睨んだものであることは間違いありません。なぜならそうしない限り、戦後五〇年政財官癒着の構造のなかで築いた日本権力層の権益の保持と発展は不可能だからです。この点は、先ほど海渡さんが言われた通りで、タフなアメリカ資本の支配のお尻にくっついて日本の経済を発展させようと言うことです。しかし、このような戦後日本の社会文化構造の変革に際しては、激しい摩擦と抵抗が予想される。そこで、オウムに名を借りて、そのための治安立法体制の増強をも一気押し進めた。盗聴法、総背番号制、自動車完全監視システムをはじめ、小回りの利く破防法として警察権力も参加して団体に対する日常的な監視を可能ならしめる団体規制法等を手に入れるということをやってのけた。

もっとも、団体規制法は本来ならもっと一般的なものを作る予定だったのが、野中さんの鶴の一声でオウム対策立法へと縮小化されたという経緯があります。しかしこれは一石三鳥の効果を持っていた。第一に、オウム対策を正面に据えれば本格的な人権派の反対を回避できる、第二に、オウムを対象とすれば介入の要件をあいまいかつゆるやかにすることができる、そして第三に、ガソリンを撒きすぎて燃え上がりすぎた憲法違反の住民運動を押さえて自分たち権力が火の粉をかぶらなくてすむ。最後の点については、住民票不受理とか就学拒否問題で訴訟が起きれば、法律論として権力側が敗訴するのは明らかです。そうすると権力の完全性と無誤謬性という神話に傷が付く。そのことは回避したい。結論的には、公安調査庁の生き延びる道を作り、警察には調査権、言いかえると保安処分権を手に入れるという治安権限の拡大を達成し、しかも、同時に火消し役も演じることのできる、およそ世界に類のない「団体」規制法が作られたわけです。

さらに、どうしても述べておかなければならないことは、このようなオウムの非国民化への道は、実は裁判所によっても是認されてきたと言うことです。警察の日常生活の犯罪化や捜査権・逮捕権の乱用ばかりか、一般行政権力の乱用をも追認してきています。そればかりか、「オウムに所属している」というだけで「住民が不安に感じるのは当然だ」としてマンションからの退去を命じて、無法な住民パワーを援護射撃しています。山科ハイツ事件ですね。これが住民票不受理の理論的な根拠、つまりオウムには住居移転の自由、あるいは居住する権利もないということを裁判所自身が判断し、すでにオウムを非国民化してしまっていたわけです。

ですからオウムの非国民化は、国会・行政・司法という三大国家権力が一体化して、中央と地方が連携して、さらには情報で操作されたマスメディアと住民が先頭にたって実現してきています。オウムの危険性は実にみごとに、戦後日本の社会文化構造の変革を遂げるための国家的イデオロギーとして、すなわち再軍備とお国に尽くすための憲法改正へ向けての操作概念として作り出され、利用されているといえます。日の丸・君が代の強制、少年法改正で目論まれる検査官の子育て領域への復権、小・中・高・大学を網羅する教育「改革」、刑法改正・保安処分の制定、そして憲法「改正」へと本格的に始動するための翼賛体制が敷かれたといえましょう。そしてそれに反対すると安田さんのようになってしまうのです。

4、加害団体の責任と加害者団体の人権

海渡　さっき福田先生から批判を浴びたんだけど、先生に誤解があると思うので一言だけ弁明しておきますけれども、僕

は破防法の適用のときも、団体規制法のときも、オウム真理教に対する適用が間違っているとずっと言い続けています。オウム真理教はいい、他に適用されたらと困る、という論理は一度も立てたことはない。ただ、そのオウム真理教という団体と、共闘しなければいけないという運動論に対して、それでは広がらないでしょう、という意見を言ったことはあります。オウム真理教への適用はかまわないけどほかに波及したら困るという意見を言った人がいるかもしれないけれど、僕はそういう意見は一切言ったことはない。それが一つと、現実にこの間ずっと団体規制法に反対する僕たちが主催した集会でもオウム真理教の方も出てきてもらって、村岡達子さんにも発言してもらっています。

福田　私は、今になって海渡さんもようやくわかってきたんだな、と思いました。

海渡　なぜそうなってきているかというと、僕は彼らに対して求めていたのは、やっぱり少なくとも、刑事責任があるかどうかは別として、自分たちがやっている団体の構成メンバーの中でこれだけ違法な行為を行ったということについては社会的にも謝罪すべきだし、被害者に対しては団体としても賠償の努力をすべきだと言っていたわけです。それを彼らが受け入れて、そういうことをやるようになったからこれは出てきてしゃべってもらうこともかまわないということになったんです。

福田　ですからそれは、やってない人は守ってやりますよというのと同じなんですよね。ごめんなさいと言い賠償を済まさなければ、一緒にできないと言うことですから。お利口さんでなければ、一緒に人権を主張する資格はないんですか。

海渡　違いますよ。

福田　いや、同じなんです。

海渡　市民団体がある法律について反対運動をする時に、団体としてのオウム真理教と共闘するかどうかということを、先生は議論されているわけだから。

福田　例えばいろんな重大犯罪者、死刑事件を起こした人たちだって集会をやるときには本人が壇上に登ったりもしますし、いろんな形でその本人とこれまで共闘してきたと思うんです。オウムだとなぜ共闘できないのかというと、自分がオウムの味方だと思われるのはイヤだとか、運動が広がらないという計算があったと思う。どんなに異端視されていようと、凶悪犯であっても、いわれなく人権が侵害されているときには、そうであればあるほど、そのことを専門家がきちんと国民に向かって言うべきだったんです。

海渡　専門家が言うべきなのは、オウム真理教に対して破防法を適用すること、オウム真理教に対して団体規制法を適用することが違憲・違法かどうかについて、明確なことを発言すればいいんです。なにもオウム真理教といっしょになってやらなければ絶対だめなんだという議論は成り立たないと思います。

福田　市民は権力側のねつ造した情報を真実と考えてオウムバッシングをしているのですから、それを払拭しなければならない。はたして、オウムは本当に危険な人たちであり、殺人カルト集団なのか、団体の活動としてあのような事件を起こしたのか、当の本人の説明と主張をじっくり聞かなければ分からない。そこからでてきた事実を専門家が共有して、権力が事実をねつ造していることを被害者がキチンと訴えるられるように共闘する。そうすることによって、はじめて有効な反対運動ができる。テレビのワイドショウやマスメディアで、タレントなみに弁護士や特捜検事やオウム・ウォッチャーと言われる「専門家」が、一人残らずこぞって、しかも連日浴びせるように、公調や警察のねつ造した垂れ流し情報やガセネタを鵜呑みにして、「オウムは危険だ」「抹殺せよ」と茶の間に流す。そして「オウムのいうことはみんな嘘だ!」と決めつける。テレビの商業主義に利用されて、専門家が、これ千載一遇のチャンスとばかりに治安権力の増強を目論む公調や警察のお先棒を担いで国民をマインドコントロールした。もっとも人権意識のある市民運動でも、運動が広がらないからといってオウムはずしをした。権力は実にみごとに国民を操る手法をリハーサルできた。事実の捏造によって人権侵害を受けているオウムを抜きにした運動には限界があります。気の抜けたビールみたいなものです。謝ったり、賠償すれば一緒にやるという問題ではない。

海渡　先生の言うような運動だったら、破防法の団体適用は間違いなく阻止できなかったですね。

笹原　そこはすごく難しい議論だと思うんです。『週刊金曜日』で浅野健一さん、河野義行さんとオウムの幹部の三人が対談していて、オウムの幹部の人は率直に今の観測では麻原さんを初めオウム真理教が事件にかかわっていないとは思えない、だから弁償するなり、謝罪の態度を出しているんだと言ってる、それに対して河野さんははっきりと、いま裁判中じゃないですか、まだ有罪が確定しているわけではない、この時点ではまだ謝罪をしなくてもいいじゃないかと言ってるんです。それはやっぱり推定無罪ということでいうと、そうなんだろうと思うんですよ。だから、海渡さんがおっしゃっているのは運動論的にそういうふうにやらないとなかなか人権運動って盛り上がらないということはあるにしても、福田さんがおっしゃるような意味での人権ということからいえば、当然、いま謝る必要はまだない、なぜならばそれが確定したわけではない。

海渡　でも、確定している裁判はいっぱいありますよ。

笹原　地裁で確定しても高裁にいってるものもありますよね。そういったことをどう考えるのかという問題になってきて、そうしたら確定したものをじゃあ謝罪するのかという話になると思うけど。

　もうひとつの論点として、さっき福田さんがおっしゃった、無罪なら誰でも応援するという話に、私はすごく違和感がある。無罪であれば死刑になるはずがないというふうに言うわけだけれども、誰が冤罪を主張するかというと本人であって、弁護側であって、支援者であって、決して権力側なり、裁判所が無罪と言っているわけじゃない。だからまさに冤罪なわけです。無罪ならば誰でも応援するというのは結果論で、運動であるとか、今人権問題を進めようというときにはあまり力にならないことだと私はさきほどうかがって感じました。

福田　その通りだと思います。「無罪だと分かっているなら、弁護士を引き受ける」という件の弁護士さんの人権感覚を問うているのです。よど号事件の田中義三さんがタイで偽ドル札事件の犯人として濡れ衣を着せられたときにも、よど号の犯人だと言うだけでメディアはこぞって真っ黒のレッテルを貼り、ほんの近しい人を除いて、誰一人耳を貸そうともしませんでした。藁をもつかむ思いで相談にこられた近しい人の切実な訴えを確かめるために数回タイに行って調査し、アメリカのフレイムアップであることを確信しました。北朝鮮にも行きました。もちろんすべて私費です。河野義行さんが容疑者とされ、メディアが騒然とレッテルを貼っているときに、「そんなのおかしいよ」と最初に声を上げたのは、私でした。人権運動とは、被害者の声を受け止めて自ら事実を確かめ、公表された事実を批判的に考察し、権力やメディアのフレイムアップを暴いていくという孤独な闘いが出発点です。だから無罪だということが証明されているなら死刑なんてしちゃいけないよというのは当然のことで。

笹原　当然のことですけれど、受け入れられているとは言い難いわけです。

福田　それから謝るべきかどうかに関しては、難しい問題があると思います。法的責任があるのか、倫理的なものかも含めて。それ以前に本当にオウムの人がやったのかどうか。これについては、これまで村岡さんをはじめ残された人たちは、何が起こったか狐につままれたような状態だったと思います。秋に入ってから麻原さんがはじめて法廷でしゃべり始めたこと、さらには上祐史浩さんが暮れに出てきて、当時は分からなかった部分もあるけれども、いろいろ明らかになってきたことと重ね合わせてみると麻原さんが関与をしていると思うと、しゃべったんです。そうするとそれはまさに今の社会で生きていくひとつの術として、政治的判断として謝るなら謝る、それを認めた上で対応していくということ、これは私はありえていいことだと思う。

海渡　僕はそれは政治的判断じゃないと思いますね。実際に自分が責任者としてかかわっている団体で、それだけたくさんの人に被害をもたらした事件が起こったら、それは真摯に反省して、本当に心から謝ってもらわないと困りますよ。

福田　それは確定しなければわかりませんもの。

海渡　だって本人はわかるわけだから。

福田　たとえば、代表の村岡さんだって本人ではない。麻原さんが教団の教義上の団体行動としてやったのか、そもそも彼が主犯なのか、何も分かっていない。

海渡　村岡さんでなくても、当時の、たとえば麻原さん本人であるとか上祐さんであるとかわかるはずでしょう。

福田　村岡さんはおそらく何も分からないと思う。上祐さんも推量し、想像することはできるだろうけど。

笹原　本人は裁判でそれを明らかにする、というのがとりあえずの前提でですね。

福田　麻原さんやその他の凶悪事件の実行者とは、直接面会できないんですから。

海渡　だけどたくさんの当時の幹部が、法廷で自分たちはこういうことをやったとはっきり証言しているわけですからね。

福田　裁判で裁かれているのは、団体犯罪ではなくてあくまでも個人の犯罪です。麻原さんとの共謀があったということさえ、なんら証拠がありません。安田さんはまさにそこを突いていたんです。

海渡　それは麻原さん自身がかかわっているかいないかということで。団体として、これだけ大勢の団体の構成メンバーで現に自分はやったと証言している人がいるわけですよね。そのことは客観的な事実だと思いますよ。

福田　たしかに団体の関係者、しかもその最高幹部たちがやったと言うことは客観的な事実です。ただ、だから団体としてやったとか、組織としてやったということにはならない。イスラム武装戦線のようにトップから下まで、オウムが救済のために殺すことを目的として集まった団体でないことは明らかです。救済にしろ何にしろ、人を殺すという共通の目的と認識で結ばれていた団体ではありません。

海渡　それはわからないですね。

福田　それは明らかなんじゃないですか。

海渡　末端の者が知らなかったというのは僕もわかりますよ。

福田　たとえば、ハマスとかイスラム武装戦線といった、ああいう政治組織としてその政治革命を起こすためには人を殺すことも辞さない、という形の集団であったならば話は全く別だと思っています。そうではない。もし知っていたとしてもそれは、ほんの少数の腹心的なものが共犯として知っていただけで、宗教のために集まった大多数の信者はいわば「故意なき道具」として使われた犠牲者です。それを組織犯罪と呼ぶことは、私はそれは権力の術中にはまってしまうんだというふうに考えています。

――『スペシャリスト』というアイヒマン裁判をイスラエル政府が撮っていたフィルムを二時間に再構成しなおした映画が今上映されています。いろんな人が証言し、検事がアイヒマンを追及し続け、追い詰めていく。アイヒマンには弁護士が一応ついているんだけれど、本来弁護士が言うべきことをアイヒマンが全部自分で言うわけ。大きな権力の、国家の構造の中で自分が責任を持てることはここだけであったと、自分がもしそこで反抗したら自分の命はなかったわけだし、自分が直接人を殺す下手人になるんだったら自分はきっと自殺したに違いない、と。最後は徹底的に追及されて道義的責任は感じるけれども、自分個人がそれを責任を取るというものではないという話をして、結局処刑されちゃう映画なんです。要するに、安田さんがなぜ麻原さんを弁護せざるをえないかをこの映画は語っていると思いました。

笹原　それは戦争責任をどう考えるかという問題と非常によく似ていますよね。例えば日本の軍部を始めとする当時の為政者たちにはかなり明確に戦争責任があったと思うんですが、それでは国民には戦争責任があるのかないのかを、日本の国として、戦争犯罪の問題を考えたとき、どう考えるのかという議論によく似ているんですよね。

福田　そっくりです。

笹原　それで、国民には責任はないとおっしゃることになるわけですか。もちろん、具体的な状況と具体的な責任の問題においてしかそれを語ることはできないと思うんですが。その当時の日本国民の戦争責任を考えることと、オウム教団の一員としての責任を問うということはすごく似ているように思うんですけれど。

福田　いいえ。天皇をはじめ当時の軍の幹部に全部押しつけようとしていること自体が間違いです。国民にも明らかに責任があります。当時の日本社会の成功目標を考えてみてください。士官学校に入って、大将や軍の最高幹部になることが日本を上げての最高目標で価値だったんですよ。士官になって、敵地に乗り込んで、武勲をたてるということが。戦争とは、敵の人命を、財産を、土地を、そして文化を略奪することが目標です。それを日本全部で支えてました。新聞から何から全部それを報道しているわけです。そういうことはオウムの中では一度もございません。それをはっきりしてほしいんです。そういう団体だったら私は今のようなスタンスは取っていません。それが原点なんです。

笹原　一度もない、というのは何をもってないとおっしゃるんですか。例えば議会のような制度がないことであるとか…

…

福田　麻原専政国家なり救済のためにポアするためにオウム教団に入りましたなんて言う人に私は出会ったことがありません。本当に一人も出会っていません。

笹原　やっぱり私がわからないのは、そのオウム真理教がアレフというふうに名前を変えてやっていこうというわけだけれども、でもやはり麻原さんの神格化ということは変わってないですよね、その点はどうなんですか。

福田　どうしていけないんですか。

笹原　いや、いけないというのではなくて、変わってないようなんですけど何でなんですか。

福田　神格化というよりも瞑想の対象として、麻原さんをきちんと尊敬しているのがどうして悪いんでしょうか。

笹原　悪いというのではなく、何でかがわからないといっているだけなんですけど。

福田　自分の存在そのものだからですよね。自分が孤独と絶望の中で動きが取れなくなったときに麻原さんに救ってもらい、その教義に出会い、そしてその教義の解釈でもっていろんな修行をすることによって自分は幸せになれたんです。さもなければ現世にいれば自殺していたかもしれない。

言い換えると、お母さんが、ある日の朝起きたら、二十人惨殺した凶悪犯として、あるいは大詐欺師として逮捕されていた。えーっ、あの優しいお母さんが、僕を愛してくれたあのお母さんが……違うよ！　とまず一生懸命否定していたんです。その否定しているのが今までの五年間だったと思います。で、だんだん明らかになってきて、やっぱりやったらしいというところまで行った。なぜ、どうしてあの優しいおかあさんが……？　だからといって、愛してくれたお母さんまで否定しろということは、これは私は非常に酷なことであり、すべきことではないと思います。どんなに凶悪犯であっても私を愛してくれたお母さんを敬愛する、これは私はいいことだと思います。でもその二〇人なり殺した部分については、社会のルールで裁かれるべきであり、現世で生きて行く限り当然のことです。ただ、信仰と現世の間でみずからに決着を付けるまでには大変な苦悩と時間がかかると思います。優しく愛してくれたお母さんを大事にするということは、私はうんと大切なことで、逆にそうすべきだと思います。

笹原　そこが理解できないんですが、悪いとかいいじゃないんです。麻原さんが唱えた教えであるとか理想にシンパシーを持つというのはあるだろうと思う。でも今おっしゃったように愛してくれたお母さんというけれども、本当に母と子であれば、どんな極悪非道といわれようと、私の具体的な母としての直接的な関係がありますよね。母の負の部分も受けとめざるを得ないという。でもそういうものなしに、単に麻原さんを神格化し崇めるというのであれば、オウム教団の一体性は否定しにくいように思えますし、麻原さんが何か事件を起こしてもあくまで優しく愛してくれたという精神的な結びつきでとらえるというなら、団体としての責任がないといえないと思うんですけれど……。

福田　ただ、それは愛してくれる部分でして、お母さんが、自分は世の中をよくするために人を殺すことが正しいと考えていたとしても、その部分ではないのです。また麻原さんも救済のために人を殺せ、なんていうことは一度も具体的に言っていない。それはたとえ話として、ノアの洪水だって恐ろしいことですよ、地球を全部水浸しにして滅ぼしちゃうわけですから。それで、あんただけ救われるよという思想ですから。神の絶対性というか、人知を越えた絶対者の思想をそのような「譬え」や神話として語ることは、どの宗教にもあります。でも一般信者は、救済のために現実に人殺しをすることが教義であるとか、それを実践するための教団であるとか、だからオウムや麻原開祖に帰依しているなんて言う人はおそらく一人もいないと思います。修行の先輩として、仏教の卓越せる解説者として尊敬しているのです。かつて、村岡さんが私の講義にきてくれたとき、学生が笹原さんと同じような質問をしたとき、「私にとって恋人のような関係なんです」と言っていました。本当の親子よりずっと強い絆で結ばれている人間関係なんていっぱいあるんじゃないですか。私をやさしく愛して、「生きていいんだよ」と悟らせてくれたことをぜったいに忘れられない。その人にとってそれこそかけがいのない価値なんです。人間の何面も持っている多面性ですね、純粋な人間なんていないんです。私はそれはそれでいい。それが普通の人間であり、むしろ十把一絡げに全部を切って捨てるべきだという中にフィクションとイデオローが入ってきてしまうと考えています。

5、マインドコントロールと人間の自由

笹原　いまオウム的なものということで表現されている、あるいはバッシングのために使われているイデオロギーは、いかに彼らは私たちと違うかという形ですよね。それを切り離したときに、それではどういうふうに共通性があるのかというのが非常に見えにくくなっている。つまりそうやって彼らにも信仰の自由があるじゃないかというふうにいうと、自虐史観というふうに東京裁判を総括するような人たちの信仰であるとか天皇に対する愛情も自由として肯定することになってしまう。私はそうではないと思うんです。オウム真理教の中で麻原さんが持ち上げられているように、そういう人々にとって天皇が持ちあげられたり、あるいは国家への何かの忠誠とか愛国心とかいうふうに言われているものは、奇妙によ

く似ているように私には思えるんです。

福田　それは全く同じですよ。現世の社会そのものがマインドコントロールされた社会でして、それは結局、政財官癒着のもとで経済最優先のシステムを作って、お金こそ価値なんだと、そしてお金にまつわる地位こそが価値なんだ、あとはもう意味のないものなんだという価値観で全部マインドコントロールされている。これは戦前の天皇を中心とした国体の思想に代わる新しい価値観なんです。組織の中でその権威と権力に服従し、自分を殺して、組織のために頑張る。戦前の特攻隊員のように過労死し、サービス残業し、単身赴任して。組織のために尽くし、ご褒美をもらうことが価値であると考えるようにマインドコントロールされている。一方で、自虐史観や天皇をたたえる人たちは、神戸事件のA少年のバモイドウキシンよろしく、物語をつくって、現世の絶対的権力である国家の権威に帰依し、孤独と絶望から逃れようとしている淋しい人たちですよね。ただ、権力が自分たちの権益を守るために利用している。他方で、オウムの人たちは、現世の価値とか欲求を捨てて、修行し、解脱して救われることこそ価値だ考えている。でも、ポアするようにマインドコントロールされているわけではない。彼らも権力に利用されている。

海渡　オウム真理教の人と直接話す機会があまりないので、参考のために聞くんですけど、現実に最近この事件に関わっていて死刑求刑を受けている人がずいぶんたくさん出ているわけですね。その中には二つのパターンがあって、完全に麻原教祖と決別した、こちらのほうが多数派だと思うんだけれども、一部は今も帰依しているという人もいるかもしれないけれども、僕は、手続きの中で、自分のやった犯罪と向き合わなければいけなくなった人の中では麻原教祖と決別している人のほうが多いということを先生はどうとらえてらっしゃるんですか。

福田　当然のことだと思いますよ。だって、実際問題として、共謀は証明されていませんけれども、彼ら自身が考え直したのは、麻原教祖に殺せと言われてやって、自分は死刑を受けているということですから、そんな自分を死へと追いやった人と決別するのは当然のことじゃないですか。遅すぎたかもしれませんが、人を殺し、人に害悪を加えることによっては、自分も社会も幸せになれない、そんなのは求めていた価値ではない、自分はだまされていたと気付いて決別して行ってるんです。

海渡　そうすると、僕はさらにそこからもうひとつわからないのは、自分たちの団体の中で、これだけ大勢の元仲間だった人たちの中に死刑判決を受けていく可能性のある人がたくさんいる、その状況を、事件に関わらなかった、自分は知らなかったと言ってもそれでもなおかつ以前と同じ信仰を続けられるということがわからない。何か根本的な反省が必要ではないですか。

福田　ですから、一番の問題は、本来ならば麻原さんとじかに会って、本当にあんたが命令出したの、そして教義とどういう関係があるのかを、じかに聞きたい。これは全員そうだと思うんです。でもそれはかなわないんです。だからもう裁判だとか、破防法の手続きから漏れ聞く麻原さんの真意が何なのか探ろうとしている。唯一あるのは、破防法の手続きの時に彼が言った教義ですよね。それはもうポアとは一切関係ないものでしてそれはまさに孤独と絶望の時に自分を救ってくれた教義そのものであって、それを信仰することはできるんじゃないでしょうか。例えば私のゼミの学生で、私の言うことを聞く連中を何人か選び、世直しのために人を殺せと言って指令を出したとしましょう。その連中が現世の規範に目覚めて、私を裏切ったり、離れていくのと、私のゼミの全体の学生が、私をどう考えるかというのは、これは、当然差があっていいと思うんです。後者は規範と対峙する必要がない。

海渡　なるほど。そういう理解ですか。

笹原　孤独と絶望から救ってくれたことを重んじたり、大事にするのはそれはそうなんだろうなと思うんです。ただ、孤独と絶望を救ってくれたら何でもそれでいいのかと。権力側も孤独と絶望を上手に使うわけですね。そのことと非常によく似ていて、宗教にしても思想にしても人を自由に、そして自立した個人にしていくということが人権を考える上で非常に重要なことのように思えるんだけれども、いわゆるマインドコントロールされている状態というのは人は自由にならないんです。自分で何かの判断を下すことには非常に遠くなるように思えるわけなんです。だからオウム真理教、今アレフになったところにいる人々というのは、おっしゃるような意味で麻原さんをはじめとする人々が起こしたであろう事件と、直接には無縁かもしれませんけれども、そういった彼らの思想なり、彼らを神格視するということは、もちろん彼らの自由だと思うんだけれども、人権を考えるといったときに、それは両手をあげて、いいことだと言えるのか非常に疑問なんです。

福田　私はいいことだと思っております。と言うよりも、そのまま静かに認めてあげるしかないと思います。今この世の中におきましても、きれいな3LDKを持って、車を持って云々というのが価値でして、そのために借金地獄になり、家中がバラバラになってやってるわけです。家が建ったら離婚なんてのもあります。ビトン、ベンツ、地位、学歴、一流企業……。そういう日本社会の画一的な外在的な価値に包まれて、自分は孤独と絶望ではないと錯覚している。私が言った自由という概念から、彼らはほど遠いところにいるんです。

でもそれはそれで仕方ない。自分が幸せでないと思ったときには、そこから脱却して、いつでも別の人生を歩めることができることが最低の条件です。

　私は三つの原則があると思います。一つは他人にそのことが害悪を与えないこと、それから自分が幸せであると感じていること。満足し幸せに感じると言うことは居場所としての人間関係があることです。それからもう一つ。自分が幸せでないと思ったときには、そこからいつでも抜け出る自由があるということです。抜け出るときに外部の者が、「ああそうだね、そうせざるを得なくて今までやってきたんだね」ときちんと抱えてあげることですね。ですから、この三つがあれば私は本人にまかせることこそ今の価値だと思います。これが自由ではないでしょうか。

海渡　でも、先生の今の基準からすると、少なくともこの一連の事件を起こしていた当時のオウム真理教というのは先生の今言われた定義三つ、すべてあてはまらないんじゃないですか。

福田　多分そうでしょう。でも私が言っているのは今のオウムなんです。当時のオウムについては私は何も語っていません。今問題になっている、住民からの石もて追われ、国家権力からやられて人権侵害されているのは今のオウムなんですから。だから長老の意思だけで一般信者も知らない間にテレビの4チャン（日本テレビ）を通して謝罪したとき、なんでには、いつでも別の人生を歩めることが

相談し、説明してからしなかったのかと、怒りを感じながら彼らに言いました。今でも麻原教祖時代と同じようならば人権運動なんか加わらないよと彼らに言っています。

海渡　いつでも抜けられるということは保障されていますか。

福田　いま、保障されています。

笹原　いまおっしゃった原理はかなりあぶないと思うんですね。ひとつは日の丸・君が代を信奉する人々であるとか、自由主義史観の人々も、自分たちで言わせれば、彼らは害悪を与えていないだろうし、自分は幸せであるだろうし、自由に抜け出るだろうというふうに言うんじゃないかなということがひとつある。もうひとつは、害悪を与えない、というのはものすごく感覚的なもので、つまり、オウムの人々がいること自体は、多分福田さんであれば害悪を与えないとおっしゃると思いますけれども、さっきおっしゃった住民票の受け取り拒否の人たちにとっては、彼らの存在することが害悪だと言うわけですよ。だから自分の子どもが同じ学校では嫌だというので追い出そうとしている。それ自体害悪だというような状況だから、逆にその害悪を与えないことという定義自体も非常にむつかしい。

福田　ミルの『自由論』をぜひ読んでいただきたいんです。

それは直接物理的、身体的な害悪を意味します。これは古典的に承認された概念です。

笹原　そういうふうにおっしゃっても、今それが通用する状態ではないんじゃないかと思うんです。それがいいとは思わないですけど、もちろん。

福田　根拠がないのにバッシングすることについては私は人権の立場から、それが住民運動という暴力によって支配されているわけですから、この暴力を除くために彼らの人権を今主張しているわけです。

笹原　後者はよくわかるんですけど……

福田　おっしゃるとおりです。江川紹子さんがそうなんですが、みんなその中から連れだして幸せにしてやろうという。マインドコントロールされていて不幸せだと言うんです。だからオウムの子どもは全部施設に入れろ、と。それはとんでもない考え方です。親がオウムであることそのことが害悪だと言っているんです。つい最近も、「オウムはたしかに治安的意味では危険性はない。でも若者をマインドコントロールするから有害であり、重大な警戒が必要だ」と言うんです。団体規制法で監視を続けろと言うんでしょう。親も、子も、若者もみんなオウムにいたいと言ってるんですよ。それでいいじゃないですか。国や警察や住民や若者の親が「お前は不幸せだ」なんて決めつけて、強制的に、施設の子にしたり、引き離したり、監視して本当にその子が幸せになると思っているんでしょうか。こんな子どもの成長発達のイロハもわきまえない人が、ひとかどの子どもの専門家風情をしてテレビに出ているんですから、日本の人権意識のお粗末さが分かります。いま、そうしてたいんです。外に出ろと言ってもできないんです。他人に害悪を加えてるわけではない。「学校に行かなければ不幸せになる」なんていうのは、現代日本社会のイデオロギーです。ちょうどオウムの人たちが「オウムを止めたら、地獄に堕ちる」と言っているのと同じです。だからオウムの人たちがマインドコントロールされているというなら、メインの社会も国家経済至上主義の求める効率と序列化のイデオロギーにみんなマインドコントロールされているんです。江川さんはオウムという鏡に映し出された自分の醜さに反吐を吐いているだけです。もしそうでないとするなら、オウムの人がやっぱり自分はそこでは幸せでないと感じて離れてきたときに、「そうだったんだ。仕方なかったんだね。自分らしく生きられる道を探そう」といって、抱えてあげられるはずです。だから私は不登校の子どもたちに「そのままでいいんだよ」って言っているんです。

わたしは、お互いの存在をそのままで認め合う人間関係のなかに「人間の尊厳」があると考えています。社会的に役にたったり意味があるとか、損する得するということではなくて、どんなにばかげていても、現実的具体的に他者に害悪を及ぼさない限り、お互いの存在をそのままで承認し合うというなかに。ここに近代の自由の原理の本質があったんではないでしょうか。どんなに意見が違っていても、お互いに個の、そして人間の主体性を尊重し合うなかに自由が成り立ち、それが個人をそして社会をもっとも幸せに導くという考え方です。暴力によって支配されないで自分らしく生きられるというなかに。自虐史観の人たちは、教育権力や第四の権力といわれるメディア権力を用いて、自分たちの幸せを万人に強制しようとするからいけないのです。たとえば日の丸・君が代とか歴史の解釈の強制。それは暴力です。自由な言論である限り、自虐史観であってもその存在そのものがばい菌であるといって力で排除するのは暴力です。かれらの幸せを、彼らの言論の自由を、そして人間の尊厳を冒涜します。このことはオウムの存在にもそのまま当てはまります。

笹原　おっしゃるような意味で、尊厳を意味するものとして幸福という言葉を使うのは私も賛成なんだけど、一方で幸せという言葉はかなりあやうい言葉で……

福田　そうでしょうか。ロビンソン・クルーソーも島の一番高い山に登って、天涯孤独だと知ったら、生きられなかっただろう、とカフカが言っています。私は、現代日本社会における不幸は、（1）一人の人間存在としての主体性を奪われ、（2）安心と自信と自由を認めあえる人間関係が奪われ、その結果（3）自分らしく生きることを否定されているという点にあると思います。前にも言いましたように、社会的システムとして、多くの人が自分を殺して、組織の権威や権力にすりよることを強いられ、またそうすることが美徳であり、価値であるとする社会に投げ込まれてきました。自分であることを殺されていますから、自分の欲求が何であり、欲求に基づいて人との距離をどのようにとったらよいか、またそれをどのように処理したらよいか分かりません。かれらの評価基準は、組織・地位・金銭といった経済的・社会的権益の大小であり、また、権威ある「公」としてのテレビや新聞や雑誌等の情報であり、外在的な価値です。したがって、自分自身をまた他者をそのままで認め、お互いに補償感情が出るまで抱え合うような人間関係を形成することができなくさせられている。言いかえると、人間関係が搾取され、孤独と絶望のなかで、呻吟している。二一世紀の人権論は、この人間関係をどのようにして回復するかという点が、まさに問われるのではないでしょうか。

この点、私は、「理性的存在→自己決定→自己責任」を基礎とする伝統的な「個人の尊厳レベルでの権利や人権体系」とは全く異なる新しい人権論が必要になるのではないか、少なくても、近代の人権論はそれによって補完されなければならないのではないかと考えています。近代から現代にかけての人権論は、参政権をちょっと別にしますと、自分の自由を妨害しないでくれという自由権とそれを経済的レベルで実質化するために生存の保障を求める社会権に代表されます。しかし、人間は、あなたの自由には干渉しませんよと独りぼっちにされても、また生活できるお金を手に入れても、多くの場合それだけでは幸せになれません。言い換えますと、フランス革命以降に形成された近代の人権論は、極端に言いますと、権力や暴力から解放されて孤独になる自由であり、一人で生きる権利です。

今求められているのは、人間関係の中で自律的に生きる権利だと思います。ここで人間関係とは、一人の人間としてその存在を無視されない関係です。あの神戸のA少年のように「透明な存在」へと追いつめられない権利です。叫べども、叫べども、相手にしてもらえず、応答してもらえないとき、その者の存在そのものが無視され、人間の尊厳が否定されます。これこそが人を孤独と絶望へ、憎しみと感情鈍磨へと追いやるのですから、どんな叫びであれ、それにキチンと対応できるような関係をつくり出すこと、すなわち人間関係を形成する権利が新たな人権として確立されなければならないと考えます。そしてその中核こそが、子どもの権利条約で初めて規定した、まったく新しい権利である「欲求=意見」表明権だと思います。このような欲求（意見）は、理性的な存在でなくても、自己決定できず・責任をとれない存在であっても、表明することができます。すべての人、赤ん坊であれ、子どもであれ、脳軟化のお年寄りであれ、施設に収容されたり、病院に収容されたものであれ、受刑者であれ、すべての人がこのような欲求を表明する能動的な力を持っています。人はこのような欲求=意見の「表明」をいつでもどのような状況でも無視されないことによって、初めて人間存在としてその尊厳が確保されるのです。第一次的には欲求や意見の質は問われません。それを表明し、それにきちんと対応してもらう権利です。したがって、伝統的な人権とは異なるまったく新しい「人間の尊厳の人権」化です。このような、欲求=意見を「表明する権利（その表明を無視しないで「そうだったんだ。大変だったね」と応答する義務の創設）」、すなわち人間関係を形成する権利を確立することによって、幸せの実質化が図られるのではないかと考えています。個を殺し、自律の可能性をつぶしてきた「人間関係の搾取」を克服する力であり、それを可能ならしめる社会文化構造の変革の理念として。

6、横の暴力と縦の暴力

福田　去年の犯罪は、戦後ずっと政財官癒着の構造の中で経済発展を最高の価値としてきた日本社会の根底を流れているマグマが一気に地上に吹き出し始めたといえるのではないでしょうか。「すりより」と「個の喪失」と「人間関係の搾取」という非倫理性と非人間性のマグマが。ある者は孤独と絶望の淵に追いやられ、ある者は日本の社会文化構造に過剰適応することによって。

ひとつは逆転の犯罪と呼ばれるものであって、小さいときに自分を全部殺されて自分をなくした人たちの通り魔事件。俺をバカにした奴には復讐してやるという池袋の通り魔事件、下関の車で突っ込んだ事件、それから京都で小学生を刺した事件、あと、三条市のあの事件も、人間関係が保障されなくて大人になれなかった人たちの犯罪ですよね。それから、夫と子どもに保険金をかけて殺したというのも、子どもの命をお金に換えて、自分の孤独と絶望から脱却するための資金を男に貢ぐという日本社会の文化構造そのものの現れといえましょう。

こんなに日本社会に自分をなくして過剰適応した犯罪も山のように起きています。まず東海村のＪＣＯの犯罪です。労働の効率のためにはルールなんてどうでもよかった。それから文京区の春奈ちゃん事件や都立広尾高校の先生が校長宅と三田高校に爆弾をしかけた事件、それにハイジャック事件も日本の社会文化構造のなかで成功目標を達成できなかった羨望の裏返しとしての犯罪ですよね。同じように、適応できなかった人たちが、自己崩壊を逃れてライフスペース、法の華、オウムに入っていった。

今のは市民間における横のレベルでの暴力の問題なんですが、それに対して国家権力の市民に対する暴力、縦のレベルの暴力が異常に肥大化した一年でもありましたね。いわれなきオウムの弾圧がその代表です。あらゆるところで噴出し始めた戦後日本社会のマグマを力で押さえ込み、あるいは戦後の権益をバブル崩壊後も維持発展させるための変革に伴って生じる摩擦に備えて、オウムをスケープゴートにして、治安権力の増強を図った。住民票不受理・就学拒否では地方の政治権力から住民まで総動員されて利用された。戦後社会の非倫理性と非人間性は治安権力の内部でも噴出している。神奈川県警のあの事件もほんの氷山の一角でしょうが、警察官の不祥事が九九年ほどたくさん出たのは始めてです。縦の暴力のまさに傲慢と腐敗が出てきたわけです。広島県の校長先生の「君が代」自殺。治安権力ばかりでなく、変革に備えて思想・教育統制を図ろうとする文部省権力による縦の暴力の犠牲です。そんな中で、自虐史観、規範意識や道徳の強化、さらには「公のために尽くせ」といった右翼思想が権力の支持を受けて大闊歩している。防衛大学占拠事件もそんなコンテクストの犠牲者です。オウムの被害者やストーカーの被害者も利用されています。彼らを放置して憎しみに定着させ、「もっと厳罰化せよ」と叫ばさせている。治安体制の強化のための社会的機能を果たすように仕向けているとしかいいようがない。同じく、予算配分のプライオリティーが政財官癒着構造による大企業の発展に置かれているため、生活保護も受けられないで子どもが餓死させられている。

反面では小林よしのり流のものが出てきている。九九年の犯罪や社会は戦後五〇年の人間関係を破壊した社会のマグマが限界を超えて、じつに見事に爆発し始めたと考えております。

笹原　いまあげられたものは、まさに自己崩壊していく方向性だと思うんですけれども、自己崩壊に対して、今日の最初にあげたような弾圧というのは、あらゆる人権運動が人間尊厳の回復であって、共同性の回復ですよね。そこに対して今まさに楔が打ち込まれようとしている。その中で自己崩壊していく人々が自己崩壊しないように逃げ込むひとつとして、例えばオウムのようなものもあると思う。それは、一時的な避難場所であるにしても、そこではけっして、共同性の回復になり、私たちがめざしている人権運動みたいなものと直接つながらない。そこをどうやってつなげていくというような視点をお持ちなんですか。

福田　私はオウムに入って、一生オウムで幸せならそれでいいと思っています。援助交際、少女売春にみんな走っていく。その中で人間関係を求めざるをえないところまでいっているわけです。それを、悪いからダメだって倫理でどんなに説いても、より大きな人権運動に目覚めよと説いても何の意味もないと思っています。今大切なことは「そのままでいいんだよ」といって、その人間存在をそのままで認めることの実践だと思います。これこそ戦後社会文化構造を変える人権運動そのものだと思います。情報に踊らされたり、「社会的に意味がないとか効率が悪い」といって彼らをバッシングすることではなくて、「幸せでないと感じたら、いつでも帰ってきていいんだよ」と退却の自由を認め合いながら待つことです。これがお互いの多様性をそのままで認め合う第一歩なり、現在の価値への革新的な抵抗だと思います。

7、運動をつくる中から人間の尊厳の回復を

笹原　そうすると、そういう自由を一方で保障しながらも、明らかに楔を打ち込まれているものをどうやって立て直していけばいいんでしょう?

海渡　僕は正直言ってこの議論についていけないんですけれども ね。

この日本の社会を少しでも良くするために何ができるかと、どういうふうに、——縦の暴力と、横の暴力という意味はち

ょっとわからなかったんですが――現実に起こっている警察の腐敗なりを、なんとかそういうことが起こらないような仕組みは作れるはずで、現実に日本では警察の中でそれが起こっていてもチェックする仕組みは全然ないわけです。むしろ警察の権限を強めるために盗聴法みたいなものが出てきている。それに反対していく、そういう運動をやる中で人間の尊厳を回復していくことは僕は可能だと思うんですよ。だから、一年間起こった事件を、どの事件が縦の暴力で、どの事件が横の暴力の事件かということは言うことはできないけれども、少なくともはっきり言えるのは、爆発的に起こってしまった変な事件というのは、一番感じたのは、仕事がなくて、無職の状態で過ごしているような若い男性が起こした事件が非常に多かったということです。それは、その人自身非常に不幸な状況に置かれていて、また、高学歴だった人の事件が目立ったと思うんですよ。高学歴にもかかわらず、それに見合ったような社会的ステイタスが与えられていないというギャップから起こっている。どの事件をとってみても悲惨な事件だと思いますけれど、死刑制度を持っている日本社会の最大の問題点は一般には理解不可能な形で起こってくる事件について、本人がその人生を反省して、なんとかそこから立ち直ろうとする形でかかわるのではなくて、その人間を死刑にして、みんなの記憶からその事件を消してしまって終わりにする、そういう形で動いていると思うんです。

だから、僕は監獄人権センターという受刑者の人権を守る活動をやってきていて、ずっと思っているのは、あらゆる犯罪というのは社会の中で起こってきていて、社会の中で解決しなければいけないし、解決できるようにしたいということです。そのためにこういう人権運動というのをやっているわけで、死刑を廃止した国の場合は、どんな凶悪犯罪人でも、一〇年なり二〇年たてば社会の方に戻ってくる。戻ってくるときに危険な存在であっては困るというのは当然ですから、その人に変わってほしいと思う。反省して変わってほしいと思う。だからそういう形で働きかけがはじまるわけですよね。だけど、死刑制度を持っていて、我々にとっても、普通の市民的な感覚からは理解不可能なときにそこで思考をストップして、変質者の犯行だとかとして処理して終わりにしてしまう。まさに処理ですね。命を処理して終わってしまう。そのことによって誰も救われない。被害者も、加害者である犯人が処刑されてもちっとも救われない。むしろ、被害者と加害者との間で、被害者が本当の意味で納得がいくのは加害者は真に反省したときだと思う。だから、さっきから福田先生のおっしゃていることで、オウム事件を純粋な刑事事件として、ひとつひとつの殺人事件としてみたときにも、一番やらなければいけないことは、現実に犯罪を犯した、オウムの一人一人の構成メンバーだった人たちと、その事件によって殺されてしまった人の家族とかは出会っていけるはずだと思うんです。そういうことをなんとかして実現していく必要があるし、そういうことがまったく行われてきていないから、オウムの事件というのは理解不可能な事件のままになっている。本当に心の底から反省した人たち、彼らも死刑を求刑されてしまっているわけですよね、その人たちを救う道があるとすれば、彼らが本当の意味での事件に対する反省というものを表明して、被害者なり、被害者の家族と出会うというところまでやる必要があるという感じがしています。

福田　おっしゃるとおりです。ただ、そういうことがなぜできない社会になっているのか、それが問題です。究極的にはあらゆる刑事システムなり社会のサブシステムが、全体の中で完全に統制されていますから、部分的に直していくのは難しいだろうと考えています。そうすると戦後五〇年というのは何だったかということをもう一度見ていく必要がある。なぜ被害者が許せないのか、またなぜ加害者が謝れないのか、という問題ひとつとってみても、縦の暴力や社会文化構造の中で両者ともそうならざるを得ないように追い込まれている犠牲者なのです。強制的に首に縄を付けて両者を和解させるシステムを作っても、それは本当の解決にはなりません。「許したり」「反省したり」するということは、「自分は生きられるんだ」「こんな自分でも生きていいんだ」と当事者が自らをいとおしく肯定できない限り不可能なことです。そのためには戦後の経済最優先と効率と競争の価値観から人間存の尊厳こそ最高であるとする価値観への変更と、それを支える人間関係を社会的なシステムとしてつくっていかなければならないのではないでしょうか。加害者と被害者に対して「とんでもないことをしちゃったけど、あるいは大事な人をなくしちゃったけれども仲間はずれじゃないんだよ、もう一回生きようね」と反省し、許せるような状況を作っていくことが大切です。

笹原　わたしもまったくそう思います。福田さんが、幸せは個人で自由を認めるところからはじまるとおっしゃったのですが、テレビを見ていてすごく気になる車のコマーシャルがあって、どこで何しても私の勝手でしょというんですよ。それを聞くと非常に違和感がある。どういう違和感かというと、さっきの話ととても似ていて、それはそうなんだけれどね、というのがあるわけなんです。自分自身の自由というのはたしかにあるだろうと。でもそこで留まるというのはどこか違うだろうと。だからといって誰かに、例えば、オウムに行ってあなたたちはそういうふうにすべきじゃないって言おうとは思わないんですけれども。

福田　私の勝手でしょって言ってね、それしか幸せがないというのは、私の価値観から見たら貧困であり、寂しいことだと思います。だからといって、その人を説得して私の価値観にするかどうかは別ですけれども。強制したり、説教したり、教えても人は変わらない。

笹原　勝手なんだけれども、その上に何を作っていってどういうふうに海渡さんが言ったように出会っていくのか、切り結んでいくのかっていうことをどう考えるかなんですよね。そのときに最初に言ったオウム的なものを切り離していくという発想が……

福田　オウム的なものを切り離すという意味は私は意味がわからない。

笹原　住民票不受理もそうだと思うんですけれども、こちらは正義で、こちらは悪って、そこに線をひいて、切り離していく思想なり、発想がまさに今かなり強くなってきている状態の中で、どういうふうにそれを変えていくのかということが重要だと思うんです。

福田　インクルージョンの思想の実践ですよね。バウンダリー（境界）や敷居があらかじめ決まっていて、「お前は目的達成のために有用だから、これこれできるから、お前は責任をとったから、あるいはお前はどこどこの出身だから」仲間に入れて権益を分配し合うといった具合に、人間の存在そのものに価値の序列化をつける。このバウンダリーをどんどん広げて、そこに文化の多様性といってもいい、個の多様性とその存在をそのままで認めるという価値観、これを地道に実践していくしかないんじゃないかと考えています。戦後日本の社会文化構造のバウンダリーや敷居と序列化の中で周縁に送られたり、過剰適応して、すでに人間が人間として生きられないほどに矛盾が広がっています。支配権力層や多くのご用専門家が、自分たちの権益の維持発展のいっそうの効率化を図るために、このバウンダリーをますます狭くしようとしています。しかも、自己決定＝自己責任の原則を持ち出して、バウンダリーの存在と維持を正当化し、責任をすべて個人に転嫁しようとしています。だから、その矛盾を意識している専門家が、犠牲になった者の立場にしっかり立ち、志を同じくするボランティアや犠牲者とともに意識変革を実践していくしかないと思います。非常に時間はかかるでしょうが、新しい人権革命です。

8、憎しみを定着させないために

笹原　死刑廃止運動の弾圧の話を最初にしたんですが、いままさにそういう市民運動が危機にさらされている。

海渡　僕はけっこう楽天的なんです。現時点での状況は相当に悲惨だということに全く異論はないんだけれど、世界中にいろんなことを努力してうまくいっているような、見習いたいやり方があると思うんです。さっき言った被害者と加害者とが出会う実践として、坂上香さんなんかが一生懸命紹介されているアミティであるとか、リストラティブ・ジャスティスと呼ばれているような実践がある。受刑者の社会復帰という点では、最近読んだのでは、捨て犬を拾ってきて介助犬にしていくということをある女子刑務所の中でやっていて、一石三鳥というか、社会復帰のためにもなるし、犬と触れあうことで人間的な感情が芽生えてくることまで含めて解説されていました。あと、僕がかかわっている刑務所の問題でいうと、凶悪犯人だった人を主人公にしてハムレットか何か演劇をイギリスの刑務所でやったら、それがたいへん評判をとって、演劇の賞をとったという話がある。重大な犯罪を犯した人でも、まさに生きている人間であるし、我々と同じ社会の構成メンバーであると思えるような、そういう実践をひとつずつ積み重ねていく。そういう実践が求められていると思うのです。

死刑確定者の問題について言えば、死刑確定者の今の最大の問題は声を奪われていることなんですね。彼らは、一般のマスコミとか友人に手紙を書けない状態です。だから彼らが普通の人間と変わらない人間であるということが見えなくされている。その第三者への外部交通を遮断してしまっているということが、死刑制度を維持するための本質的にきわめて重要な戦略になってしまっている。規約人権委員会からもそういうやり方は改めなさいと強く言われているわけです。頑張ればそこの点を崩せるかもしれない。死刑確定者の発言の自由、表現の自由を回復するということがもしできれば、それは死刑制度にとっても非常に大きな風穴を空けることになると思うんです。彼らが社会の中に登場するわけですから。

福田　私はそれは表現の自由と呼ぶべきじゃないと思う。表現の自由というのは自己責任が出てきますから。

海渡　なんて言えばいいんですか？

福田　意見表明権。人間が自己の存在を確認し、人間関係を自ら形成するために不可欠の権利です。死刑囚であれ受刑者であれ、脳軟化のおばあちゃんであれ、子どもであれ、すべての人からそれを絶対奪っちゃいけないんです。私は、二一世紀に向けて、人間の尊厳を奪われない新たな人権として、意見表明権をきちんと理論化し、運動論のなかに取り入れていくことこそ今求められていると考えています。社会システムの中でどのようにして人間の尊厳を回復するか、これが二一世紀の課題です。

笹原　死刑廃止運動でいうと、一昨年、あるいは一昨々年あたりから各地で「いのちの絵画展」をやって、死刑囚に具体的なイメージがないときに、死刑囚の描いた絵をみたり、あるいは歌に触れたりしたわけです。私がその絵画展でもっとも印象的だった絵のひとつは、佐川和男さんが書いた絵です。「死刑廃止への道はどっちですか」「このままっすぐいけばいいですよ」。この「まっすぐ」という言葉には非常に胸にせまるものがありました。版画風の山の絵で「わたしはここまで来てしまった、気がついたら死刑囚になっていた」というのもありましたが、彼も去年執行されているんです。まさにそういうふうに、せっかく近くに近づきながら、なにかいい方法はないかと思うときに、どんどん流されていく、そのスピードのほうが、近づいているスピードのほうより身近に迫っている。だからあきらめるということではなくて、やっていくしかないんですけれども、引き離されていくことをひしひしと感じさせられる。なおかつ再審請求中であったにもかかわらず執行された。小野照男さんは、袴田巌さんの次の確定順なんです。そこまで遡ったということは、飛んだと思われた人たちが、検察、法務省の判断で執行されていくかもしれないところまできている。そういう危機感の中で、どうするか。そんなに劇的な何かが起こるわけではないにしても、私はもうちょっと違った楽観論で、死刑廃止ということでは、九〇年から比べたら、違う局面に来てしまったという実感がすごく強いわけです。

福田　九九年に象徴されるように人権状況はかなり落ちている。それがまさに九九年であり、オウム事件と同じ本質をもっています。国内市場がいっぱいになって、憲法改正し軍備を増強して外に出ていこうとしている。そのためにはものすごい摩擦が予想される。その摩擦排除のためにやっきになって治安体制づくりに取り組んでいる。その一環として、オウムがスケープゴートにされ、死刑執行もどんどん継続されている。戦後五〇年そうであったように、「とにかく黙って、すり寄ってきなさい。そうすればきちんとご褒美を分配してあげるよ」「すり寄らないと命まで奪うことができるんだよ」と、国民が安心してすり寄るに足る国家権力の巨大さと完全性を演出しているのです。だから死刑を手放すことができない。今後予想される摩擦が大きければ大きいほど、内部矛盾を通して社会文化構造のタガがゆるんできた今こそ、そのことを国民の意識の中に再強化させる必要がある。笹原さんのいわれる死刑執行の猛烈さはそのために意識的に行われているのではないでしょうか。全く私はオウム問題と同じ問題だと思っています。

笹原　ではそのときにどういうふうに転換していくのかということがまさに問われていると思うんですが。

福田　今の社会文化構造の中で人間性が破壊されるところまできたということを認識しながら、海渡さんのような運動、笹原さんの運動、私は私の関係の運動、そういうところがどんどんどんやって、そうしてネットワークを作っていく以外ないんじゃないですか。希望は、我々が情報を持ちうるということです。インターネットとメールです。

笹原　私は静岡の仲間たちと死刑廃止フォーラム・イン静岡という活動をやっているんですけれど、ホームページをたちあげてから、ずーっとあまり反応はなかったんです。さして更新もしていないし、変わったホームページでもない。ところが、このところぽつぽつ反応がある。これには死刑廃止なんていうのはけしからん、というのが実に多いんです。中傷のメールも多いが、無関心よりはましだと思う。そういうふうに言ってくるというのは、共通基盤に立ちうる何かがあるような気がするんです。オウムを敵視するということは非常に強くなっているけれども、そういった人権の問題には、逆の立場であっても関心を持っていることは確かだろうと思うんです。だからオウムというけれど、こういう人々がいるんだよとか、犯罪を犯してしまった、けれどもどういうことでそれが起こったかとか、被害者と向き合えるかとか、どういうふうにそこから展開していくかというときに、関心の向け方が今違っているわけだけれども、それをうまくいっしょにやっていく方向に向けていける契機は何かあるんじゃないかと感じているんです。そのときに重要なのが情報で、やっぱりマスコミは権力ですから、それ以外のところでネットワークを作って情報をお互いに伝えあっていくことは重要だと実感しています。

福田　死刑廃止で、今まであまり言われてきていないことで非常に重要なことが残っているのは、死刑制度というのが、オウム事件をとおして明らかになったことは、被害者を憎しみに定着させる制度だということです。憎しみからは積極的なものは何も産まれません。だから、被害者が本当に立ち上がれるような運動を反対運動のほうがつくらなければいけない。被害者が、「犯人憎し、異端だ、やっちゃえ」とテレビやインターネットを通して、国家権力側に利用され、操られている。彼らがそうならないためにも、我々自身が人間関係を提供していくぐらいの気持ちで運動していくことが大切なんじゃないかと思います。

海渡　今年のお正月だったと思うんですが、イランで公開処刑が行われようとしていたときに、その処刑される本人がわりと若い男性でけっこうみんな同情しているようでしたが、イラン法というのはイスラム法で被害者が許せば死刑は停止される、そういう制度らしいのです。その群衆の中に自分の息子を殺されたお父さんがいて、突然立ち上がって、「お前を許す」と言った。そうしたら、それで執行が止まった。それで周りに集まっていた群衆がお父さんを抱きかかえて胴上げしている写真が出ていたんですよ。僕は、あの写真見たときに素晴らしい場面だなと思いました。被害者のお父さんもちょっと涙ぐんだような顔で映っていましたけれでも、胴上げされて、ちょっと嬉しそうというか、複雑ですよね。当然、気持ちとしてはね。もちろんその前に何か、処刑されようとしている本人についての報道もあったりして同情すべき点があるようなことが言われていたのかも知れないけれども、突然、起こったことですよね。だけど、もっとそういうことを組織化できれば状況を変えられるのではないか。オウム事件で、一番やらなきゃいけないなと思うのは、そういうことですね。たまたまですけれど、被害者側にちゃんと弁護士がついているわけです。僕たちと親しい弁護士もいるわけです。そして事件を起こした側、被告人側についている弁護士、これが弁護士会の中ではいっしょに活動しているような仲で、だから弁護士同士では話ができる。けれども、被害者と加害者というのは一切接点がないわけです。そこをなんとかつなげないものか。それは目的意識的にやる努力をしない限りは絶対にそういうことは起きてこないし、それをやること自身が大変なことだと思うんですよね。

福田 その前に、被害者側についている弁護士さん、ああいう専門家がテレビに出ちゃあ「オウムは敵だ」と言って被害者感情を一生懸命煽っているんです。私なんかもサリンで息子さんを殺された被害者から、「あの弁護士さんたちは立派です。それに比べて先生はオウムの肩ばっかりもっている」と非難されています。弁護士さんたちが、坂本事件から入ったという点は非常に不幸だと思うんです。でもその不幸と区別できるところに専門家たるゆえんがあるのではないでしょうか。専門家が、被害者を憎しみへと煽るのではなくて、かれらが本当にもう一度生きられるように一緒に考えてあげることこそ、人権運動の重要な実践だと思います。社会の人権の擁護者として特権的な地位を保障されている弁護士さんに期待したいんですが、近年どうも、体制側にすっかり飲み込まれているような気がしてなりません。

笹原 弁護士の人権教育が必要ですね。

福田 そうです。海渡さんや安田さんのような方ばかりじゃないということです。

――じゃあ時間が来ましたのでこれで。長時間、ありがとうございました。

（二〇〇〇年三月一五日、早稲田にて）

福田雅章（ふくだまさあき）一橋大学、子どもの権利を守る国連NGO・DCI日本支部代表。
海渡雄一（かいどゆういち）弁護士、監獄人権センター事務局長。
笹原恵（ささはらめぐみ）静岡大学、フォーラム・イン静岡。

死刑「執行」の論理を問う

——再審請求中の執行は許されない

佐々木光明

一、あなたはそれをよしとしますか？

再審請求をしている者が死刑の執行をされる。再審の準備を懸命に続けている者を処刑する。そのようなことを、ひとりの市民としてよしとしますか？　または、やむを得ないことといってしまえますか？

死刑の執行と人数だけは政府から発表されるようになったが、その実体は相変わらず何もわからないままである。死刑の「執行」とはどのようなものなのか。執行に関わる手続き、それに関わる者、その大部分が明らかにされていないが、「執行」に関わってかいま見えるところからあらためて「死刑」の残虐性、運用の恣意性、違法性を考えてみよう。

二、近年の「執行」から見えてくるもの

一九九八年には六名、一九九九年には五名、二〇〇〇年に三名が執行されているが、いずれも死刑確定者として長期の在監者である。九八年一一月名古屋拘置所で執行された西尾、井田死刑囚は、九年、一一年にも渡る。また、一九九九年九月一〇日の東京拘置所で執行された死刑囚は、六三歳。仙台拘置所、六二歳。福岡拘置所の場合は七〇歳と、高齢者の執行でもある。一人は、恩赦の請願を棄却されたばかりであった。さらに、一二月一七日の小野さんの執行は、再審請求中の執行であったし、佐川さんは人身保護請求が出されていた。いずれも裁判所の決定を待たずに執行されている。二〇〇〇年一一月名古屋拘置所執行の宮脇喬さん（五七歳）は、一九八九年一二月に判決を受け一九九四年三月に確定しているが、一九約一一年間を死刑囚として過ごしている。同じ名古屋拘置所の藤原清孝（旧名：勝田清孝）さん（五二歳）は、一九八六年に死刑を宣告され、約一五年。福岡拘置所で執行された大石国勝さん（五五歳）は、一九八三年五月に死刑宣告を受け、約一八年を死刑囚として過ごしている。

九三年からの執行再開後に見られた幾つかの特徴が、この三年の間を見ていっそう強く感じられる。

一つは、これまでも指摘されてきたところだが、国際社会への日本政府の死刑存置の強い意思表示である。九三年の執行の時もそうであるが、九八年一一月の執行は、その二週間

前の一一月六日に国連自由権規約委員会が「日本の死刑制度は、国際人権規約に違反しており、日本政府は死刑廃止に向けた措置をとるべきである」と日本政府に勧告した時に行われている。また、委員会は死刑囚の処遇状況についても特に「市民的および政治的権利に関する国際規約（自由権規約）」の七条および一〇条にしたがい、拘禁施設内での処遇状況を「人間的」なものとするよう求めていたにも関わらず、執行をあえて行っている。一見、日本政府の独自の姿勢を強調しているようにも思われるが、国際人権論の深化と刑事政策の国際化のなかで、それに対して何らの回答も用意していない無責任なものだった。問題の根深さは、何をもってして執行への強い意志を示すのか、自ら批准した条約の精神にあえて従わない如何なる確信に基づくものなのかについて、全く考慮した形跡がないことである。明確な姿勢と論理を示さないまま、執行だけを「粛々と」積むというのは、国際的要請に対して無責任なだけでなく、死刑確定者への残虐さを示すものでもあるだろう。

二つ目は、政治的判断の優先である。先の国際社会へのメッセージを明確にするために、死刑の「執行の日常化・定期化」を意図し、時期を選定している点で極めて執行が「政治的判断」の強いものになっている点である。二〇〇〇年一一月三〇日の死刑執行は、森喜朗首相となって以来、初めてであるが、国会の閉会の前日、内閣改造の直前、レイムダック状態の法相のもとで行われている。なお政府は、死刑制度の宣明効果をねらったのか中村正三郎法務大臣が九八年一一月一〇日の閣議後の記者会見で、死刑の「執行の有無」および「執行人数」を公表する方針を発表し、同月の執行でそれを実行し、以後も踏襲している。しかし、死刑制度に関する基本的情報が公開されていないなかで、その密行性と秘密主義は何ら変わるところではない。

これまで「執行の時期」については、相変わらず国民の休日や週末、国会が休会中で政治家やメディアによる注目を回避できる時、などに執行されてきている。

三つ目は、執行の恣意性である。高齢、精神的疾病療養、再審の準備中の者など、従来であれば執行しにくい者について、あえて執行していることである。つまり、死刑維持の政策実現のために、「執行」の対象者が選別的になされていることである。その先鞭は、九七年、少年による残虐な事件が相次いだときの永山則夫（連続ピストル射殺事件）の執行に見られるが、再審請求の準備中、恩赦請願の却下決定、長期収監といった条件を持つ者の執行によって、現行死刑制度の確実で普遍的な適用を演出しているといえよう。アムネスティは、執行が危惧される死刑囚について、二〇〇〇年六月六日と九月五日の二度に渡って政府に執行中止を強く求めているが、その対象者について「執行が懸念される九人のうちの四人は人身保護請求を昨年一二月に申し立て、また再審請求を申し立てた人が一人いる」と指摘している。こうした危惧は、現実に一九九九年に処刑された五人のうち、人身保護請求中の者が一人、また再審請求者が一人いたことから出ている。

三、死刑「執行」をめぐる論理と実状

死刑執行のたびに、死刑の是非の議論は提起されるが、「なぜ執行されるのか」についても十分な検証が必要だろう。

たとえば、一九八九年から一九九三年の三年間、死刑の執行はおこなわれなかった。事実上の執行停止期間には、国際的には死刑廃止条約が採択されたり、国内でも元大臣や議員が死刑に関する見直しの意見表明をしていた。死刑制度の存廃について世論の多くは死刑を支持していると法務省などはしばしば述べてきたが、この死刑の執行がなかった時期、いわゆる世論から執行されないことによる問題が提起されていただろうか。また、執行要求とまで行かずとも、執行がないことへの批判が出ていただろうか。

そうした批判は、あまり報道でもお目にかかったことがない。では、何を契機にして、執行が行われたのであろうか。それは九三年の死刑執行再開でもその後の執行でも同様だが、法務大臣の「法の要請に従った」判断である。法務大臣の政治的判断が執行命令という形で現れ、死刑制度は具体的に動き出す。

たしかに、「執行」は、「死刑判決」などとならんで「死刑制度」を具体化する重要な装置の一つであり、制度を具体的に担保するものである。ただ、「執行停止論」が提起されているように、執行がされなければ死刑を論じることができないわけではないことからすれば（死刑の必要条件ではない）、「執行」はそれ独自にその意味について検討される必要がある。法務大臣の執行命令権限の性格と論理を検証しておくことは、「死刑執行」停止を考える上で重要と思われる。

（1）これまで「執行」は何を解決したのか

法制度の運用は、本来、何かしらの問題の解決を射程に入れている。さて、死刑「執行」は、何を解決するのだろうか。政府が説いてきた「法秩序の維持のため」に執行が行われるということになろうが、法の秩序は維持されることになるのだろうか。執行で何が解決したのだろうか？

「法秩序の維持」とは、国民の法への信頼を基礎にして、法による社会統制の実効性が確保される法制度の具体的運用をいうのであろう。しかし、現実には、たとえば殺人の被害者遺族などが心情的に極刑を求めていたとしても、すべての殺人事件で死刑が適用されているわけではない。つまり、世

論が立脚している被害者感情・応報感情は、個別の悩み苦しむ遺族の問題を解決してはいないのである。いわゆる世論も、九三年までの執行がなかった時期に、法への信頼が揺らぐといってその解決のために死刑執行を要求したり、執行がなされないことへの批判をしたわけではない。死刑の「執行」は、考えるべき課題・問題を隠してしまう。

(2) 法務大臣の執行命令の論理と基本的課題

九三年三月に後藤田法務大臣は「確定している者の執行は、法務の仕事に携わる者として大事にしないと、法秩序そのものがおかしくなる」と就任後の記者会見で述べて、次の三ケ月章法務大臣も「裁判所が真剣に三審までやったのを最後の段階で執行しないのは、訴訟法の精神に反する。死刑反対の信念を持っている人は法曹を引き受けるべきではないのではないか」と発言したことは周知の通りである。この発言を受けて九三年には七名の大量執行が行われることになるが、その論理に伏在するものから、あらためて本来の法務大臣の死刑執行命令の意義を確認しておくことが、「執行」停止の論理を探るうえで重要である。(この点に関しては、福田雅章『死刑執行　法務大臣の義務か』自由人権協会、新村繁文「死刑執行命令は法相の義務か」青森大学地域社会研究Vol5が詳しい)

先の論理にあるのは、第一に、所管事務が「適切に運用されてこなかった」ことによって、法秩序の安定の危機を危惧する形式的法治国家観である。政治家としての役割論はそこには介在せず、法の要請への主体的思考は存在しない。三ケ月氏の三権分立の相互不可侵論も、民主主義が本来的にもつ相互チェック機能について見落としている。

第二には、法務官僚のもつ死刑制度の存続に対する危機感に対する最高責任者としての政策配慮といえる。官僚の危機感と政治家としての政策思想との緊張関係として捉えることも可能だが、組織維持責任者としての内向きの発想が強く出てきたものである。

死刑の執行は、判決確定日から六ヶ月以内に法務大臣の命令によりしなければならず(刑訴四七五①②)、また、執行命令から五日以内にその執行をしなければならない(刑訴四七六)。しかし、刑罰の執行が検察官によって指揮され、かつ裁量的な執行停止(刑訴四八二)規定も置かれるなかで、なぜ死刑だけが法務大臣による執行命令を介在させているのか。福田雅章教授は、その点を①任意的な死刑執行停止規定がなぜ死刑にはないのか、また②刑の執行に関する異議申し立てが検察官に対して認められていながら(刑訴五〇二)なぜ法務大臣の命令には異議の申し立てができないのか、という点から導こうとする。そこでは、仏教者として良心的執行拒否をした佐藤恵元法務大臣を例にし、またフランスのディスカール・デスタン元フランス大統領の政治的・人道的な判断を例示しつつ、「もともとこの執行命令の中に包括的な政治的人道的な配慮を予定して解釈するとき、合理的に説明できる」とする（福田・前掲書一〇—一一頁）。

ところで、法務大臣の執行命令について、法務総合研修所発行の「執務事務解説」（一九八九年三月・五訂）の第三章刑の執行第一節「死刑の執行」がある（『創』一九九四・一二）。「裁判の執行を法務大臣にゆだねるという例外規定が設けられた趣旨は、死刑が人の命を奪う極刑であって、いったんこれを執行するときは、もはや回復することができないから、その執行手続きを特に慎重にする必要があるばかりでなく、死刑が確定してもその執行を免れさせるために、特赦、減刑等恩赦をすべきでないかどうか調査し、その後において執行を決定する必要があるからである」というのだ。この資料から、刑の執行を免れらせるために最大の努力を払うことが、法務大臣に求められていることがわかる。

つまり、法務大臣の執行命令は、政治家として憲法の理念、取り巻く国際社会の動向、死刑に対するヒューマニズムといった視野の中で判断することが求められているのである。また、法務大臣には、法務省の設置目的である人権擁護等を考慮した視点も求められる。

（3）死刑確定者のおかれた状況と「執行」の「恣意性」

「執行」を死刑確定者の観点で見るとき、執行の直前まで何年にも渡って厳正独居拘禁を強いられ、外部との通信を最小限に制限されながら、いつ刑の執行（絞首刑）を受けるかを知らされることなく、ある日突然に執行を告げられることになる。執行が家族や弁護士に事前に知らされることも無い。死への準備なく、奈落に突き落とされることになる。「二、三人が足をそろえてくるでしょうが。最初は風が吹くようなさわさわとしたとしてですね、次第に靴の音に変わってきますから、自分の独居の前に止まるか、独居の前を通るか、その瞬間ですよ。自分の独居の前を通ったらホッとしますけど。靴が近づいてくるまでの瞬間というもの、表現できません。体ぎゅうっと締まってですね」（田丸他編『死刑の現在』太田出版、一二〇頁）と、元死刑囚の免田栄さんはその恐怖を語る。

一方で、執行する側にも大きな負担を強いる。執行に携わった元刑務官は、担当に世話になってるということで「奥さんに宜しくいって下さい、どうもありがとう、といって翌朝行ったら、屍一個になっていたこともあります……私と死刑囚では味方でも敵でもないでしょう？」一般社会感情からは極悪非道の者で「早く抹殺したほうがええということになるかもしれんけど、一緒に生活していればとてもそんなことはできません」という。また、その死刑囚は、宣告の時「血の気がさっと引いてしまいますからね。ガクガク痙攣起こしてるんやねえ。こめかみから、額から、激しく揺れますもんねえ。かわいそうだと思っても、そりゃ、どうにもならん話だからねえ」。また、かなりの数の執行に携わった元看守部長は、「いままで、一五秒前まで私の手を握りしめて先生お世話になりましたなあ、ありがとうございました、って言うてた人間が、もうものいわん人間になってるんです。…刃物を持って向かってきたら私も闘争心を起こすんですけど、手を合わせて拝まれましたらね。わたしも人間の本性にかえりますよ」（田丸編前掲書、二二一―二二三頁）。

こうした執行宣告や通知の状況は、死刑囚の死への恐怖を増幅させる「仕掛け」としての「執行の恣意的な運用」以外のなにものでもない。いつ自分が執行されるか終始、緊張の中におかれることは極めて非人間的な扱いであり、残虐である。また、執行官である刑務官にとっても、内発的な憎しみを持たないまま死刑に関わらざろうえない苦しみは、死刑の持つ「二重の残虐性」といえるだろう。

死刑確定者の処遇原則を持ち出すまでもなく「残虐な刑罰」を禁じた憲法に反する。

日本の死刑囚の処遇状況を示す事件があった。一五年間を死刑囚としてすごし、一九九九年一一月八日札幌拘置所で、入浴の最中に剃刀で自分の首を切り自殺した太田勝憲氏の事件である。死後、彼の房の中から一九九九年一一月七日に書かれたと見られる遺書が三通見つかったという。この自殺事件は、死刑囚の置かれた状況を推察しえ、当局の死刑囚への処遇上の配慮について、疑問を投げかけるものであった（『アムネスティ国際ニュース』一九九九年一二月一六日号）。死刑判決および死刑執行数は、ここ数年その数を増し、一九九三年以降、執行数は合計三九件にのぼる。二〇〇〇年八月三一日現在、一一三人が死刑を言い渡されている。

四、再審との関わりで考える「執行」の基本的問題

（1）死刑確定者の刑の「執行」と地位論から

自由刑受刑者の拘置自体が刑の執行に当たるのに対して、死刑確定者は、刑の執行が処刑であり、その間については執行待機として未決拘禁者と同様に解するとしている（監獄法九）。しかし、実際は、通達「死刑確定者の接見および信書の発受について」（昭三八・三・一五矯正局通達）に基づいた「心情の安定のため」といった理由で、自由刑受刑者以上に制約されたものになっている。死刑確定者の心情の安定は、本来、内発的なところから生まれるものであり、「執行の待機期間」はそのための時間として認識されなければならない。この拘置、基本的に社会復帰を前提としない処遇となっているが、当然なのだろうか。現実には、再審によって死刑囚から社会人として世に出てきた人々が存在する。たとえば、三四年六ヶ月もの長きにわたって再審を闘い、一九八三年七月、

死刑囚として初めて再審無罪となった免田栄さんは、社会復帰した後も地域社会生活での苦心がたえなかったようだ。こうしたことから、「執行の待機」とするならば、最低限、一般受刑者以上の自由制約を避けることによって間接的にでも自らの安定を実現する処遇が考慮されるべきである。

（2）再審請求と「執行停止」の構造

一九九九年一二月一七日、臼井法務大臣の命令で、再審請求中の小野照男さんの死刑が執行された。無実や事実誤認を訴え、裁判所の判断が示される前の執行は、およそ市民的感覚からは納得しがたいものだが、問題の焦点はどこにあるのだろうか。

再審請求は「言い渡しを受けたものの利益」のために認められている（刑訴四三五）。その保障しようとしたところは憲法が保障する「裁判を受ける権利」であり、無辜の救済である。確定判決後であっても最後まで人権保障をはかろうとする刑訴法は、配偶者等近親者に請求を限定しつつ死後再審を認めてもいる（刑訴四三九条①四）。それは、死亡した場合であっても当該「本人の利益」を徹底して具体化しようとするものであって、生存中の保障を最も優先するものである。死刑執行で、あえて生命を剥奪することによって、再審規定の精神を奪うことは、再審の趣旨からしても許されないであろう。死刑確定者であっても、人権保障の光が届くことに大いに留意する必要がある。

なお、上記のように立論したとき、再審の請求は刑の執行を停止する効力を有しない（刑訴四四二）、とする刑訴法との関係をどう考えるかであるが、自由刑や財産刑などの生命剥奪を伴わない確定判決の執行力（刑訴四七一）を担保することとの関わりで考えることが必要であろう。つまり、検察官が確定判決の執行の指揮をとるが（刑訴四七二）、死刑の執行の場合のみ法務大臣の執行命令がなければ執行できない構造になっている。この、検察官の確定判決に対する「執行権」が自由刑・財産刑において保障されていることからすれば、死刑確定者による再審請求における「執行停止」とそれ以外とは別の観点から考えることが必要と思われる。それは、死刑執行の承認権を持つ法務大臣の執行命令の内実が、人道主義・国際人権尊重を基礎にすべきことをどう考えるかである。

再審請求者の裁判を受ける権利の実質的保障、再審請求を審理する裁判官の実質的な裁判権の保障（憲七六③）という二つの側面からすると、死刑確定者の再審準備ならびに再審請求中の死刑執行は、こうした権利を著しく侵害することになり、許されないものである。

［**佐々木光明**（ささきみつあき）三重短期大学］

音の力

DeMusik Inter 編　2200円＋税

ロック、ジャズ、クラシックからラテン、サルサ、アラビックブルース、ジプシー音楽、沖縄島唄、東京チンドンまで、時代を飛び、世界を股に掛け、今一番熱い「音の力」を集めた音楽冒険集。図版・資料・ディスコグラフィー多数。

音の力〈沖縄〉　コザ沸騰編

DeMusik Inter 編　2200円＋税

沸騰する「歌の戦場」。コザの街に渦巻く「音」。「チコンキー」普久原朝喜の時代を経て、戦争、基地、ベトナム、コザ暴動、「島うた」の復興と隆盛。そして……。沸騰するコザの街で繰り広げられた怒濤の音楽――歴史の中も身振りを想起する。貴重なインタビューと斬新な論考により「沖縄音楽」にかつてない視座を提供する第1集。

音の力〈沖縄〉　奄美/八重山激流編

DeMusik Inter 編　2200円＋税

奄美、八重山、宮古……。琉球弧に暮らし、旅し、流れる人々。幻の故郷に帰還する移民たち。忘れられた「うた」をすくいあげる記憶の旅。私たちはどのような「沖縄」に向き合うのか―音の力〈沖縄〉第2集。

破壊的音楽

平井玄 著　2800円＋税

1884年のウィーンから1994年のエルサレムまで。凶暴な音の吹き荒れる衝突空間から、渾身の力を込めて放つ22世紀に向けた音楽思想論。気持ちいいだけの音楽を破壊する。「それは音楽の分子革命への第一歩となるだろう」（浅田彰）。

アートアクティヴィズム

北原恵 著　2300円＋税

街を駆けめぐるゲリラ・ガールズのポップで過激なアート、移民、カラード、レスビアンのカウンターアート、女によるペニスの表象――古くさいアートの殿堂を後目に、男性中心社会をジェンダーの視点で鋭く狙撃するアーティストたちの「息づかい」が聞こえてくる。

攪乱分子@境界　アート・アクティヴィズム2

北原恵 著　2500円＋税

男／女、西洋／東洋、／公的／私的、／支配被支配、ハイアート／ローアート、あらゆる境界上において攪乱を企てるアーティストたちの世界！　女性によるヴァギナの表象、性表現と検閲、日本の美術界におけるジェンダー論争など、アートをめぐる諸問題を顕在化させる気鋭の美術評論。

復員文学論

野崎六助 著　2000円＋税

「全共闘パラノ派の底力を見せてくれる快著」（上野千鶴子）、「時代の表現者どもを文体のマシンガンで片っ端から銃撃していく」（平井玄）。作家・評論家・劇作家、野崎六助の幻のデビュー作！

1999年9月10日の執行

●99年9月12日の死刑執行抗議集会での発言から

事実経過について

フォーラム90　岩井　信

1　法務省からの「怪文書」

九月一〇日（金）の午前十一時半頃、港合同法律事務所に第一報が入りました。記者クラブのメディアからの電話でした。すでにその時点で、法務省から一通のFAXが記者クラブに送付されていました。

「本日九月一〇日（金）死刑確定囚三名に対して死刑の執行をしました」

たった一行しか書かれていないFAX。そして、それを受けた記者から、誰が執行されたのかという問い合わせがきたというのが第一報だったわけです。これは、九八年一一月四日に当時の中村法務大臣が死刑の執行の数と執行の事実を明らかにする、と話したことからはじまったのですが、このFAXをみると、法務大臣の名前もありません。発信者の名前も、誰宛に送る、という宛先もない。普通こういう文書は「怪文書」と呼ばれるものです。まず、これが、法務省がこの間言っている「執行の事実を公開する」ことなんだということを知る必要があると思います。

死刑に関する「情報公開」の意義として、一つは死刑制度の是非について市民が十分に議論する前提になるものでなければならない、二つには、政府による恣意的な死刑の執行、それを監視するための情報公開でなければならない、と訴えてきました。しかし、このようなたった一行の、事実の検証もできないような「情報公開」しかなされていない、ということを私たちは知るべきだし、これは以前執行抗議集会で安田弁護士が言ったように、まさに「負の情報公開」です。

2　仮釈放と死刑

九三年三月に執行が再開されてから、この七年間に、三十四人の死刑囚が執行されています。再開以前の七年間では七名ということなので、実に五倍もの大量執行が続いているという状態です。

今回死刑の執行命令を出した陣内法務大臣という人は、もともと建設省に入省し、ずっと河とダム一筋という役人生活を送っていた人で、法務行政とはなんの関わりもないとメディアで紹介をされていた人です。前回の中村法務大臣がワンマンタイプの発言をして物議をかもした人でしたから、その次には、官僚出身の官僚の言いなりになる法務大臣が選ばれたということだと思います。

この陣内法務大臣に対しては、死刑の執行があったその日の一時半に、さっそく保坂展人、福島瑞穂両衆議院議員が抗議の面会に行っています。そのとき法務大臣は「内容はしっかり検討した」と答えたそうですが、「なぜこの三人なのか？」という質問にはまったく返答に窮して、結局「三名の書類がまわってきたから」という返事をする有様だったそうです。

今回の三名はいずれも仮釈放中に再度事件を起こして死刑になった人たちですが、ちょうどその直前に、朝日新聞が大きく無期懲役囚の実態を伝え、金嬉老さんが三一年ぶりに仮釈放されて韓国に行ったということが大きく報道されていました。仮釈放を安易に使わせない、仮釈放をすると再び事件を起こす、それに対しては厳しくいくというメッセージがこの三名の執行に隠されているのではないか、という思いがします。

3　死刑と無期の間

同時に、この間、無期と死刑との間で様々な議論が繰り広げられていることも無視できないと思います。この一年の間で何があったかといいますと、例えばオウム裁判で遠藤被告人が供述の任意性について争っているんです。それは何かと言うと、遠藤被告人は取り調べの際、検事から「認めれば助けてやる」と言われて、死刑求刑をしないと約束されたと思って意に反した供述調書の署名に応じてしまった、と裁判で争っているようです。

また別の裁判では、横山被告人の弁護人が、喋れば無期で喋らなければ死刑か、という弁論をしたと報道されています。これはオウムの林被告人に対して検察は無期懲役を求刑したのに、なぜ横山被告人の場合は死刑なのかということですね。つまり、話せばもしくは悔いたと言うことが死刑か無期かの分かれ目でいいのか、ということが、オウム裁判との関係で非常に大きくクローズアップされてるのです。逆に言えば、死刑そのものには犯罪抑止力がないとしても、捜査当局の尋問の「手段」としては大きな力を依然としてもっていますし、だから死刑を手放せないのです。

今年の四月二八日には東京高裁が無期判決を破棄して死刑にしたという事件がある一方、今年の六月二三日には死刑が破棄されて無期になる、ということもありました。そして、この間無期懲役判決に対して検察側が最高裁に上告するということが立て続けにありましたが、その内の二件については口頭弁論の日程が立て続けに入っています。そういうわけで、無期と死刑との間で議論が大きくなっているのです。

つい先日も、弁護士の妻が殺された事件においても無期と死刑の間が議論されて、検察側は「被害者の数が唯一絶対的な死刑の基準ではない。もし一人だったら死刑にならない、ということであれば秩序が保てない」というコメントをしています。しかしこの間の検察の主張というのは実は矛盾しています。検察側上告事件では「客観的な事実それだけで判断すべきだ、被告人が悔やんでいるとか被害者に詫びているとか主観的な事情は考慮して死刑にしないというのはおかしい、基本的に客観的事実で決めるべきなのだ」と主張しながら、林被告や今回の弁護士妻殺害事件の中では、むしろ客観的な事実である被害者の数については考慮しないで、大勢が殺された事件で無期求刑が、一人が殺された事件で死刑求刑をしているのです。まったく検察側の主張には一貫性がない。そうした中で、捜査段階での死刑の威嚇力が「発揮」されながら、死刑が強行され続けているのです。

4　今後に向けて

　では、今後どうするか。これは皆さんと一緒に考えていきたいことなのですが、例えば今年の五月三〇日の松山地裁で、いわゆる後藤田裁判というのが提訴されました。これは後藤田元法務大臣が自分の回顧録の中でなぜ自分が死刑の執行を再開したか、それは四国の死刑廃止フォーラムがやった世論調査で死刑の存置を認めていたからだ、と大雑把に言えばそうした意図的な「誤解」に基づく記述について、裁判を起こしたということがあります。

　また国際的な動きとして国連の自由権規約委員会が死刑廃止に向けて勧告がありました。これについては日弁連が作った「代用監獄・死刑・刑務所」というジュネーブの審議をコンパクトにまとめた非常に立派なパンフレットがあります。さらに、国連人権委員会では死刑廃止に向けた決議も出ている。

　そして国内では、仏教界、各宗教団体からも死刑廃止を求める声が大きくなっています。天台宗とか真宗大谷派そうした各団体が死刑に対する立場を表明し、いのちの絵画展を開催しています。

　具体的な新しい試みとしては、死刑廃止議員連盟が法務大臣と面会したときに、刑場視察を申し入れています。今までなぜか「法務委員会」メンバーでなければ視察が出来ないと語られてきましたが、そのメンバーでなくても視察はできると法務省の刑事局長も言及したということです。人身保護請求の合間を縫って執行されたということに対しても、問題を提起していく必要があります。

　今年は死刑廃止条約が採択されて一〇年です。もう一度原則に戻って、やるべきことをやっていきましょう。

人身保護請求と今回の死刑執行

弁護士　山崎　吉男

1　人身保護請求について

　私は、応報刑つまり目には目をというのは現代の法ではない、法は「理性」でなければならない、国は人を殺すなと言っている以上、国は殺してはいけないという「理性」を持ったものが「法」だと思うので、死刑廃止の立場です。

　人身保護請求について簡単にお話します。これには特別の法がありまして、違法な身体拘束がなされている場合の救済ということで認められた法制度ですが、一般的には離婚訴訟で勝訴しても親権者の元になかなか子どもを返してくれないというときに使われる位の、あまり例のない特殊な法です。この法は、利害関係のない誰でも申立てが出来ます。そして申立てがあった場合、裁判所は他の事件に優先して迅速に処理しなければならないということになっています。

2　決定による棄却を予想していた法務省

　福岡地裁へ申し立てをした後のことですが、前回安田弁護士のやった申立書の時と違って、まず裁判所から連絡があったことといえば、申立ての九月一日の翌日に印紙が多すぎますという程度のもので、それ以降一切ありません。そして九月七日の午前中に、裁判所から初めて電話があって「決定が出ました。二時半までに取りに来なければ送ります」と連絡が入りました。日程をいろいろ考えて翌日九月八日の送達を受け取りましたが、法的には「確定」していない時にまさか執行などはしないだろうと判断して、特別抗告申立てを期限ぎりぎりの九月一三日にすることにしました。

　ところがご存知のような結果になりました。裁判所とのやり取りもなくて、そのときの「決定」を見ますと指定代理人の記載がありません。国側もまったく答弁書も出していません。これはどういうことなんだろうか。人身保護請求では、一週間以内に必ず法的に審問をしなければならない、その時には答弁書に基づいた陳述をしなくてはいけない手続きなのに、そして実際に前回の場合には答弁書を出すなどのやり取りがあったのですが、なぜ今回は指定代理人もなく答弁書も出さなかったのか。国は「決定」による棄却ということを当然に予想していたのではないか、という気がします。それが東京ならまだ分からないこともないのですが、福岡で起こして、どういう裁判官がどういう裁判をするのか分からないのになぜだか答弁書を出していない。しかも一週間の審問期日まであったにもかかわらず答弁書を出していないということは、当然に「決定」による棄却を予想していたのではないか。

3　自分で考えない裁判所

　そして「決定」の内容ですが、前回の安田弁護士のものとまったく同じ文言です。前回は五ページ弱の内容でしたが、今回はその中の途中二ページ強の部分を省いて前と後ろがピッタリ同じ、中だけ抜いています。

　裁判官というのは、私たちがこういう判例があると指摘してもなかなか自分で調べようともしないし、調べる能力もないんですね。しかも前回の場合は決定を受け取る前に請求を取り下げているので、実際には無かったと同じなんです。私も自分の判例検索ソフトを探しても出てこないし、判例時報とか判例タイムズなどにも載っていないと思うのです。にもかかわらず、それを裁判所は入手して、しかも同じ文言で書いている。かつ、真中が抜けているのですが、それはなぜかというと、前回の安田さんの場合、死刑執行を停止しろという当初の申立に加えて、予備的主張が後から出されています。つまり、いま確定囚が置かれている状況は違法な状態、人権侵害という違法な状態なので適法な拘束状態ができる拘置所に移転させよ、ということです。今回はこの予備的主張をはじめから書いたのですが、さらに、新たにもう一つ予備的請求を付け加えました。拘置所が変らなくても、とにかく違法な拘束状態から適法な拘束状態にしろという予備的請求です。ところが、これについては一切答えがなく、前回の安田さんの予備的請求に答えた部分である真中を抜いて、前と後だけの文言があるだけなのです。請求内容の違いをまるで考えていないわけです。

　先ほど最高裁への通知とか連絡と言いましたが、これは最高裁に報告をするという一方的なものです。裁判官の独立があるはずなのに、簡単に手に入れることができない決定が入手されてそれと同じ文言で、それも前回と違う内容の申立てであるにもかかわらず、それに一切答えていない決定が出たわけです。こういう検察側の対応と裁判所の対応からすると、司法と行政が一体になって処理している、完全に密着しているとしか思えない。特別抗告をするまでの間に執行を強行するというのは、それこそ法の手続きを無視した暴挙であると思います。

4 本当に執行されているのか

それで、今後の対応をどうするかを考えてみるとですね、執行が本当にあったとするなら申立て、訴えの利益が無いし、逆に今回申し立てをして、かつ執行されなかった佐川さんは今すぐ執行の危険はないのではないか、と思ってもいました。しかし、先ほど岩井さんがおっしゃっていたようにこれはあきらかに「怪文書」です。発表自体が三人を執行をしたとしか公表していないで、なぜ名前が出るのかおかしいではないですか？　マスコミだけに特権としてリークしているのであればおかしい。新聞には関係者からの情報によるとありますが、そうすると公表してはならないものを流している。ということはこれは公務員ですから守秘義務違反になりますね、当然懲罰もしなければならない。

しかも必ずしも本当のこととは限らない、証拠に基づかないわけですね。執行されたという客観的な資料というのがない。執行されていないかもしれない、あるいは執行前に心臓麻痺で死んだかもしれない、死んだのは本当としても執行されたかどうかは分からない。このように非常にイイカゲンな公表だったわけです。ということで、特別抗告は佐川さんをはずして、むしろ執行されたと報道されている死刑囚の方についてやろうかなと思っています。つまり、こちらは裁判をしているのですから、執行されたということに連絡も通知もないので、請求人には利害関係があるということで法務省へ情報開示を求めたらどうか、そういう手段もとれるのではないかとも考えています。

5 動かなくてはならない

とにかくこういうことをされて動きを止めてはいけない、落ち込んではいられない、客観的な証拠がない以上、まだ亡くなっていないかもしれないから冥福を祈るわけにはいかない。動かなくてはいけない。

こうした運動というのは少数者の人権なので、多くの方がなかなか受け入れてくれません。地道に、まず身近な人に話したりするなどをしてがんばって動くしかないのですね。私もこれからもがんばっていこうと思っています。

執行された三人の死刑囚

死刑廃止の会　菊池さよ子

1 仮釈放中の死刑事件

今回処刑された方全員が無期懲役刑を受け、仮釈放中に事件を起こした結果死刑の判決を受けた人たちでした。無期刑の仮釈放中に新しい事件を起こして死刑判決を受けるというのはどういう意味であるかを考えたいと思います。

これは一審で死刑判決が出ると同時に、前刑の仮釈放が取り消しになります。したがって、新しい事件で公判中であっても前刑の仮釈放が取り消しになるために、一方では服役囚になります。つまり受刑と未決の両方の身分併用になります。つまり無期刑の受刑を強制されるわけですから、私たちが手紙を出しても本人には届かない、面会も出来ない、家族と弁護士以外の一切の交通が遮断される、いわゆる無期懲役刑と死刑事件の被告人という両方の身分です。

私は長年、死刑判決が出た人には手紙を書いて、返事がくれば事件の内容を聞いたり、裁判の様子、弁護士は誰がついているか、家族との関係はどうかなどの手紙のやり取りをして、本人からいろいろな事情を聞き出して、場合によっては面会に行ったり裁判を支援したりという活動をしてきました。しかし、この三人に関しては私だけでなく、誰とも死刑廃止運動の内部の人間との交流は一切ありませんでした。ですから残念ですが、この三人についての情報はほとんどありません。

2　佐藤真志さん

佐藤真志さんは六一歳でした。事件は一九七九年の七月二八日、東京都北区のアパートで近所に住む顔見知りの三歳の女の子に乱暴しようとして、首を絞めて殺害したという事件です。残念なことに佐藤さんは、前にも同じような事件を、山口県で一九五九年にやはり七歳の女の子を殺害するという事件を犯していました。この事件で彼は無期懲役の刑を受け、一九七四年に仮釈放になっていました。それからわずか五年後に今回の事件をおこしたということで、被害者は今回の事件では一人であったとしても、前にも同様な事件を起こして、しかも前刑が無期懲役であったということで死刑を言い渡されたと思います。一九八一年に東京地裁で死刑判決を受け、一九八五年に東京高裁で控訴が棄却され、一九九二年二月に最高裁で死刑が確定しました。七年七ヶ月後に今回の死刑執行を受けています。

彼の場合、身寄りの人がまったくいないということで、一審、二審、三審それぞれ国選弁護人です。私もそれぞれの国選弁護人と連絡をとりました。裁判の記録等があれば欲しいと話したのですが、判決からだいぶ経っているので手元には記録は無いということでした。他の弁護士にも連絡を取りましたが、返事を頂くことはできませんでした。親族も誰も彼に面会していないようだし、刑が確定してからは、誰からも文通も面会も一切無かったのではないでしょうか。非常に孤独な中での執行だったと感じます。

3　高田勝利さん

高田勝利さんは六一歳です。事件は一九九〇年五月二日に福島県の彼の住まいの近所にある居酒屋の女性経営者を殺害して二万五千円の現金を奪ったというものです。彼も仮釈放から三ヶ月後に今回の殺人事件を起こし、死刑判決を受けました。彼の事件は九〇年の五月に起きたのですが、九二年六月福島地裁の郡山支部の一審で死刑判決を受けました。彼ははじめから控訴しない意思表示をしていました。国選弁護士がついていましたが、本人が控訴の意思が無いということを確か新聞等で知ったものですから、私はその国選の弁護士に電話で「本人がどうであれ、ぜひ控訴をしてほしい」と話したのですが、本人が控訴を望んでいないし、私は死刑制度に反対はしていないので控訴はしません、とはっきり言われました。

高田さんは確定後仙台拘置所に移されましたので、仙台で活動している死刑廃止連絡会の人たちとなんとか接点を持てないかと相談してきました。高田さんはお父さんが不明という中で生まれました。その後お母さんもすぐに死亡しています。幼い頃に身寄がまったくなくなったため、母方の祖母に引き取られてお母さんの兄弟の子どもと一緒に育てられてきました。高田さんには前刑のときに身元保証人になってくれた親戚の人がいますが、その人の奥さんが、今回の事件でたまたま証拠のサンダルを発見して警察に提出したことが逮捕のきっかけになったのです。高田さんは一審の公判中にその奥さんに宛て「あなたのやったことは一生忘れません」という恨みの言葉を書いてきているんですね。これは脅迫状にあたるということで、判決文でも、本人が反省していないことの根拠とされています。親戚の方はそうしたこともあって、自分としては高田さんと面会をしたり何とかしてやりたいのだが、妻が非常に恐怖感を持っている、彼には二度と出てきて欲しくないのだと。だから自分としては複雑な思いだけれど、妻のことを思うと動けないのだ、ということを話されていたそうです。

4　森川哲行さん

森川哲行さんは六九歳です。福岡拘置所で死刑が執行されました。この人も不幸な生立ちのもとで家庭環境に恵まれず、結婚をしたけれど奥さんに暴力を振ったりして離婚話になり、それがもつれまして奥さんの親戚に何度も押しかけていくということを繰り返しています。彼が前刑でやったことも、別れた奥さんの母親を殺し親戚にも怪我をさせたということで、殺人と殺人未遂で無期懲役の刑を受け、そしてなぜか彼は二度仮釈放を受けているのですが、その後仮釈放中の八五年七月にもう一度奥さんの親戚を尋ねていって別れた奥さんの居所を教えろとしつこく尋ねたのですが、拒絶されたことから、その親戚の女性と養女を殺して現金三八万円を奪ったという事件で、彼は死刑判決を受けています。彼の場合も身内がいないこともあって、別れた奥さんに対する執着が強くて何度も同じような内容の事件を繰り返していたようです。八六年の八月に事件からわずか一年後に熊本地裁で死刑判決を言い渡され、その翌年の八七年六月福岡高裁で控訴棄却、九二年九月最高裁で死刑が確定しています。はたして充分な審査がされたのかと非常に疑問があります。せめて恩赦の出願でも本人にアプローチが出来ないか話合いもしていたのですが、こちらの対応がきちんとできないうちに死刑の執行がされてしまいました。

5　社会情勢と意図的な死刑執行

なぜ今回、この三人なのかということは私たちにも分かりにくいのですが、無期刑の仮釈放中の事件であったことを強調されているように思います。たまたま二、三ヶ月前に朝日新聞で大きく記事になりましたが、無期懲役刑の仮釈放がでないまま三〇年、四〇年拘束されているという事実上終身刑に近い処遇になっているというキャンペーンがありました。それに対して、金嬉老さんが三〇数年ぶりに仮釈放がでたということもありました。今回無期刑の仮釈放中に事件を繰り返した人を選び、無期の仮釈放を簡単に出してはいけないんだ、というキャンペーンを法務省はマスコミを利用してやろうとしていたのではないかと感じるんです。その意味では、九八年十一月に執行された三人のうち二人は保険金殺人による死刑でしたが、その頃にちょうど和歌山の毒カレー事件が話題になっていて、保険金殺人に対するキャンペーンがあって、その中で執行された人たちが保険金がらみのものでした。また、九七年の八月に永山則夫さんが執行されたときは神戸の少年が犯人とされた事件が問題になり、少年法の見直しのキャンペーンがおきている最中でした。こうした流れを考えてみますと、私には恣意的な判断があると思うのです。明らかに法務省はマスコミを通して世論操作をしながら政治的、恣意的に誰を執行するか判断していると思うのです。

6　今後どうするか

ではこれからどうするかをお話したいと思います。

今まで、執行が近いと思われる人への個別の、家族あるいは弁護人と連絡をとって何とか再審請求が出来ればそれを追及する。無理なら恩赦が出来ないか、というようにしてきました。法務省のやり方もパターン化していますから、その時期に合わせて人身保護請求も出来るのではないか、とこの二年間いろいろとしてきました。もちろん法務省はそのことによって断念することもなく必ず執行を続けています。しかし少なくとも、思い通りにさせないという意味では、私たちは方法を工夫して法務省を追い詰めていくことも可能だと思うのです。

また、個別の支援をさらに拡大していくことが必要です。やはり確定してからでは決定的に遅れてしまいます。早い段階で、公判中にコンタクトを取っていく、家族や弁護士と協力していくなど、少しでも死刑判決を減らし、執行を食い止める方法を準備していくことが重要だと思います。

もう一つは、死刑確定後の交通権の問題です。今回は無期刑の仮釈放中の事件でしたので、まったく未決のときから確定後も当然交通権がありませんでした。佐川さんのように、未決のときは元気でさまざまなところに積極的にアピールを出してきた人が、確定後は外との交通権がない、家族としか会えないということでじわじわと追い詰められているようなケースがあります。そういう点で確定後の交通権の問題について皆さんと取り組んでいきたいと思います。

それから今回は仙台、福岡、東京の連携をとりながら行動してきましたが、全国的なネットワークが大事だと思います。そして、早い段階から執行を阻止するための活動に全力をつくしていきたいと思います。全国の仲間と知恵を絞り、工夫をして共にがんばっていきたいと思います。

（『ＦＯＲＵＭ90』54号、一九九九年一月二九日刊より）

法も慣行も無視、法務省は行き着くところまで行き着いた

1999年12月17日の執行

●99年12月18日死刑執行抗議集会での発言から

経過について

フォーラム90　岩井　信

今年一二月一五日は死刑廃止条約が国連で採択されて一〇周年です。フォーラムが結成され約一〇年というときに、執行がなされてしまいました。毎年一二月には執行されてきた経緯がありますから、私達は緊張し検討してきました。ただ今年は九月一〇日に三人の執行があったばかりなので三ヶ月後の一二月にはないのではないかという推測もありました。また法務省はこの間の流れから余裕を持っているので無理に執行しないのではないかという意見もありました。

一二月一〇日頃からです。いくつかのメディアから「年内に執行」という情報が入ってきました。世論調査が発表され、過去七回の調査の中で存置を求める数字が一番高い。九四年は世論調査の結果発表の一週間後に執行がされた。一二月一五日前後で国会が閉会になる。パターンを踏襲すれば執行は不思議ではない。臼井法務大臣は就任以来執行しておらず、国会解散、総選挙という可能性の中で執行しない法務大臣を作らない。これまでも法務省トップの人事異動直前に執行が行われてきた。積極的にやりたくない仕事を最後にやり新しいポストに移っていくという慣習があるようです。

私達は対応を考えました。可能性がある人に関しては恩赦の出願をし、東京拘置所の五人に対して人身保護請求を水曜日夜八時四分に東京地裁に申立をし、木曜午前一一時四五分に記者会見をし、そして金曜日の二時に執行抗議の記者会見をしなければならない。そういう事態になったわけです。木曜日の段階では少なくとも東京拘置所の所長に答弁書を書かせることになり、少し時間がかかるのではないかということもありました。申立をした日に法務大臣と東京拘置所所長宛に電報で知らせました。金曜日の定例記者会見時に執行に関する質問に「今は答えられない」と言ったそうです。

二人の執行があったこと、人が特定できないことなどがわかり始めた後に法務省の発表がありました。前回同様宛名も発信人も日付もない正に怪文書とも言うべき形式で、「本日（一二月一七日）死刑確定者二名に対して死刑の執行をしました」とだけ記した文書で発表としました。

二人の執行があったという情報が入ったと

き、小野さんと佐川さんではない方の死刑囚の方の名前があがりました。その方も再審請求中の方でしたので、私達は非常に驚きました。まさか、再審請求中の人には執行をしないのではないかと。

当初情報は錯綜しました。今回の執行は再審請求中の人に対しても執行をするという今までよりも一歩踏み込んだ、行き着くところまで行ったが故に、情報が錯綜したのではないかと思います。

死刑廃止議連の有志が法務大臣に面談を申し入れ実現しました。臼井法務大臣はなぜ再審請求中及び人身保護請求中の人を執行したのかという質問に、当初は「決裁をした後でも耳に入れば見直して決裁をしたであろう」というような発言をしたようです。法務大臣自身もこうした請求についてよくわからないまま執行をしていたようです。

今回の特徴は再審請求中・人身保護請求中でありその判断が出る前であったという意味で、今まで執行を定期化してきたという流れからしても一線を越えたと思います。

私は記者会見後に事務所に戻りました。そこで偶然免田栄さんとお会いしました。「よく私は出てこれたなあ」とおっしゃっていました。マスコミに対して法務省の幹部が次のようなことを言っています。「処刑を避けたいために再審請求を乱発されている感がある。再審請求によって死刑制度が空洞化することに危機感を持っていた」。

現在死刑確定囚は五〇人、そのうちの二〇人が再審請求をしています。そうした中でこのコメントが流れています。法務大臣は「一度結論が出ているものだから問題はない」と言い切っています。再審請求や人身保護請求に理由があるかないかは、法務大臣が決めるべき事ではない。裁判所が判断すべきことなわけです。多数回出しているから意味がないと決めつけてること自体に、もはや私達の国が法に基づいた行政が行われていないということを如実に示しています。行き着くところまで行き着いている。法務大臣の論理によれば免田さんが何回再審請求をしても、行政によって結論を出されてしまうわけです。再審請求の結論は裁判官によるべきなのに、これでは再審が認められて外に出てこられるという可能性がゼロになってしまうわけです。法律によってではなく、執行によって奪ってしまうということが今回行われたわけです。

法務省幹部は私達の執行抗議声明「再審請求中の執行は前例がなく全くの暴挙である」という点について、「昭和の一時期には前例はある」と言ったそうです。前例があれば許されるわけではない。前例もおかしければ今回もおかしいのです。論理ではなく開き直りになっている。法務大臣の応答に見られるように実際に命令を出した後に再審請求はどういう状態なのか、人身保護請求は出されたのかどうか、その結論はどうなっているのか、執行の時点でチェックする、死刑囚がそれに対して異議を申し立てる、そうした制度がないが故に法務大臣でさえサインした後にどうなっているかわからないという発言が出てくるわけです。法律で担保されていない。執行手続き自体が法にかなっていないと私は思います。

再審請求中の人でさえ執行してしまうという強気の背景には、世論調査もあるでしょう。検察が無期懲役になった事件に対して最高裁に上告をするという事件を連続五件行っており、そのうち一件についてつい最近破棄差し戻し、限りなく死刑にしなければならないと最高裁が押し返した事実があります。連続してオウム事件に対して死刑求刑が行われてきているということも影響している。死刑という文字がどんどん紙面を覆い、それに対して私達がなんの疑問も感じずに終わってしまう時代になってきている。

私達はなにをすればいいのか、今回の執行が今までに比べてもひどいものなので、海外のメディアからの問い合わせが多かった。こちらからも海外のメディアや人権機関に訴え、問題をクローズアップしていくことも必要ではないか。国会でこの問題を大きく議論するよう死刑廃止議連に働きかけていく必要もある。その文脈の中で、議連の勉強会というかたちで、具体的に一歩踏み出した空間を作っていくことが大事だと思う。

死刑廃止条約が採択されて一〇年。フォーラムが結成されたときに一〇年後には死刑が廃止になるのではないかと言っていました。残念ながら私達が直面している現実は正反対なものになっています。執行再開から三六人がやられています。再開前の同じ七年間では七人でした。実に五倍以上も行われているわけです。私達は今までしてきたことを繰り返すと同時に、きっかけを作って外に外に出て違う意見の人にも呼びかけていくことをあきらめてはいけない。

法務大臣への抗議行動

議員秘書　新津久美子

参議院議員の福島瑞穂の秘書をしております。昨日一一時四〇分頃に事務所の方にマスコミからの第一報が入り、その直後からいろいろな議員とやりとりをし、最終的に死刑廃止議連の事務局長である二見伸明衆議院議員（自由党）保坂展人衆議院議員（社民党）竹村泰子参議院議員（民主党）と共に一時三〇分から法務大臣と会いました。

「再審請求中や人身保護請求中の方に死刑の執行をしたことは新しく一歩踏み込んだと理解していいのか」という二見議員の質問に対し、大臣は「個々のケースについて答えられないので、これから話すことは一般論です」という前置きをしてから「再審請求は重要な理由だが幾度もやっている場合は考慮しきれない」と明言しました。その後に「法治国家として現時点において刑罰を執行するのはやむを得ない。必要なことだと私は考えている。死刑執行の停止と人身保護請求の目的はそぐわないものではないか。請求があったからといって直ちに執行を止めるわけにはいかない。初めて出されたなら今後も考慮するが、そうでない場合は考慮しきれない」と再審請求、人身保護請求両方についていいました。竹村議員の「人身保護請求が出されたことは知っていたのか」との質問には「請求があったことを知っていたら考慮しただろう」と答えたので、議員連が「知らなかったのですか」と口をそろえて聞いたところ、隣にいた秘書官からメモを渡され「はっきり言えない」とにわかに言葉を濁し始めました。議員連は、知らされていなかったのだろうという結論に達しました。

「印を押したのはいつだったのか」と保坂議員が質問したところ、国会開会中だった「一三日の月曜日」だったということでした。大臣は「疑問点を確認しながら決裁した。十分にやっているという認識だ。今後決裁した後に情報が入ってくれば考慮する」とも述べました。竹村議員が「執行は今日のいつだったのか」と質問したところ、法務大臣は「今日です」と答え、秘書官が「執行があったことはマスコミにご連絡しました」と付け加え、次の予定が入っているのでこの辺でお引き取りくださいということで終わりました。

　私は、前回の執行時に陣内法相への申し入れや一昨年一一月の中村法相への申し入れにも同席しました。今回の臼井法相は大変発言に気を遣っており、秘書官がずっと隣にいて、踏み込んだことは言わないという印象を強く受けました。中村元法相は、非公式ではありましたが執行の事前告知をすべきだという意見に対して、是非検討課題にしたいと答えるなど踏み込んだ意見を述べましたし、陣内前法相の時には松尾刑事局長が同席していまして、刑場の視察を是非やりたいと申し入れしたところ「それは可能なので検討したい」と答えていました。刑場視察など今後も申し入れをしていくと同時に、委員会で集中審議や議連の勉強会などを行っていきたいと思います。

人身保護請求について

弁護士　田鎖麻衣子

　一五日（水）の夜に人身保護請求を申し立てたのは、執行を現実に止めるためのタイミングという議論をしての結果です。金曜の朝が危ないと言われていましたが、木曜日の朝かもしれない。水曜日の夕方だと裁判所がすぐに棄却してしまうかもしれないので、あえて閉庁した後の夜に出しました。そしてすかさず請求人の一人が法務省と東京拘置所に電報を打ち、執行するなという作業をしました。前回の人身保護請求は東京高等裁判所に申し立てました。その時は通常の民事部ではなく特別の部を構成して対応されてしまったので今回は東京地方裁判所に申し立てました。翌一六日（木）に裁判所に係属部を確認したところ、通常の民事事件で保全事件を扱う部に係属したことがわかりました。人身保護請求事件がすべてこの部に集中するのかはわかりません。ただ、申立の翌日にやはり人身保護請求の申立をした永田洋子さんの事件も同じ部に係属し、私達の事件番号が平成一一年（人）第一八号、永田さんが二〇号でした。

　一六日に裁判官に面接の申し入れをし、私と松井武弁護士が面接をしました。これについては裁判所は「事実上の準備調査手続である」とし、正式な面接ではなくあくまで事実上のものであるとの説明でした。ここで、私達は裁判所にきちんとこの事件に向き合わせるために、最低限拘束者である東京拘置所長からの答弁書を出させるよう裁判所から求めることを目標にしました。

　今回請求の対象になったのは佐川さんを含む五名でした。裁判長が対応しましたが、「死刑の執行の停止を人身保護請求でやることは間違っているのではないか、不適法である」という主旨のことを言いました。それに対して私達は「人身保護請求というのは拘束の手続の違法だけを問題するのではなく、今死刑確定者が拘束されている状況は著しく違法であり、それが顕著である。その状態は直ちに改善されなければならないのであり、正に人身保護法による救済の対象とされなければならない。本申請は人身保護の手続にのるものであることがわからないのか。」という議論を三〇分ほど行いました。

日本の人身保護法とその規則が非常に不備であり、法的な救済を果たしていないということは昨年の国連規約人権委員会によっても明確に批判されているところです。この裁判長の反応からすると、最悪の場合すみやかに却下されるか棄却されるかもしれないと思い、当初の申立の趣旨であった「死刑の執行の停止」と予備的に「違法な状態の改善」としていたものを訂正し、現在のどのような違法状態を改善する必要があるのかより具体的な申立の趣旨に変更するので、それを見た上で慎重に判断しろと言いました。「それを待って手続を進めるというのは当然の事である」と答えたので、私達は遅くとも一七日（金）の午前中には提出することを伝えました。

この時点で私達は金曜日午前の執行は回避できるのではないかと考えました。金曜日の午前さえクリアできれば法務省はそれ以上踏み込めないだろうと思いました。木曜日の夕方に私の不在中に事務所に裁判所から「裁判長が東京拘置所長に答弁書を出すよう伝えた」と連絡があり、書記官はそれを私に伝えるようわざわざ指示をしたということでした。私達としては益々良い感触を持ちました。翌日私は約束通り午前九時五〇分頃、申立の趣旨を変更した書面を提出しました。が、その一時間後に執行されたというニュースを聞くことになりました。

私は直ちに裁判所に連絡を入れ、前日の電話連絡の内容を確認しました。裁判長との面接後に東京拘置所に電話をし、答弁書を出すよう伝え、それに対して東京拘置所は「わかりました、答弁書を出します」と答えたそうです。更に、拘置所長の代理人にあたる「指定代理人」が選任され、木曜日の内に裁判所に自ら指定書を提出にやってきて、私達が出した申立書などの書面を持ち、答弁書も出しますといって帰ったことがわかりました。答弁書は、執行後の一八日（土）午後六時に提出されました。その内容は、こちらが出した変更後の申立の趣旨を踏まえたものでした。つまり彼らは執行後に書面を書き始めて、裁判所に提出したことになります。答弁書に書かれていたことは予想したとおりでしたが、被拘束者である佐川さんが執行されたことには一言も触れず、この請求はそもそも不適法であり、審理もすることなく直ちに却下されるべきであり、仮に却下しないまでも、理由はないことは明らかなので棄却されるべきであるといったことを九頁にわたって書いてきました。前回の申立の際は二二頁でした。曲がりなりにも前回の答弁書には法務省の意気込みで起案したものがうかがわれたのですが、今回は通り一遍のものでした。

私達がどういう申立をしたのか皆さんにも知っていただきたいのです。

「拘束者に対して、以下の各項について被拘束者らの拘束状態の改善が裁判所によって確認されるまでの間、被拘束者らの拘置場所を横浜拘置支所に変更する。

一、被拘束者らに弁護人を付すこと。

二、被拘束者らと親族以外の者との間の信書の発受、接見交通、物の授受に関する禁止を解除すること。

三、被拘束者ら及びその親族、弁護人に対し、死刑執行期日の一四日以上前に執行の予定日　時を告知すること。

四、被拘束者Sについて上訴の権利が回復されること。

五、被拘束者らに対し、精神鑑定を行い精神状態の鑑別を行うこと。」

今紹介した五つの点は国際法上当たり前の

ことなのです。国連の規約人権委員会からの指摘にも、こういった権利の保障がないのは著しい人権侵害だと、規約に違反すると言われている。しかもどれも簡単に実現が可能なことです。

五人の内の一人が執行されてしまったことで、申立の取り下げをどうするか検討しました。既に一度結論が出ているので問題ないという方便を法務省側に与えてはいけないと考え、今日一二時五〇分に裁判所に行き、佐川さんを除く四人の方につて申立を取り下げました。

死刑の執行を自分たちでやったにもかかわらず、その点について一切かくして、平然と却下を求めてくる法務省の態度は絶対に許せません。今朝、東京拘置所に行って来ましたが、私達にも執行についてなにも述べず、遺体にも絶対に会わせないのです。やはり自分たちが死刑執行したという事実にきちんと向き合わせたいと思い、佐川さんについては申立を残しました。私としては、答弁書でかかれていない佐川さんについての事実の認否をさせたい。そのために裁判所を動かすことをやりたいと考えています。

限られた親族にしか会えず、弁護人もなく、親族を通して弁護士を依頼することも困難な上に、国によって弁護人を付されることもない、自ら法的救済の手段を取ることが出来ない、しかも、執行のわずか一時間程度前に告知され、一〇〇パーセント自らの命を守る手段を奪われており、人身保護請求が出されていても執行されるという死刑囚の実態は私達がこの申立書の中で主張している著しく違法な拘束状態、これがまさに明らかになったのです。あらゆる手段を通して、この状況を広く訴えていきたいと思います。

今朝、佐川さんの親族の方と古くからの友人の方とで東京拘置所に行って来ました。死亡後二四時間以内に親族あるいは友人が遺体あるいは遺骨を引き取りたいと言えば引き取ることが出来るはずなのですが、東京拘置所側はあくまで親族のみでそれ以外の人の立ち入りを拒否してきました。私達は法に基づいて遺体に会わせろと言っているのだから出来ない理由を述べろと詰め寄っても答えないという状態でした。やはり彼らは自分たちが殺した佐川さんの遺体を本当は誰にも見せたくないから抵抗したのでしょう。以前永山さんが執行されたときに、私は遺骨を引き取りに行き遺品の整理にも立ち会いました。遺体と遺骨に線を引く理由はなく、その理由を彼等自身説明をすることが出来ないのです。自分たちも恥だと思っているのでしょう。ならば、やらなければいい、そんな単純なことなのです。なぜそれが実現できないのか。

今回の人身保護請求を通して、自分の考えの甘さ、無力さを痛感しました。しかし、事件はまだ継続しています。こうした「著しく違法性が顕著な」執行という事実をもって廃止に向けてなにが出来るのか、これからもみなさんと議論をし、一緒に行動していきたいと思います。

人身保護請求人として

龍谷大学教授　石塚　伸一

私は今回人身保護の請求をするという話をメールで見ました。私が関わっているMさんの事件について、無期仮釈放中で、一人の殺害で死刑が確定している事件ですが、この間の様子を考えると、あまりにも執行の条件が整いすぎている。一二月一五日に国会が閉会になればMさんの死刑執行があるのではないかと考えました。東京の方で皆さんが人身保護請求をするのであればその中にMさんの名前も入れてください、という気持ちで東京に連絡したのです。

話の中で、それよりもむしろ事情を知っている私が出すほうがいいということになりました。毎日の仕事のなかで、文章一枚を作るような時間すらもなくて、福岡にいる「Tシャツ訴訟」の方々と以前証人に呼ばれたときに仲良くなっていましたので、何とかならないでしょうかと連絡をしました。弁護士を見つけて何とかしてくれないですか、と言いました。そこでも事情を一番知っているあなたがやるのが一番いい、と言われました。まさにその通りだと思いました。

文書を作って出したのが木曜日の一〇時三〇分くらい。もし、金曜日に執行されたならばそれは私の責任だなと覚悟しました。裁判所には人身保護の請求を出したからとFAXを送っておくということだけはしました。

はっきり心情を吐露してしまえばMさんの執行が無かったということで少しホッとしていることは事実です。これが今の日本の死刑をめぐる精神状況ですし私自身もそうなのだなと思います。自分と直接係わりがない所では責任がないと考えている。

死刑存置論の方は、死刑が執行されていることによって日本の犯罪が減っている、威嚇力があって減っているのだという。とすれば、死刑で命を奪われた方が居ることによって、私たちは安全に生活が出来ているということになるわけです。だとすれば、その亡くなった方に対して私たちは感謝しなければならないことになります。

この間、甲山事件の山田悦子さんとお話することが多かったのですが、山田さんは日本の国は無答責国家だとおっしゃいます。責任をとることを誰もしない国だと。本当にそうだな思っています。法務大臣は「法律に従って裁判所が判断したことを私が執行するのは当たり前で、死刑をしないというようなことは私の責任外である」。つまり死刑を止めることは私の責任ではありませんと言っています。裁判所のほうも法律に基づけばそれは自分の責任ではないという。現実に手を下させられた刑務官の人たちは私の責任ではなくて、上からの命令でやりましたと言います。ということは責任を負うべき人が誰もいないということになるわけです。

Mさんは「自分はもう死んでも構わないんだ」と言い、家族とも弁護士とも会っていない。孤立の中で、じっと耐えている人が誰かと繋がりを持つということは逆にとても苦痛なことです。バラバラにされてしまえば一人の人間なんて非常に弱いものです。免田さんですら、再審請求なんかやめて死んでしまったほうがどんなに楽かと何度も思ったといいます。再審を求めて闘っていくことはものすごく辛いことなのです。

Mさんのケースは人身保護にもっとも適した事件だと考えていました。いろんな人の意見を取り入れて絶対に勝ってやろうと思っています。請求の内容は死刑をとめろということもありますが、それとは別に、福岡拘置所から城野医療刑務所に移送しなさい、医療的処置を講じなければならないような状況にある、と主張しています。確定記録の中で十分証明できます。

しかし問題は、誰も当事者に会えないことにあります。裁判官にも会えない、Mさん本人にも会えない。緊急な場合に使われるはずの人身保護請求を日本政府が使わせないという態度を示し、裁判所もそれを追認するのであるとすれば、日本において人身保護の法律があること自体が無意味になると思います。日本政府は人権の保障について人身保護法という法律があることを外国に対しては人権が保障されている証拠の一つとしてあげているわけですが、現実にそれが機能していないとするならばそれはウソだということになります。

Oさんの執行についていえば、再審請求が受理されている中で死刑が執行されている、同じような再審請求は無意味だと政府側が判断していいなどとは考えられないことです。本来裁判所が判断すべきことであって、「何度も同じ」とか「死刑の執行を停めるために人身保護を出している」とかの判断は政府がするべきではない。今回出した請求には国際人権規約に基づいて言うべきことがたくさんありますし、不完全なものだとは思っていますが、いま私が持っている情報の中でできるだけのことをしたつもりではいます。是非ご支援を頂きたい。

Mさんは一九歳のときに強盗殺人事件で無期懲役の判決を受けています、その時控訴の取下げをしています。控訴取下申立書の筆跡は本人のものではありません。間違いなく本人のものではありません。ということは無期懲役の判決自体が本当に有効だったのかどうかということが疑われるべきものです。しかし裁判官はそれが本人の筆跡であるかどうかもチェックしないで取下げを認めてしまいました。類似した状況の中でMさんは死刑判決も自ら控訴を取り下げ、自分の意思で確定させたということになっています。このときには自筆で申立書を書いてあります。ひな型を示しそのまま自分で筆写させ書かせるという形に実務が変わったようです。ということはその前に行なわれた実務のやり方に問題があるということを法務省自身が認めているわけです。

私は記録を読んで思いました。日本の裁判制度の中に大きな欠陥があって、誤判が構造的に生まれる可能性がある。その間違いの一つ一つを拾っていくのが、私たち研究者の責任だと思うし、その過程で知り得たことがあればそれにきちんと市民として対応していく。これも私の責任だというふうに考えています。

今回の死刑執行は、また一歩進んだと見るべきだと思います。ただ、一歩進んだということは、政府の方もパンドラの箱を開けたわけで、再審請求をすればその時点で人身保護請求をする可能性がある。再審請求をしているにも関わらず、死刑を執行してしまう政府があるわけですから、再審請求がそのまま裁判に継続することが可能になるような状況を私たちは作る必要があると思います。少なくとも身体を拘束している場所を移せという要求は出来ると思います。私はOさんの件についてもSさんの件についても、日本政府は大きなミスを犯したと思います。微妙な関係の中で成り立っている国際情勢の中で一歩踏み出したことは大きな危険を負うということを意味します。私たちとしては失望するだけではなく、一つひとつ政府のミスを指摘していくし、逆に力にしていく。そうすることがおそらく死刑を執行された方の冥福を祈ることだと思う。私たちのために二人の方が亡くなったわけで、どういうふうにその死を受け取っていくかという大きな課題を課せられたのだと思います。

私はさしあたりMさんの人身保護に勝ちたいと思うし、勝つつもりでやる。一つひとつ勝つ、そういう意思を今日の集会に来て強くしました。人を頼りにすることはいけないな、と反省しました。ただ孤立してもいけない。是非ご協力をお願いします。

執行された二人のこと

死刑廃止の会　菊池さよ子

一人ひとりの死刑囚に関わっている人たちにとって、毎日毎日が身の細る思いで、緊張のもとで死刑廃止を願い、一人ひとりの命を守り抜く活動をやって来ているということを冒頭に報告したいと思います。

佐川和男さんの事件は一九八一年四月四日、埼玉県大宮の和裁教室を経営している六〇歳の女性とその娘さんが、二人で生活しているところに、共犯者Dさんと二人で入って、深夜寝ているときに二人を殺して金を奪って逃げたとされている事件です。

ところが佐川さんは逮捕されたけれど、共犯者であるDさんは指名手配をされてはいましたが、逮捕されずにずっと来ました。佐川さんの自白には矛盾点、疑問点がたくさんあります。私たちはDさんが捕まらない以上真相は明らかにならないと考えていました。

しかし、裁判では八一年四月に事件、一年も経たない八二年三月三〇日に浦和地裁で死刑判決が言い渡され、八七年六月二三日には東京高裁で控訴棄却の判決の言い渡しがありました。

私は控訴審から何回か傍聴にいき、高裁判決公判も傍聴しました。でも共犯者のDさんがまだ生きている限り、あるいは逃亡して逮捕されない限り、佐川さんの死刑執行はないだろうとずうっと考えていました。九一年一一月二一日に上告が棄却され死刑は確定しました。Dさんが実はその後一九九六年一〇月、逃亡生活をしている中で体をこわして、病死したという記事が小さく報道されました。指名手配中だったDさんが亡くなったという記事を見たとき、これで佐川さんの執行も可能になってしまったなとショックを受けました。Dさんにはずうっと生きていて、逃亡しつづけていてほしかったと思います。

佐川さんは結婚していましたが事件後奥さんとは離婚しています。お父さんは彼が小さな頃に亡くなっています。お母さんは再婚して義理のお父さんは彼の裁判中に自殺されています。ですから彼を支えていたのはお母さんと弟さん、弟さんのお嫁さん、妹さん、義理のお父さんとの間のお子さんです。佐川さんは死刑が確定する前は、すごく死刑廃止に熱心だった。麦の会の会員であり獄中者組合の会員でもあり、積極的に麦の会で発言し、獄中者組合でも活躍していた人です。

去年から各地で死刑判決を受けている人、あるいは死刑が確定している人たちの絵を展示する「いのちの絵画展」が開かれています。東京でも開かれました。その中に佐川さんの絵が五点ほど出品されていたと思います。私が良く覚えているのは、昔、麦の会の通信の表紙を飾ったこともある絵です。ほほえましい絵だったと私は思うのですが、ハイキングに行く男女の二人連れが描かれていまして、ひとりが「死刑廃止への道はこれで良いのでしょうか?」というふうに聞いて、もう一人の人が「ええ、このままっすぐ行くとすぐそこですよ」と描いている。私はそれを見たとき、あっまっすぐこの道を進んで行けば死刑廃止になるんだ、と勇気づけられたことを覚えています。

それから、「守るべきもの」という彼の詩も風景画として詩が添えられて「いのちの絵画展」に出品されています。それは何となく寂しい絵だったなと思っています。彼の絵とか詩というのはすごく分かりやすいんです。

守るべきもの　　佐川和男

山の向う側に
新しい世界が
　待っていると思った
いくつかの山を越えて
ふと自分を見ると
　死刑囚になっていた
守るべきものは
そこにあったのに
僕はそれに気づかなかった
　そして
　すべてを失った

再審請求なり恩赦なり、外からの働きになんとか彼がそれに応えてくれたら、もっとも

『死刑廃止への道はこれで良いのでしょうか』
『ええ、このまま まっすぐ行くと すぐそこですよ』

佐川和男さんのイラスト（『麦の会通信』66号、1991年11月24日刊の表紙より）

っと彼は命を永らえることが出来たと私は思うのです。そういう働きかけに彼は最後まで応えることなくこういう形になってしまいました。

外部との交通が制限されていることの問題点がこういうかたちで現れたんだと思います。その意味で私たちは無力だった。本当にコミュニュケーションがきちっと出来ていたら、もっと話し合うことが出来ていたら、と残念でなりません。「友人の会」の人たちが一生懸命最後まで頑張ったというふうに思います。このことは決してマイナスではなく、この悔しさを次の力にしていけたらと思います。

もう一人、執行された福岡拘置所の小野照男さんについては、ほとんど私たちとの接点がありませんでした。まったく手がかりがありません。一九七七年九月二四日に長崎の雨宿り殺人事件といわれているのですが、彼はその前に強盗殺人の事件を起こし、懲役一三年の刑を務めました。その懲役の仮釈放中に今回の事件を起こしたとされています。これもたまたま雨にあって雨宿りとして、海の家の女性経営者のところに転がり込んで雨宿りをさせてもらって、そこの女性を殺して金を奪って逃げた、という事件です。

彼は事件からわずか一年の、一九七八年九月に長崎地裁で死刑判決を受けています。驚くことに、その翌年、たった一年で一九七九年の九月には福岡高裁で控訴棄却の判決を受けています。佐川さんも地裁はわずか一年でした。小野さんは地裁で一年、高裁で一年、たった二年間で控訴審の判決まで行っているわけです。事件の直後に逮捕されているわけではなく、二人とも逃走して逮捕されている。小野さんは最高裁に上告している段階で、実はあの事件は私はやっていない、無実なんだと言い始めた。私がそのことを知ったのは彼の最高裁での確定判決が新聞で報じられたとき。一九八一年六月一六日に最高裁で死刑が確定しているわけです。そのときの新聞に最高裁の段階で事件を否認したと書いてありました。

なんと今日まで一八年六ヶ月彼はまったく自力で、一人で再審請求をやりつづけてきたんです。私たちは小野さんのことはずっと前から心配していました。なんとか出来ないだろうか、彼の家族はいないだろうか、彼の弁護を引き受けてくれる人はいないだろうか、ずっと考えてきました。確か六年くらい前、死刑廃止個別支援ネットワークというのをやろうということで、何人かの人と情報交換をやったのですが、その時に何とか小野さんの弁護をやってくれる人を探せないだろうかという話をしました。それで、死刑廃止フォーラムの賛同人弁護士が二〇〇人くらいいると思うのですが、その弁護士の全員に手紙を出して「今死刑事件で多くの再審請求、あるいは確定しているいろいろな人たち、現在公判中の被告も多いのだけれど十分な弁護を受けている人が少ない、もし弁護の協力をしてくださる方がいたら連絡してください」というお知らせを出しました。

香川県丸亀の宮川清水さんという弁護士がすぐ返事をくれました。「私は高齢で皆さんの役に立たないかもしれないが、死刑囚のために自分の残り少ない命を役に立てることが出来るのならお手伝いさせてください」というお手紙でした。私は「遠くて本当に大変だと思うのですが、福岡拘置所に小野照男さんという方が居て、自力で再審請求をしているのですが、弁護士がついていないので非常に難しい。できましたらこの人の弁護人になって再審請求をしていただけませんか」とお願いしました。

遠いのですが福岡拘置所の小野照男さんのところへ何度も面会に行ってくださいました。本人の書類を全部自費でコピーとって下さいました。私たちは、謄写費用がかかるから微々たるものですがなんとかカンパを集めましょうか、と言ったのですが、その程度の金は自分で用意できますとおっしゃって、本当に自力で記録を取り寄せ謄写して調べてみたけれど、難しい、再審はなかなか難しい事件だ、とおっしゃっていました。しかし、本人が再審請求をしているから自分はアドバイスだけはしましょう、ということでやってくださいました。第七次再審請求中だったと報道されていました。

再審を何度も出して却下されるので、宮川先生はもう自分がやるしかない、とたぶん思われたのだと思います。この一二月一三日に再審請求の申し立てを宮川先生がされました。法務大臣が死刑執行のサインをしたのが一三日。同じ日です。法務大臣は宮川先生が再審請求を出したことは、その時点ではたぶん知らなかっただろうと思います。弁護人から再審請求がされたにもかかわらず彼は死刑を執行されました。彼が宮川先生の再審を請求したという電報に応えて本当にそれを喜んで、宮川先生に宛てた最後の手紙というのがここにあります。発信の日は一二月一四日になっています。


拝啓　一だんと忙しくなります。

師走の折り、クリスマス、共に、各の町々は慌しいことと思います。

先生からの再審請求の提出のことの電報を受け取りました。

有難う御座います。追って書類を郵送致します。

毎日が地獄ですが、この厳しさには負けず頑張ります。マイペースです。

私には、先生又沢山の皆様や、神仏のうちに見守っていられると思うと勇気百倍の心境です。

一層よろしくお願い致します。

所内における紙袋作りの作業にも増々懸命に働いています。

仕事は苦になりません。頑張ります。

正月にはおだやかな元旦をお迎え下さい。

また健康には特に注意をお願い致します。

合掌。

念ずれば　勇気百倍　年の暮れ
静まりて　描く仏画の　年の暮れ
人権の　平和の祈り　去年今年

――多分請願作業として独房の中で希望者にさせているものですが、請願作業として袋張りの仕事をして、月三千円わずかのお金をもらっていることだと思います。これで彼が請願作業をやっていたということが分かります――

これが最後の手紙になりました。

宮川先生は彼が執行されたということを知って直ちに福岡拘置所に最後の遺体の面会に行かれました。一七日の日に拘置所へ最後のお別れに行かれたということです。

私は再審請求中だから執行はないだろうと思って、今回人身保護請求を誰を対象とするかということを皆で議論したときも小野さんのことは念頭にありませんでした。

今現在五〇名の死刑確定者がいます。約二〇名の人が再審請求をしています。同じ理由で再審を繰り返すということが死刑の執行を食い止めるためのみにやられているのだから死刑を執行しても構わない、という法務省の判断は絶対に許すことが出来ません。

多くの人が何度も何度も無実を訴えているのです。同じ理由で再審請求をするのが当たり前です。新たな証拠があるかどうかの問題です。新規明白な証拠と認められれば再審開始。冤罪を訴えていれば同じ理由で再審請求をすることはあり得ることです。十分に裏付けがあるかどうかということが問題なのであって、同じ理由の再審は死刑の執行を引き伸ばすためだけだ、という法務省の言い方はまったく現実を踏まえていないと思います。

刑事局長の松尾さんが事務次官に栄転するそうですが、最後の刑事局長の仕事として執行の書類を準備したということだと思います。松尾さんにしても臼井法務大臣にしてもおそらく個人的にはごりごりの存置論者だとは私には思えません。死刑について内心はいろんな疑問や問題点があると認識していると思います。それでも職務だから、あるいは自分が出世するためには法律という現在の制度があるのだから、これを実行するしかないと考えているとしたとんでもないことだと思います。

死刑判決を言い渡す裁判官にしても死刑を求刑する検察官にしても、まして死刑の執行にあたる拘置所の所長や刑務官にしても、本当に心から死刑制度が必要だ、死刑が正義であると感じて、自分のやっている職務は間違っていない、正しいと思って実行しているのだろうかといつも思います。皆がいやいややっている制度なら止めればいいのです。法律で変えればいいのです。誰も喜んでやっている人は居ないはずです。こんな制度をやめようと言い出すことを、皆躊躇しているだけだと思います。

今回死刑の執行があって、その前に世論調査の結果が発表され、最高裁で差し戻しの決定が出て、オウムの一連の事件で死刑求刑が相次いで、毎日死刑の文字が新聞にも大きな活字で出ていてすごく嫌な感じでした。本当に死刑が日常化している。死刑制度が当たり前のように、むしろ日常的に死刑の文字が私たちの周りに氾濫している。こんな嫌な時代はなんとか変えなきゃいけない。

組織犯罪対策法とかオウム対策法といわれているけれど、あれは団体規制法としてオウムだけを対象としている法律ではなく、とんでもない法律で、誰にだって適用できる。あるいはどんな団体にも適用出来るように上手く作られている法律です。そんな法律が出来て、当たり前のように死刑が日常的に行なわれるようになっていく。やはりこの流れをどっかで絶ち切るしかありません。今回の執行は法務省からすれば一歩踏み込んだ、一歩踏み込んだというのは一件攻撃的に見えるけれど、逆に彼らもそういうふうにせざるを得ないように逆に追い詰められているのではないかと思います。

空しさが自分たちの中に出てくるのですが、本当に法務省が余裕を持ってやっているのだろうか？　法務省に余裕があれば今回は見送ることだって出来た。逆に年内に必ず執行しなければならない、向うがむしろ追い詰められていると私は感じました。

（初出『ＦＯＲＵＭ90』55号、二〇〇〇年二月一日）

●資料

天台宗、死刑制度に関する特別委員会　最終答申

一九九九年三月三一日

（1）仏教は、生きとし生けるものを殺してはならない不殺生を説く。あらゆる生き物の生命を尊重する観点からすれば、人が人を殺生する死刑制度は廃止すべきであろう。現在、世界人権宣言の立場から、加害者の人権を尊ぶ主張がアムネスティ・インターナショナルでなされ、死刑廃止の根拠とする向きがある。しかし、〈生命を尊ぶ〉という立場からすれば、被害者の人権が守られなかった中で加害者の人権を主張するには、納得し難い面が残るし、加害者によって失われた被害者の人権はどうなるのか、という設問が用意されよう。むしろ、ここでわれわれが主張したい点は、人間の為した行為は、その人ひとりが果報を受けるという自業自得、因果応報の不共業（他人と共通しないその人個人のなしわざ）にとどまらなくて、広く他者、社会一般と共通する共業として、社会性をもつことを充分に認識すべき点である。

（2）したがって、加害者（犯罪者）は、自ずからが犯した罪の重みを充分に自覚し、加害者や被害者の家族はもとより社会に対して、自ずからの為した罪を深く懺悔し、悔過の心を持ち、生きて生きて行き抜いて罪を償い、以て人間としてのめざめ、本性に立ち帰るべきである。事実、教誨師の良き導きによって、服役中に人間としてのめざめを体得した犯罪者のケースも多いと聞く。その反面、出所後も犯罪を重ねるケースも少なくないという。

（3）人間が生きていくうえにおいて、広く他者、社会、自然と共存、共生していかねばならない。今、社会倫理と共生の倫理が改めて問われる現代である。そうした中で、〈生命の尊厳〉と〈悉有仏性〉そして他者への〈寛容と慈悲〉を主張する仏教の教えに生きる仏教者として、死刑制度の廃止を望むのが当然である。しかし、その一方で、犯罪の抑止力として、何らかの制度（仮保釈のない無期懲役刑の如き）があって然るべきかと考える。人を殺すことは、如何なる場合にあっても許されないことは当然であると同時に、犯罪者にとって犯した罪を償うことは、良心ある人間の基本的行為である。われわれにとっては、死刑制度の是非を問う前に、むしろ人間としての〝みち〟、社会構成員の一人としての社会倫理をふみはずさない社会、環境の土壌づくりに未来際をかけて、更に努力することこそ使命ではなかろうか、と思う。

多田謠子反権力人権賞を授賞して

安田好弘

私は、多田さんとは一メートル少し離れたところで机を並べて仕事をしていました。同じ法廷に立ったこともあります。今日、あらためて、多田さんのポートレートを見ました。正直言って、あまりにも若い姿に、私はびっくりしました。私の中にいる多田さんは、私と同じように歳をとっていく。ですから、そろそろおばさんになりつつある多田さんです。逆に言えば、それほど長い年月が経っているということになります。

当時、私が何をしていたか、思い出そうとしているのですが、もうはるか記憶のかなたになっています。ただ、今でも、鮮明に覚えているのは、当日の朝、五時頃でしたか、電話がかかってきました。そして、飛んで行きました。私が出会った最後の多田さんは、体温が少しずつ下がっていく、そういう状態でした。

いずれにしても、多田さんが遺してくれたもの、それは反権力の人を励ますということです。おそらく他にこのような賞はないでしょう。ですから、私は今日、賞をもらって気恥ずかしい気持ちもありますが、大変嬉しいです。この賞が長くいつまでも続くことを願っています。

今日ここに参加するかどうか、大変悩みました。

じつは昨日、午後二時頃です。丸亀で弁護士をやっていらっしゃる七二歳の人から私に電話がありました。これから、一緒に福岡拘置支所に行ってくれ、と。なんとしてでも一緒に来てくれと言われました。仇を討ちに行こう、という話でした。

その人は、自ら進んで、再審の弁護人になってくれた人です。三年ぐらい前ですが、その人から電話があり、本人は無罪を強く主張しているが、弁護人としてどうしても再審請求書が書けない、ということでした。再審請求は、刑訴法に「無罪を言い渡しあるいは原判決が認めた罪より軽い罪を認めるべき明白にして新たな証拠を見つけたときに再審請求ができる」とあって、厳しく制限されています。そもそも、明白にして新たな証拠など、そう簡単に見つかるはずがありません。ですから、なかなか、再審請求書が書けなかったのです。しかし、今回、三年ごしで、ようやく書くことができた。そして、今年の一二月、今週の一三日に長崎地裁に再審請求書を提出しました。そして、こういう電報を打ったんです。

「再審請求書、長崎地裁に発送した。風邪ひくな。頑張れ」

こういう電報を福岡拘置支所に拘置されている小野さん宛に出しました。おそらく、送った段階でようやく約束を果たすことができた、弁護人として責任を果たすことができた、という思いだったでしょう。

そして、この小野さんから弁護人宛に手紙が来ています。これが一二月一四日発送です。そして一五日に届いています。

「拝啓、だんと忙しくなります。師走の折り、クリスマス、共に各の町々は慌ただしいことと思います。先生からの再審請求の提出のことの電報を受け取りました。有難う御座います。追って書類を郵送致します。毎日が地獄ですが、この厳しさには負けず頑張ります。マイペースです。私には先生又沢山の皆様や神仏の内に見守っていられると思うと勇気百倍の心境です。一層宜しくお願い致します。所内に於ける紙袋作りの作業にも増々県命に働いています。仕事は苦になりません。頑張ります。正月にはおだやかな元旦をお迎え下さい。又健康には特に注意をお願い致します。合掌　俳句　念ずれば勇気百倍年の暮静まりて描く仏画の年の暮　人権の平和の祈り去年今年　弁護士宮川先生　小野照男　一二月一四日」

この手紙を書いた人が、実は、昨日の午前、いきなり処刑された、これが現実なんです。

この宮川弁護士が昨日、私に電話をかけてみえた。仇をとろうと。昨日の午後、私は迷いに迷いました。結局、私は、ここでこういう晴れがましい舞台に出ることを選択しました。宮川弁護士には申し訳ないと思ってます。

そして昨日の夜一〇時過ぎ、拘置所の前で宮川弁護士を迎えようとしている地元の弁護士から電話がかかって来ました。「いまだに、宮川弁護士は拘置所の中に入ったまま出てこない。どうしたんだろう。拉致されたかもしれない」ということで、拘置所に電話をかけました。すると拘置所の職員が「宮川先生はここに泊まると言って、出ていってくれないんだ」というわけです。今朝になってもなお宮川弁護士は中にい続けていらっしゃるらしいです。

私たちは、先週から執行があるかもしれないという大変強い危機感を持っていました。そのために何かをしなければいけないということで、いろいろとやってきました。再審請求をしていない人は再審請求ができるように、これができない人は、恩赦の出願や人身保護請求ができるようにと、手をかえ、品を変え取り組んできました。しかし、これほど強烈に国家が動いたというのは死刑廃止運動をやり出してから、はじめてのことです。再審請求をしている人を完全に無視する、人身保護請求をも無視する。

話は飛んでしまうのですが、ある自治体の長が、「これは憲法に違反するけれども許される」ということで、オウムの人たちが住民登録することを公然と拒否する。堂々と開き直って違法行為をやる。こんなことは過去にありませんでした。今回の死刑執行も同じだと私は思いました。まさに背筋が冷たくなるという感じでした。

そして、こうも言っています。これは死刑廃止議員連盟の国会議員が死刑執行後、法務大臣に抗議したときに法務大臣が言ったこと

多田謡子反権力人権賞とは

一九八六年一二月に志半ばにして二九歳で病没した多田謡子弁護士を記念して八九年に設立され、毎年一二月に反権力を貫いて闘っている個人・団体に贈与される賞。これまでに知花昌一、山田悦子、内海愛子、高木仁三郎、免田栄、徐勝といった人が受賞してきている。

です。「この福岡で処刑された小野さんは、何度も何度も同じ再審請求をしている。これは死刑執行の妨害だ。だからこれを無視してやった」と。しかし、無視したのは小野さんの再審請求だけではなく、宮川弁護士の再審請求さえも無視したわけです。それを指摘されると知らなかったような顔をしたということです。つまり彼は今週の月曜日に死刑執行命令を出していまして、再審請求が届いたのは火曜日なんです。そして、再審請求が長崎地裁に届けられたことが電報で小野さんの元に打たれ、届いています。福岡拘置支所の職員は宮川弁護人による再審請求が新たにしかも初めて出されたことを当然知っていたんです。拘置所の職員がこれを握りつぶすはずはありません。拘置所から本庁たる法務省に報告があったはずです。しかし、法務大臣にはそれが伝えられなかった。つまり、法務大臣に対する情報さえコントロールされている。そういう事態がすでに進行しているわけです。

おそらく、今の話をお聞きになった人達の中には、「同じ再審請求を繰り返す、だから死刑執行の妨害だ」という法務省の言う論理にそれなりの合理性があるとお考えになるかもしれません。しかし、現実を見てください。中に閉じ込められて、家族以外の人と会うことができない。そういう環境に置かれている人がいかにしたら自分の無実を晴らすことができるか。考えていただきたいと思います。自分の手足になって調査をしてくれる人などいるはずがありません。一〇数年前の証拠をいくら探しても出てくるはずもありません。ましてや自分がやっていないことを証明する証拠などあるはずがありません。

もともと原判決が誤っています。原判決をそのまま見なおせば、確実に正しい結論が出るのは当たり前のことです。だから同じことを書き続けるんです。同じことしか書き続けることができないんです。しかし、それを法務省は、同じことを書き続けているが故に死刑執行を行なうんです。

今日ここに免田栄さんがお見えになっています。免田さんも同じことを書き続けられたわけです。なぜか。当たり前です。原判決が間違っているんです。そして、自ら自由になって証拠を集めることができなかったからです。

そしてもうひとつ大きい問題となる法務大臣の発言があります。なぜ、国会の会期中に死刑の執行をしなかったのか。国会の会期中に執行しておれば、少なくとも国会で議論が出来たではないかという質問に対してです。彼は、「国会会期中は忙しくて昼飯も食べられない状態だった。だから国会会期中は死刑執行が出来なかった」と述べています。何をふざけたことを言っているのか。昼飯が食えないほど忙しくてどうして記録を精査できるのか。どうして人を殺していいかどうかを判断できるのか。彼が死刑執行命令を出したのは今週の月曜日、一二月一三日、まさに国会の会期中だったのです。こんな嘘やまやかしが公然と通る。しかもそれは法務省の秘書官が出したメモを読んで答えたというのです。

私たちは、死刑の情報を公開するよう求めてきました。これに対し、法務省は、「情報を公開している。現に死刑執行したことを告知している」と答えています。しかし、彼らが公開したというのは、わずかにこのＦＡＸ一枚だけです。このＦＡＸが法務省から司法記者クラブに送られてくるわけです。何が書いてあるかというと、全くの白紙に「本日一二月一七日死刑確定者二名に対し死刑の執行をしました」とあるだけです。名宛人はおろか、差出人名さえない。レターヘッドもありません。これは正に怪文書です。こんなものが国家の言う死刑の公開・情報の公開だというわけです。情報の公開をなぜ私たちが求めるのか。それは国家権力の濫用をさせないためです。私どもが情報を公開させることによって彼らが恣意的に死刑を執行することをさせないためです。私たちが、国家に対する監視権を行使するために、国家に情報を公開させなければならないのです。

　確かに、過去、三年四ヵ月間、死刑執行がない期間がありました。しかし、一九九三年三月、死刑が再開されました。それ以来、昨日の執行で三五名もの人が処刑されました。

（作成・坂口誠也）

これは、八〇年代と比べると五倍もの量です。

　私は死刑というのは暴力の極致だと思います。死刑は戦争と同じだと思います。そして、死刑というのは差別と排除の極致だと思っています。

　さらに死刑というのは私たちの感情にも、私たちの持っている司法制度にも、刑罰制度にも、絶対に相容れないものだと思います。なぜなら、この世に生まれ生きる、あるいは共に生きる。あるいは謝る、そしてもう一回やり直す、そういった人間ならば当然やっている生活、思い、気持ち、それらと根本的に反するからです。謝っても許さない、絶対的に排除する、正義の名の下に殺人を行う。しかも、それを政治的に行っていく。こんなふざけたものはない。私はそう思っています。

　今日の受賞は私にではなく、日本の中で、あるいは世界の中で、死刑廃止を願う人たちに与えられたものだと思っています。それゆえに、福岡拘置支所に行くことを遠慮させていただきました。みなさん、どうぞ力を貸してください。死刑廃止に力を貸してください。よろしくお願いします。

（一九九九年一二月一八日、総評会館における授賞式での記念講演。初出『安田さんを支援する会ニュース』12号、二〇〇〇年二月一〇日）

M氏の公判再開を求める刑事法研究者の声明

被告人M氏は、一九七〇年一〇月七日、福岡地方裁判所小倉支部において、強盗殺人等の罪で有罪となり、無期懲役の判決を言渡された。同氏は、判決を不服として、即日控訴したが、同年一〇月二八日、弁護人を選任することもなく、みずから控訴を取下げ、無期懲役刑が確定した。

一六年余の服役の後、仮出獄した被告人は、結婚して家族と暮らしていたが、一九九〇年二月、別件の住居侵入の被疑事実によって逮捕された後、殺人、強盗殺人未遂等の容疑で起訴され、福岡地方裁判所小倉支部は、一九九三年一〇月二七日、死刑の判決を言渡した。即日控訴したが、同年一一月一七日、M氏は、再びみずから控訴を取下げ、死刑判決は確定したものとみなされた。同氏は、現在、死刑確定者として、福岡拘置所に収容されている。

本件は、第一審裁判における判決の言渡し後、控訴審で新たに弁護人が選任されるまでの弁護権保障の「空白」の時期に、被告人が控訴を取下げ、判決が確定してしまったという特異な事件であり、「刑事被告人は、いかなる場合にも、資格を有する弁護人を依頼することができる。被告人が自らこれを依頼することができないときは、国でこれを附する」（憲法三七条三項）として、弁護人依頼権を保障している日本国憲法に違背するおそれのある重大な事件である。

そもそも、被告人の弁護人依頼権は、日本国憲法のみならず、国連の「市民的及び政治的権利に関する国際規約」（一四条三（b）（d））も、その保障を求めている普遍的な権利である。憲法や国際人権規約を体現する現行刑事訴訟法は、被告人に弁護人選任権を認め、裁判所には弁護人選任権の告知を義務づけ（刑訴法三〇条一項など）、死刑、無期懲役などの重大事件については、公判を開く際には、必ず弁護人による被告人の援助を義務付けているが（刑訴法二八九条）、公判外において、身体を拘束されている被告人が、控訴取下げのような重要な訴訟行為を行う際にも、同様の保障が及ばなければならないことは言うまでもない。

一九九五年六月二八日、最高裁判所第二小法廷は、「死刑判決に対する上訴取下げは、上訴による不服申立ての道を自ら閉ざして死刑判決を確定させるという重大な法律効果を伴うものであるから、死刑判決の言渡しを受けた被告人が、その判決に不服があるのに、死刑判決の衝撃及び公判審理の重圧に伴う精神的苦痛によって拘禁反応等の精神障害を生じ、その影響下において、その苦痛から逃れることを目的として上訴を取り下げた場合には、その上訴取下げは無効と解するのが相当である」として、死刑判決に対する控訴の取下げという訴訟行為の重大性を正面から認め、死刑の場合には、他の刑罰の場合以上に、被告人の防御権という観点から、その訴訟能力を慎重に審査することを求めた。

本件は、龍谷大学法学部教授石塚伸一等の記録閲覧および面接調査の結果、明らかになったように、まさに死刑判決直後の特殊な心理状況の中で、慢性的頭痛と裁判を継続することに伴う精神的苦痛に悩む被告人が、苦痛から逃れるために控訴を取下げた事案である。

上記のような事情を踏まえ、被告人およびその弁護人は、本年六月二日、福岡高等裁判所における控訴審の再開を申立てた。

われわれは、被告人による控訴の取下げは、訴訟能力が著しく減退し、かつまた、弁護権の「空白」下で弁護士の支援も受けることができず、被告人自身の自己の権利を守る能力が著しく制限されている中でなされた無効な取下げであると考える。その「空白」を生んだ法の不備のために、本件のように死刑判決が確定することは、憲法三七条および三一条に違反することは明らかであり、その刑が執行されるとすれば、憲法三一条および『市民的及び政治的権利に関する国際規約』に違反する。

本件以外にも、長期の身体の拘束による拘禁反応や訴訟を継続することの精神的苦痛に耐えかねて、自らの意思に反して上訴を取下げ、下級審で死刑が確定してしまうケースが見受けられるが、その際の訴訟能力の減退や防御権の制限についても、本件と同様の疑念がある。諸外国の法制度の中には、死刑を存置する以上、その判決の確定から執行にいたる手続のすべての段階で、特段の注意を払うこととし、死刑事件については、必ず最上級審の判断を要請しているものも少なくないのである。

以上の理由により、われわれ刑事法研究者有志は、福岡高等裁判所に対し、人間の生命の重みと、死刑事件における手続の重大性に十分配慮し、速やかに、本件についての公判を再開し、牧野正氏を死刑執行の危機と肉体的・精神的苦痛から解放するよう強く求める。

右声明する。

以上

二〇〇〇年六月五日

〔呼びかけ人〕石塚伸一（龍谷大学教授）、内田博文（九州大学教授）、大出良知（九州大学教授）、小田中聰樹（専修大学教授）、葛野尋之（立命館大学教授）、佐々木光明（三重短期大学教授）、福島至（龍谷大学教授）、三島聡（大阪市立大学助教授）、前田朗（東京造形大学教授）、松宮孝明（立命館大学教授）、真鍋毅（佐賀大学名誉教授）、村井敏邦（龍谷大学教授）　以上一二名

〔賛同人〕赤池一将（高岡法科大学教授）、生田勝義（立命館大学教授）、稲田朗子（高知大学人文学部講師）、指宿信（鹿児島大学教授）、梅田豊（島根大学教授）、門田成人（島根大学助教授）、川崎英明（東北大学教授）、金澤真理（山形大学助教授）、金尚均（西南学院大学助教授）、斉藤豊治（甲南大学教授）、只木誠（獨協大学教授）、徳永光（一橋大学大学院）、中川孝博（大阪経済法科大学助教授）、渕野貴生（静岡大学助教授）、本田稔（大阪経済法科大学助教授）、本庄武（一橋大学大学院）、正木祐史（一橋大学大学院）、松本英俊（広島修道大学講師）、森尾亮（佐賀大学非常勤講師）、森川恭剛（琉球大学助教授）、山上博信（愛知学泉大学講師）、山口直也（山梨学院大学助教授）以上二二名（賛同人は、六月四日現在）

〔追加賛同人〕恒光徹（岡山大学教授）、岡田行雄（聖カタリナ女子大学講師）、北野通世（山形大学教授）、水谷規男（愛知学院大学教授）、陶山二郎（佐賀大学非常勤講師）、土井政和（九州大学教授）、白取祐司（北海道大学教授）ほか一二名

後藤田裁判、控訴審へ

死刑廃止条約の批准を求める四国フォーラム事務局　高塚哲彦
（イラスト・北村裕輔）

後藤田正晴著『情と理　後藤田正晴回顧録・下』（講談社）の記述内容をめぐり、四国フォーラムのメンバー七四人が、著者後藤田と講談社に対し、人格権侵害に対する慰謝料・謝罪広告、本の回収と出版差し止めを求めて提訴（九九年五月）した「後藤田正晴元法世論調査誤認死刑執行裁判」の判決言い渡しが、九月二九日松山地裁で行われた。

問題の記述は、法相時代の一九九三年三月、それまで三年四ヶ月に渡り停止状態にあった死刑の執行を再開した理由に触れた部分で、「一つは法秩序というものはどうれば守れるのかということが基本にある。同時に僕は、それだけでもいかんだろうと、世論調査ではどうなっているか調べたんです。そうしますと、世論調査では七割ぐらいが死刑賛成論者ですね。死刑執行反対は少ないんです。しかしこういうものはそういう結果が出ることが多いんですね。だから僕は、これだけではいかんと思っていたところ、たまたまその前年か前々年ぐらいに、四国四県の県庁所在地、高松、松山、高知、徳島の街なかの繁華街で、通行人に何の選択もなしに世論調査をやっている結果があったんです。それがまた同じなんだ。死刑廃止に反対なんだ。これは政府がやった世論調査ではなくて、民間がやったんじゃないですかね、ちょっとはっきりしないんですけれど。それでも、そういう結果だから、これではまだ、日本では死刑廃止は早過ぎるという気がしたんですね。」と、『民間がやったと思われる四国四県の世論調査結果も政府の世論調査結果と同じく死刑賛成が多かったから、日本ではまだ死刑廃止は早過ぎると判断し、執行再開に踏み切った。』との回想記述。ところが四国四県での世論調査とは四国フォーラムが実施した調査以外にはなく、結果は、「死刑はいる」が六八七人（三五％）、「死刑はいらない」が七五九人（三九％）、「わからない」が五〇九人（二六％）というものであり、回顧録の記述とは全く違い、わずかではあるが廃止が存置を上回っていた。

四国フォーラムでは、『自分達の調査結果を後藤田が誤認したために執行が再開されたのか』と大騒ぎ。著者後藤田に対し三回質問書を送付した。何とか三回の回答を得るには得たが、「四国フォーラムの調査かどうか知らない。記述は執行当時の認識に間違いない。

しかし事実誤認はない。」との矛盾した主張を繰り返すのみで、事実を共に解明しようとの意思は全く窺えなかった。四国フォーラムでは提訴を決意。全国の賛同人に呼びかけ、原告を募り、本人訴訟という形態をとったものである。

　本件訴訟において、原告らは、著者が誤記述に至った事実関係を究明することを主眼とした。しかし、豊永多門裁判長らは、原告らの意をくみ取ろうとの姿勢を見せず、被告らの主張（即ち「原告らには法的に侵害された利益はない」としての審理打ち切り要求）に与する形で、原告らの証人申請をすべて却下し、四回のみの口頭弁論で強引に結審してしまったのである。原告らは裁判官忌避、弁論再開申し立てなど、手を打ち続けたが、すべて却下され、判決に至ったものである。

　全く期待できないと思っていた判決は、しかし、事実関係については原告らの主張を認めた。つまり、記述中の世論調査は四国フォーラムの実施したものであること、また、調査結果を逆に伝えていること、被告後藤田がこの逆転した調査結果も踏まえ死刑廃止は時期尚早であるとの考えに至ったと読者に認識させる可能性があるということを認めたのである。そして、この「後藤田の侵害行為」を認めたうえで、しかしながら、「社会的に許容し得る限度を超えるものとまではいうことはできない。」「原告らが精神的な苦痛を受けたとしても、これをもって社会通念上受忍限度を超えるものとまではいうことはできず、原告らが侵害されたとする利益について法的保護に値する利益とみることは困難である。」と、請求のすべてを棄却したのである。

　「そんな無茶な」という言葉が飛び出す判決である。侵害行為を認めながら訂正の要求もせず、原告らに「がまんしろ」というのである。「ふざけるな」と、一〇月一三日、五七人が控訴。舞台は、松山地裁から高松高裁に移ることになった。

　控訴審では、必然的に、「後藤田の侵害行為が、社会的に受忍し得る限度を超えているか、どうか」「原告らの苦痛は、社会通念上受忍限度を超えないものか、どうか」が、人格権の内容、範囲も含めて争われることになるだろう。そして、侵害行為の限度を明確にするためには、誤記述に至った経緯が問われなければならないはずだろう。一審で為すことのできなかった事実追求を、控訴審で実現できるよう手を打ち続けたいと考えている。

　また本件記述について、この訴訟とは別に、後藤田にインタビューをして整理し本件書籍を編集監督した、政策研究大学院大学（官僚などの再教育を目的とした特殊な国立大学）の二人の教授（伊藤隆、御厨貴）も訴え、こちらはまだ松山地裁で審理継続中である。伊藤教授という人は、「新しい歴史教科書をつくる会」の理事でもあり、言わば、意図的に事実を偽り、その偽りをこそ歴史的事実として固定化せんとする者らの代表格ということであろう。

　本件虚偽記述は、後藤田正晴、伊藤隆ら、講談社の三者によって意図的に作り出されたものであることが、見え隠れし始めている。どちらの裁判も譲れない裁判である。

（初出『インパクション』122、二〇〇〇年一一月）

6月9日（予定されていた）死刑執行を阻止したぞ！

フォーラム90　江頭純二

死刑廃止議連の再構築が課題

死刑を取りまく状況もこの問様々なことがありました。情報を集め持ちより分析した結果、国会解散直後の二〇〇〇年六月上旬は死刑執行の最大の危険日と判断しました。全国の仲間に、とりわけ執行が予測されるであろう拘置所については、直接的な行動を呼びかけ取り組みました。

衆議院選挙については前回同様の立候補者アンケートを実施しました。総選挙、死刑廃止議連につらなる人々の当落が極めて気になるところでした。残念ながら事務局長であった二見伸明さんは落選、しかし苦戦が予測されていた保坂展人さんは見事当選。早速、三日間しかなかった特別国会の最中に、「死刑に関する質問主意書」を提出していただきました。

また、古くから愛知で（フォーラムin名古屋）私たちと一緒に死刑廃止の闘いを担っていた、文字通り仲間である大島令子さんが勝ち抜いてこられました。大島さんは特別国会の召集日に早速事務所に来ていただきました。市民運動とともにありたいとも語ってくれました。議員会館事務室を運動の一定の拠点にしようとの想いも持っておられます。廃止議連会長引退・事務局長落選と苦難が予測されていたところに大きな朗報でした。

新しく法務総括政務次官となった上田勇さん（公明党）は就任記者会見で廃止の意志を明確に語ったとのことです。朝日新聞東京版では以下のように報じました。

「死刑制度について『できれば制度を改正し、廃止の方向で議論を進めたい』との考えを表明した。ただ、刑の執行については『今の法制度の下で適切に対応していきたい』と述べた。上田氏は公明党所属で超党派の『死刑廃止を推進する議員連盟』のメンバーの一人。上田氏は『死刑は人の命を絶つ重大な刑罰。個人的には人が人を裁いて命を絶つという制度が適切なのかを疑問に感じている』とも述べた」

法務省関係者で、公式の場でここまで明確に廃止の意志を表明した人はまれです。期待するとともに執行回避の要請を積み上げていきましょう。

死刑阻止へ、拘置所前での行動

後藤田元法務大臣による死刑執行再開

後藤田元法務大臣による死刑執行再開（九三年三月二六日）以降、歴代九名の法務大臣は三六名の人を執行してきました。年二回複数名を執行することが慣例化されています。前述のように六月九日が、今年上半期における、死刑執行の最大の危険日でした。

6月9日（予定されていた）死刑執行を阻止したぞ！

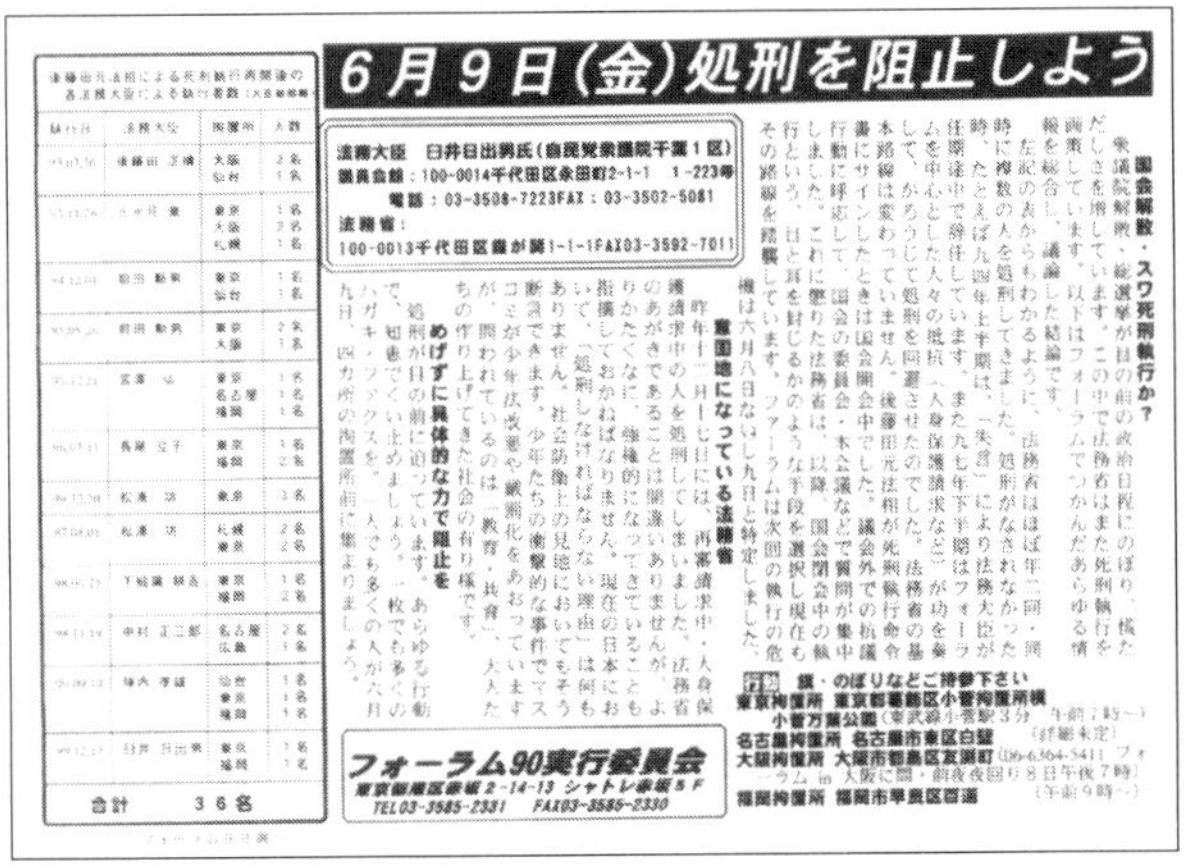

6月9日（金）処刑を阻止しよう

国会解散・スワ死刑執行か？

衆議院解散・総選挙が目の前の政治日程にのぼり、慌ただしさを増しています。この中で法務省はまた死刑執行を画策しています。以下はフォーラムでつかんだあらゆる情報を総合し、議論した結論です。

左記の表からもわかるように、法務省はほぼ年二回・複時に複数の人を処刑してきました。処刑がなされなかった時、たとえば九四年上半期は、「失言」により法務大臣が任期途中で辞任しています。また九七年下半期はフォーラムを中心とした人々の抵抗（人身保護請求など）が功を奏して、かろうじて処刑を回避させたのでした。法務省の基本路線は変わっていません。後藤田元法相が死刑執行命令書にサインしたときは国会開会中でした。議会外での抗議行動に呼応して、国会の委員会・本会議などで質問が集中しました。これに懲りた法務省は、以降、国会閉会中の執行という、目と耳を封じるかのような手段を選択し現在もその路線を踏襲しています。フォーラムは次回の執行の危機は六月八日ないし九日と特定しました。

袋小路になっている法務省

昨年十二月十七日には、再審請求中・人身保護請求中の人を処刑してしまいました。法務省のあがきであることは間違いありませんが、よりかたくなに、強権的になってきていることも指摘しておかねばなりません。現在の日本において、「処刑しなければならない理由」は何もありません。社会防衛上の見地においてもそう断言できます。少年たちの衝撃的な事件でマスコミが少年法改悪や厳罰化をあおっていますが、問われているのは「教育・共育」、大人たちの作り上げてきた社会の有り様です。

めげずに具体的な力で阻止を

処刑が目の前に迫っています。あらゆる行動で、知恵でくい止めましょう。一枚でも多くのハガキ・ファクスを。一人でも多くの人が六月九日、四カ所の拘置所前に集まりましょう。

法務大臣　臼井日出男氏（自民党衆議院千葉1区）
議員会館：100-0014千代田区永田町2-1-1　1-223号
電話：03-3508-7223FAX：03-3502-5081
法務省：
100-0013千代田区霞が関1-1-1FAX03-3592-7011

行動　旗・のぼりなどご持参下さい
東京拘置所　東京都葛飾区小菅拘置所横
小菅万葉公園（東武線小菅駅3分）（午前7時〜）（詳細未定）
名古屋拘置所　名古屋市東区白壁
大阪拘置所　大阪市都島区友渕町（06-6364-5411 フォーラム in 大阪に問・前夜夜回り8日午後7時）（午前9時〜）
福岡拘置所　福岡市早良区百道

フォーラム90実行委員会
東京都港区赤坂2-14-13 シャトレ赤坂5F
TEL03-3585-2331　FAX03-3585-2330

後藤田元法相による死刑執行再開後の各法務大臣による執行者数

執行日	法務大臣	拘置所	人数
93.03.26	後藤田 正晴	大阪 仙台	2名 1名
[illegible]	三ヶ月 章	東京 大阪 札幌	1名 2名 1名
[illegible]	前田 勲男	東京 仙台	1名 1名
[illegible]	前田 勲男	東京 大阪	2名 1名
[illegible]	宮澤 弘	東京 名古屋 福岡	1名 1名 1名
[illegible]	長尾 立子	東京 福岡	1名 2名
[illegible]	松浦 功	東京	3名
97.08.01	松浦 功	札幌 東京	2名 2名
98.06.25	下稲葉 耕吉	東京 福岡	1名 2名
[illegible]	中村 正三郎	名古屋 広島	2名 1名
[illegible]	陣内 孝雄	仙台 東京 福岡	1名 1名 1名
[illegible]	臼井 日出男	東京 福岡	1名 1名
合計			36名

法務劣は後藤田氏の再開時の執行を除き、国会閉会中に日を選んできました。開会中に執行命令を出した後藤田氏は、衆参法務委員会や予算委員会、本会議などで、廃止推進議員により執行再開について何度も追求を受けたのです。リアルタイムで追求されることはマスコミを通じ否応なく人々の耳目にさらされることになりました。「制度がある以上」というのが唯一の論拠であり、以降もこの論点のみが継続されています。執行の常態化はこのときに作られ今日まで踏襲されているのです。

私たちは九七年一二月に予定されていた執行を阻止しました。このときは「人身保護請求」という法的手だてをぶつけた抵抗でした。今回の危機に対して国会の動向を見ながら執行日を特定することにしました。各拘置所に収監されている執行のおそれがある人に可能な限りの法的措置をお願いし、その上でさらに議論を重ね六月九日を特定しました。全国の仲間への呼びかけ、集会会場の設定などを緊迫したなかで組み立てたのでした。九七年執行阻止成功のあとは、「危機の呼びかけ〜法的手段へのゆだね〜法務大臣・拘置所長など関係機関への要請、しかし執行強行、抗議行動」と執行日を一定特定しながらも阻止を果たせないもどかしさを感じていました。

今回、今年の大きな政治日程(七月のサミット・一二月の省庁再編など)を考慮すればここ（衆議院解散直後）しかあり得ないと判断し、執行の可能性がある死刑囚が収監されている四カ所の拘置所での直接要請行動を呼びかけました。

全国四カ所での直接要請・監視行動へ

東京ではインターネットによる監視をも計画しました。小型ＣＣＤカメラ、パソコン、ＰＨＳにより執行と行動の経過を全世界に向け発信しようとするものです。できれば処刑場へと向かう高検検察官の表情を撮れないものかと。台風並の強風の中、多くの人々・団体の技術協力や物的・人的な協力を得、実現できました。このことは運動の側が自らの中継配信手段を持てたことであり、大きな成果だと言えます。

これら行動予定の全てを、執行の危機の事実とあわせて記者発表し（牽制し）ました。この監視状態のもと執行を強行できるのか、マスコミもたくさん集まってくれました。

九日の前夜あるいは当日早朝、東京・名古屋・大阪・福岡で、同じ目的を持って共同の行動が展開できました。法務省は「もともと執行の予定などなかった」としているらしいのですが、これも予測していた反応そのもの

東京拘置所前からパソコンで全世界へ同時中継。

でした。当局の手の内が一部ですが見えました。監視の前で執行を強行することは出来なかったのです。東京拘置所周辺は「通年戒厳状態」です。門前での要請行動はおろかデモ隊でさえ正門前を通さない。団体代表が要請に行くと拘置所警備隊が敷地内を固め、外では警察が介入し排除にかかって来ます。が、今回は隣接の公園を「借りる」（葛飾区役所の管理下にあるので、目的外使用として正式に「借用」した）ことに成功。三〇メートルほど離れた正門前で全員で「要請」する事が出来ました。

　当局が予測できないことをやれば執行を回避させることが出来ます。今回のことでまた一つ我々の経験とすることができたのです。この経験は大きいのです。「直接要請・監視」という、だれでも参加できるという運動の基本にもとづく行動なので意味はさらに大きいと考えています。

二〇〇〇年もおしせまって死刑執行

　保岡興治前法相、かつての奄美群島区で「金権」をさえも越えたドロ沼の選挙を徳田虎雄との一騎打ちをなした人。この人は元裁判官で弁護士。自民党内で「司法制度改革」まとめの「論功行賞」で入閣した。サミット以降臨時国会までの間までが危ないとされていた執行は再度の直接行動が功を奏したのか、ここも見送られた。

　しかし、年末の省庁再編であえなく保岡は法務大臣をやめさせられた。一一月三〇日、やめる直前、三人の執行をなした。一一月三〇日は国会最終日直前、日程は「議上」しか残っていない。今回もまた「議論が出きない」時期の執行だった。

　そして私たちの「読み」も日を特定するところまでは確定的ではなかった。保岡はひとことも語ることなく逃げ去った。

（初出『FORUM90』57号、二〇〇〇年七月二七日を大幅改稿。なお、東京拘置所前での監視行動は、このあと九月八日、同一四日にも取り組まれた。）

6月8日夜廻り

死刑廃止フォーラムinおおさか

夜7時に地下鉄都島駅に集合。用意したビラをまいたりちょうちん、横断幕を取り出したりして準備にかかる。少しづつ集まってくる。携帯を持つ一人の兄ちゃんがしきりにこちらをみながら話している。真ん前のポリBOXの中からもこちらをうかがっているのがわかる。

●7時20分　一二人で出発

「都島のみなさん、今晩は！
この近くの大阪拘置所でまた死刑があるかもしれません」

「大阪拘置所、死刑執行せぬように、死の用心」

「地震　カミナリ　火事　死刑　死刑の用心　死の用心」

いつもより人数が多く、何となく声も大きく元気になる。

●7時30分過ぎには大阪拘置所正門前に到着。

いつもは建物は、灯がなく真っ暗なのに、この日は電気がこうこうとついていた。執行の前の日は執行される人の書類を徹夜で整理すると聞いたことがある。

「灯がついてるけど、もしかして、明日の執行のために書類の整理をしとるんとちゃうやろね。」

「平間や弥長大阪拘置所さん、死刑執行の命令せんように。刑務官のみなさん、執行の命令されたら、自分はできないと言ってください。イヤな仕事は断ってください」

それぞれがちょっとづつ大拘のなかに呼びかけた。

「唄を歌います。
白昼堂々人殺し　法律かざして人殺し
国家がしでかす人殺し　死刑はやっぱり人殺し」

（「おたまじゃくしは蛙の子」）

●8時前には夜廻りを再開。今度はとなりの官舎に向かう。

「刑務官の家族のみなさん、お父ちゃんに明日の死刑執行やめときといって言うてください」

官舎の周りを廻って一時間の行動を終わりました。

★結局は、六月九日の執行はなかった

この日、東京では拘置所近くの公園に朝七時から集まり集会をして執行に反対の意志を示し監視行動をした。その模様がインターネットで全世界に伝えられたらしい。（うちのパソコンはボロくて能力オーバーで結局見ることはできなかった）

九日の執行はなかった。反対の動きにより取りやめたのかも知れない。あるいは、選挙がからんだ、単に向こうの都合で取りやめたのかも知れない。執行の危機はなくなっておらずいつ動き出すか分からない状況は変わってないと思う。

（坂口誠也）

『死刑と人権』一一二号、二〇〇〇年六月二九日

2000年11月30日の執行

●2000年12月2日死刑執行抗議集会での発言から

執行をめぐる状況

弁護士　安田　好弘

一一月三〇日に名古屋拘置所で二人、福岡拘置支所で一人、合計三名の人が執行されました。今回の執行について最初に私どもに情報が入ったのは一一月三〇日の午前八時三五分でした。これを受けてなんとしても、当日の執行を止めようと考えました。執行は午前九時台および一〇時台、数人の執行がある場合は九時台に一人、一〇時台に一人ないしは一一時台に、ということがあるものですから一〇時台に入ってもなおかつ執行をやめさせる努力をすることが出来ると考えました。

まず私たちの仲間にこの情報を伝え、また議員連盟の国会議員になんとか連絡をとって法務省に駆け込んでもらう、そして直談判をしてもらう。さらにマスコミにこの情報を全面開示して法務省に一斉取材をしてもらうということを考えました。

もちろん拘置所の前でピケットを張ることも考えましたがそれは思いとどまりました。このような直接的、具体的な行動を起こすことに十分に議論を尽くしていなかったこと、そしてそうすることが逆に私どもに寄せられた情報源をもオープンにしてしまうことを恐れたこともあります。

大島令子議員と保坂展人議員がただちに法務省に駆け込んで松尾事務次官に直談判をしてくれました。その時刻が午前一〇時すこし前、それと同時に私どもは司法記者クラブにファックスを入れて、司法記者クラブの掲示板に張り出すことを求めました。その中身は次の通りです。

司法記者クラブ殿

本日現在、死刑を執行しています。一〇時以降も執行が予定されています。法務省への緊急取材をお願いします。そして、執行をとめてください。

フォーラム90

しかし一一時四五分のニュースで執行があったという第一報が、それから一二時には三名の具体的な名前を挙げたニュースが流れました。ところが法務省からは発表がありません。ようやく一時ちょうどに、法務省からいわゆる「怪文書」といわれている「本日、死刑確定者三名に対して死刑の執行をしました」というファックスが司法記者クラブに入って、法務省は表向き執行の事実を認めました。午後二時半から廃止議員連盟の保坂、大島、木島、竹村、江田の各議員が法務省に出かけて行って松尾事務次官に抗議をする、それから三時半に菊田さん、アムネスティの石川さん、それから保坂さんと大島さんが合流して記者会見と同時に抗議声明を発表。さらに一二月一日、午前一時（日本時間）ですが、ローマの日本大使館に対して（ローマ時間は午後五時）ＮＧＯがデモをかけています。「二〇〇〇年までに全世界における死刑廃止を目指す市民・議員連合」の人たちで、イタリアの上院議員が一人、下院議員が二人、欧州議会の議員が一人加わっていたということです。それから名古屋、福岡で抗議行動が行なわれていますし、東京弁護士会、議員連盟、あるいは真宗大谷派の抗議の声明が出ています。

今回の執行をみてみますと、大変特徴があります。一つは法務大臣の影がまったくなかったということです。結局法務大臣不在のまま終ってしまった。全面に出てきたのが、例の松尾事務次官でした。これが第一の特徴です。

それから第二の特徴ですが、国会の開会中に行われたということです。一九九三年の三月二六日に後藤田が執行を再開したときは国会が開会中でした。このあとは常に国会が開かれない時に執行がなされています。しかし今回は開会中に行なわれました。

それから政務次官が今回は事前に執行を知らされていた、ということです。これも私どもが聞いていたこととはまったく違っていました。従来の話ないし政務次官であった人たちの話では、執行された事実は執行された当日、執行後に知らされる、つまり政務次官が関与しないチャンネルの中で執行が行なわれるという従来の話とまったく違った、つまり具体的には上田政務次官は今回の執行前にすでに報告されていたということです。

それから今回の執行は木曜日の執行であったということ。さらに執行したということを法務省が発表することについて通常より一時間半遅れて発表したということ。

これらを判断してみると、やはりなんとしても死刑の執行を法務大臣にさせる、つまり執行をしない法務大臣を作らないということ、執行ゼロの年を作らないということ、この二つが法務省の基本方針であって、そのためには国会開会中であろうとあるいは法務大臣の任期切れ直前であろうと断固として執行をやり遂げるということ、これが今回の執行から読み取れると思います。

もう一つ、私どもはとにかく執行をさせない年を作ろうということで具体的、直接的な執行阻止行動に入りました。つまり執行が行なわれそうな日には現実に拘置所に出かけて行って監視活動というデモンストレーションをやってきました。六月九日、この日には執行が予定されていただろうと思いますし、さらに九月八日、九月一五日と私どもは直接行動をやったわけですが、それなりに危機の状態にあったわけです。しかしいずれも私どもが直接行動をやった日は金曜日でした。ですから今回、彼らが金曜日を外してあえて木曜日にやったということは私どもの直接行動を彼らが肩透かしを加えることによって死刑を執行した、と言えるだろうと思います。

それから私が聞いた話を申し上げますと、藤原（勝田）清孝さんがどういう状態で執行されたか、藤原さんの義理のお姉さんが名古屋拘置所に一一月三〇日午後出かけて行って話を聞いています。その話の場では所長、及び担当係官、それから真言宗の教戒師が同席して、教誨師が執行の状況を話したということです。

その中身は「立派に亡くなりました。宮脇さんを先に執行しました。藤原さんは動揺する人であることを前もってよく知っていました。それで教誨師の力を借りてじっくり時間をかけていろいろと話をさせていただいて、そして執行をさせてもらいました。静かに亡くなりました。煙草も吸ってもらいました。お姉さんを気遣い、心配していて教誨師との話はほとんどお姉さんについての話でした。そして、話の終わり頃になって被害者のことを最初に述べなくてはなりませんね、と。そういう話をしたあと被害者一人一人のお名前を挙げてお祈りをしました。最後になって目隠しをちょっと取ってくれというふうに本人は話をして、目隠しをとられると合掌した、合掌している間に執行がなされた。首の傷は別としてとてもきれいな遺体でした。

午後四時ごろ遺体に触れることが出来ましたがまだ身体が温かかった。執行の直前刑場の左側にある部屋の中で三枚半の遺書をしたためました。その字はまったく乱れていなかったし、普段の字と同じでした。見てくださいお姉さん、普段の字と同じでしょ?」と言われたそうです。確かにそうであったという話です。

これはまったく異常なことです。同じ名古屋拘置所で最初に処刑された木村修治さんのケースではこういう状況ではありませんでした。お母さんとお姉さんが行ったとき、拘置所長は出てこなかったですし、もちろん教誨師が出てくることもなかった。お別れをしました、と言っただけでしたし、そして確かにお母さんに対する遺書は渡しましたが他に遺書があるかどうかも曖昧な答えであったわけです。執行の時の状況などおよそ話をしませんでした。

これをみてみますと、彼らは新しい執行の方法を確立したといえるだろうと思うわけです。執行をいわゆる宗教儀式にしてしまう、普段からお世話になり信頼する教誨師に抵抗して面子をつぶすわけにはいかない。まさに拘置所が支配するのではなく、教誨師を使って間接的に黙らせるということがここで行なわれていたと言えます。

法律には誰が死刑を執行するかの記載がありません。規定がないのですから、彼らは教誨師に執行をさせるわけです。これが彼らの言うところの合法的な殺人、より合法的な殺人なわけです。

今年は二つの大きな死刑をめぐる流れがありました。一つは直接行動に私どもが出ていったということ、同時に具体的に終身刑の導入について政府与党の中で話がなされたということです。そして現実にこのような行動があっても依然として、そして確実に死刑が実行されたということであるし、同時に法務大臣が雲隠れして法務省の松尾事務次官が正面から対応する。つまり法務省が正面から出てきたこと、国会開会中であろうと法務事務次官が法務大臣をガードして守り切るという体制を組んだ上での執行でしょうし、いかなる抵抗があっても上手に教誨師を使って安易に執行できる状況を作り出した執行であったただろうし、先ほども言いましたが五年という早い期間で執行を続けていくということだと思います。

これからどうやっていくか、議論をすべきだろうと思います。

国会での取り組み

衆議院議員　大島令子

私は八時四〇分に今日執行があるようだ、と聞いて急いで議員会館に来ました。保坂さんと連絡を取り合い複数の可能性があるから停めさせよう、と法務大臣と総括政務次官に電話をしたのですが二人とも留守なので法務省に連絡をとって一〇時四分から一〇分まで松尾事務次官と刑事局の池上総務課長の二人に会ってきました。

「執行しましたか?」と尋ねても「それはなんとも申し上げられない」との繰り返しでした。「最近では執行の事実を発表するということですが、申し上げられないということは執行していないと理解していいんですね」と念押しして帰ってきたわけです。法曹記者クラブでもその話もしました。ところがニュースで三名のかたが執行され、名前とどこの拘置所で行なわれたかなどきちんと報道されたのです。

これは松尾さんにもう一度会わなければならない、と思い今度は竹村泰子さん、江田五月さん、保坂展人さん、木島日出夫さんを含めて話してきました。この中で松尾さんは、最近では適切な時期をみて執行するというのです。先生方はお正月とかお年賀、お盆の時はお忙しいでしょうから適切な時期を見計ってとはっきり言いました。

さらに私たちは「松尾事務次官が直接大臣に(執行に関して)言ったのでしょうか」と尋ねると「いえ、総括政務次官も決裁ルートに載っております」という話でした。

実はこの上田いさむ政務次官(公明党)とは一〇月六日に被害者の遺族と一緒に会いまして、死刑廃止に関して法務大臣に直接訴えてほしいとお話したことがあります。公明党は本会議の代表質問で「死刑廃止を前提とした刑罰のあり方」に関する質問を政党として初めて行なっているのです。だから私は公明党が連立与党の一翼を担っている間は少なくとも執行はない、と期待をしていました。

ですから、昨日(一二月一日)エレベーターの中で偶然にもこの上田政務次官と会ったものですから私は思わず腕をつかんで「松尾事務次官から政務次官も執行の決済ルートに載っていると聞いたけれど、あなたはその書類を見たのですか?」と聞いたんです。彼は「見ました。でもしょうがないじゃないですか、秩序を保つためには仕方なかったんです……」

もうこれは人間の問題であって、どこの政党に所属していようと、どういう立場にあろうとその人に確実な死刑廃止をしたいという気持ちがなければもう無理なんだと。たとえある政党が死刑廃止の訴えをし、しかもその中で有力なポストにいるとしても食い止めることが出来ないとなれば、結局は議員一人一人の考え方が大切なんだということを思い知りました。

一二月一日に死刑廃止議員連盟の新しい執行部が選出され、会長に竹村泰子さん、副会長には民主党から金田誠一さん、共産党から木島日出夫さん、社民党から福島瑞穂さん、事務局長に保坂展人さんに決まりました。連盟の議員数は八二人でスタートします。私は議員になってまだ五ヶ月の新人ですが頑張っていきたいと思います。

執行された三名について

死刑廃止の会　菊池さよ子

今回執行された三名のうち、勝田清孝（養子縁組をして藤原姓）さんは一九七二年九月から八三年一月に逮捕されるまでに京都、大阪、愛知で八名の方を殺害したと言われています。彼は事件当時消防士をしていましたが、一九八一年に窃盗の事件を起こして逮捕され有罪の判決を受けています。そのために窃盗の事件をはさんでその前と後と二つの事件でそれぞれ求刑され判決も二つの死刑を言い渡されたというかなり特異な事件です。

彼の裁判は一九八六年三月二四日名古屋地裁で死刑判決が出て、八八年五月一九日名古屋高裁で控訴棄却、九四年一月一七日最高裁で上告棄却され死刑が確定、それから今回の執行まで六年一〇ヶ月という期間でした。

彼は「死刑囚が死刑廃止の意見を表明することには疑問を感じている。廃止運動の人たちと関わる気持ちはない」と言っていました。ただ、彼と文通を重ねていた人が彼と養子縁組をする形で死刑の確定後も義理のお姉さんとして交流をされてきて、そのお姉さんから『野のゆり』というパンフレットを送ってもらうことによって、勝田さんが点訳奉仕を続けていたことなどの近況を知ることも出来ました。

彼の手記による『冥界に潜みし日々』という創出版から出された本があります。そのほか、確定後に『勝田清孝の真実』という義理のお姉さんとの手紙のやり取りを中心にした本も出版されています。

宮脇さんに関しては、一九八九年二月一四日、離婚した奥さんとの復縁に反対した奥さん方のご両親と妹さんを恨んで、その三人を殺害したという事件です。

彼はすぐに逮捕されているのですが、事件からわずか一〇ヶ月後の一二月一四日、岐阜地裁で一審の死刑判決を受けています。さらに驚くべきことは翌年の九〇年、一審の判決から半年後の七月に名古屋高裁で控訴棄却、ですから事件を起こしてから一年四ヶ月のあいだに控訴棄却まで行っているというとんでもない裁判だと思います。

宮脇さん自身から、はじめから殺すつもりはなかった、上告審はなんとか私選の弁護人をお願いしたいと頼まれ、野田・浦辺両弁護士に付いていただきました。しかし、上告審の途中、九四年三月に突然上告を取り下げてしまい今回に至っています。

最後に、福岡拘置所で執行されました大石国勝さんに関しては、一九八三年五月一六日、隣人の子どもが大石さん宅の水道の金具を盗んだと疑い（どうやら事実ではないようです）、そのご両親と子どもの三人を殺害したというものです。

八七年三月一二日に佐賀地裁で死刑判決を受け、八九年一〇月二四日福岡高裁で控訴棄却、九五年四月二一日最高裁で上告棄却され死刑が確定しました。

彼の裁判は一貫して責任能力を争っていました。精神鑑定が四回行なわれています。そのうち二人の鑑定人は事件当時の責任能力はなかった、という鑑定を出し、あとの二人は能力ありと判断していました。全ての裁判所は彼に責任能力あり、と判断しています。ただ、彼と手紙のやり取り、あるいは面会をしてきた人の印象は、彼には病的な妄想があるといわざるを得ない状態であったそうです。

今回の執行の特徴は安田さんも言われたよ

うに、確定から執行までの期間が非常に短いということです。

現在死刑が確定している人の中で一人一人が出来るところで再審請求をしたり、恩赦の出願をしたりすることで戦っているわけですが、そのことで執行の対象が次の人に移ってしまうという大きなジレンマがあります。個別に再審請求をすればするほどその次の人に飛び越えていくため確定から執行までの期間が短縮されてきているというのがこの間の特徴だと思います。

確定後ももう少し深いつながり、あるいは支援の強化をしておけばよかったという悔いは残りますが、その思いをさらに現在確定している多くの死刑囚の支援に力を注いでいきたいと思います。みなさん、ともにがんばりましょう。

（初出『FORUM90』59号〇〇年一二月二七日）

◆大石国勝さんから

国勝が一番はらがたつことは、とりしらべのときに、刑事たちがでたらめに調書をかいたことです。それと検事たちがでたらめな調書をかいたことです。それと、刑事たちがでたらめに、調書を、かきたしたので世の中に、でたらめなほうどうを、されました。刑事がマスコミを、つかて、づさんな、ほうどうを、させたことです。国勝わ、よの中に、でたらめな、ほうどうを、されました。刑事たちがでたらめに、調書を、かいたからです。刑事たちや検事たちのやることわ、法律に、いはんします。

◆宮脇喬さんから

私は大変な過ちを犯し故人のご冥福を祈る毎日です。

私は貧乏人でありまして、一審、二審共、国選弁護士でした。裁判のことは何も判らず、あっという間に終わったという気で、裁判とはこんなものなのかと思い何の疑問も抱く事もなく、一審で死刑判決を受け、控訴して、二審でも死刑判決を受け上告手続きをしました。

だが、今は違います。

一審死刑、二審死刑と死刑判決を受けて何のために控訴して、二審では一審よりも具体的に真実を訴えながら、取り上げて貰えず、審議らしき審議もして貰えず、即、死刑の判決を受けました。

「バカナ」と疑問をいだき、「麦の会」に入会させていただき、死刑廃止運動に参加する決意をしました。

私には家族はありません。父、母はすでに他界しております。私は長男として生まれ、姉が一人、妹一人、弟二人の五人兄弟です。皆それぞれ家庭、家族を持ち、幸福な生活を送っているところへ私の事件です。私のために、それまで、何もなく、幸福な生活が、一夜にして肩身のせまい重い荷物を背負わせてしまい、大変申し訳なくすまない気持ちでいっぱいです。

現在の私は「死刑廃止の会」皆々様、「救援」皆々様、「麦の会」先輩各位殿の良き共を得て、感謝しております。

私は上告二年目の死刑囚、「麦の会」に入会させていただいたばかりの「ひよっこ」ですが、死刑廃止に傾ける情熱と意気込みは誰にも負けません。

（麦の会編著『死刑囚からあなたへ2』インパクト出版会、一九九〇年一二月刊より）

死刑判決・無期懲役判決（死刑求刑）一覧 1999－2000

死刑廃止の会　菊池さよ子

◆は死刑判決　◇は無期懲役判決（死刑求刑）

《一九九九年》

◆◇一月二七日神戸地裁姫路支部（加島義正裁判長）不動産会社社長と娘の誘拐殺人事件で死刑判決と無期懲役判決

事件は九一年七月神戸市の不動産会社社長とその長女を誘拐し、殺害したとされるもので、元暴力団組長山口勝平さんに死刑判決、元組員藤中政美さんに無期懲役判決（求刑死刑）、元組員（犯行時十九歳）に求刑通り無期懲役、元組員に懲役十三年の判決を言い渡した。山口さんは殺害の実行には関与していないとして、無罪を主張したが判決は強盗殺人事件の首謀的役割を果たしたと認定した。

また四人が同時に起訴された銃刀法違反については、捜査段階で捜査員が接見禁止決定に違反して被疑者に外部に電話させるなど、短銃の押収手続きに違法があったとして無罪とした。

死刑判決を受けた山口さんは控訴し、一方検事側は藤中さんの無期懲役判決を不服として控訴した。

◆二月二五日最高裁第一小法廷（小野幹雄裁判長）埼玉県三連続殺人事件で否認にもかかわらず上告棄却―死刑判決

七二年から七四年にかけて埼玉県熊谷市などで、知り合いの三人を殺したとして強盗殺人や殺人などの罪に問われた高田和三郎さんに対して、最高裁は一、二審の死刑判決を支持する判決を言い渡した。

しかし高田さんは一連の事件は事件後に自殺したHさんが首謀者であり、警察での供述は過去に自分が世話になったHさんをかばったものであると主張したが、認められなかった。高田さんは今後再審請求をしていく予定である。

◆二月二六日岡山地裁（楢崎康英裁判長）短銃による三人射殺事件で死刑判決

九二年、岡山県山陽町の新興住宅地で工事の受注をめぐるトラブルからタイル工事会社社長の西本晴芳さんが短銃で三人を射殺、一人に重傷を負わせたとされるものである。

被告・弁護側は「飲酒により酔っ払った状態で犯行時は心神喪失または心神耗弱状態だった」と主張したが、認められなかった。

◆三月五日大阪高裁（西田元彦裁判長）「コスモ・リサーチ」殺人事件で控訴棄却―二名に死刑判決

八八年大阪・北浜の投資顧問会社「コスモ・リサーチ」の経営者と社員を殺して、現金一億円を奪ったとして、強盗殺人・死体遺棄などの罪に問われた河村啓三さんと末森博也さんに対し、一審の死刑判決を支持する控訴棄却の判決が言い渡された。

◆三月九日最高裁第三小法廷（千種秀夫裁判長）保険金目当ての二人殺人事件で上告棄却―死刑

1999年　死刑判決

月・日	裁判所	裁判長	被告	現　在
1.27	神戸地裁姫路支部	加島　義正	山口　勝平	控訴審
2.25	最高裁第１小法廷	小野　幹雄	高田和三郎	確　定
2.26	岡山地裁	楢崎　康英	西本　晴芳	控訴審
3.5	大阪高裁	西田　元彦	河村　啓三	上告審
同	同	同	末森　博也	同
3.9	最高裁第３小法廷	千種　秀夫	嶋﨑　末男	確　定
3.24	大阪地裁	横田　信之	鎌田　安利	控訴審
3.25	福岡地裁	仲家　暢彦	倉吉　政隆	上告審
4.28	東京高裁	佐藤　文哉	石橋　栄治	上告審
6.14	福岡地裁	仲家　暢彦	朴　　日光	控訴審
6.23	津地裁	柴田　秀樹	新田　貞重	控訴審
6.25	最高裁第２小法廷	福田　　博	福岡　道雄	確　定
9.13	最高裁第１小法廷	大出　峻郎	松井喜代司	確　定
9.29	福岡地裁	陶山　博生	久間三千年	控訴審
9.30	東京地裁	山崎　　学	横山　真人	控訴審
12.22	大阪高裁	河上　元康	中村　正春	上告審

1999年　無期懲役判決（死刑求刑）

月・日	裁判所	裁判長	被告	現　在
1.27	神戸地裁姫路支部	加島　義正	藤中　政美	検事控訴・控訴審
3.11	東京地裁	山崎　　学	岡下　　香	検事控訴・控訴審
3.26	最高裁第１小法廷	井嶋　一友	島田丑之助	無期確定
4.27	東京高裁	神田　忠治	大野　春雄	同
5.13	水戸地裁	松尾　昭一	佐藤　　忍	検事控訴・控訴審
5.27	東京地裁	山室　　恵	持田　　孝	検事控訴・控訴審で死刑判決・上告審
6.23	津地裁	柴田　秀樹	山口　益生	検事控訴・控訴審
6.25	大阪地裁	大島　隆明	岡田　直人	同
9.6	東京地裁	木村　　烈	西田　　久	同
9.29	浦和地裁	須田まさる	岡崎　輝光	同
9.30	福岡高裁那覇支部	飯田　敏彦	柳　　末盛	無期確定
同	同	同	上野　　勝	同
11.24	盛岡地裁	須藤　浩克	坂上　久幸	検事控訴・控訴審
11.29	最高裁第２小法廷	福田　　博	岡　　敏明	無期確定
12.16	最高裁第１小法廷	井嶋　一友	安川　奈智	同
同	同	同	仲谷　広美	同
12.24	最高裁第３小法廷	元原　利文	藤村　英彦	同

判決

八八年三月から五月にかけて保険金目的で部下の暴力団組員を殺害し、事件の発覚を恐れて口封じのために他の組員二人を殺害したとして殺人や強盗などの罪に問われた嶋﨑末男さんに対して、二審の死刑判決を支持し、上告を棄却する判決が言い渡された。

嶋﨑さんに対して一審の熊本地裁は無期懲役の判決を言い渡したが、検察側が控訴し二審の福岡高裁で死刑判決が出されていた。

◇三月一一日東京地裁（山崎学裁判長）資産家の老女殺人事件で無期懲役判決

八九年に東京都杉並区のアパート経営者（当時八二歳）の土地をだまし取り、発覚を恐れて殺害し、共犯者と金の配分を巡って争いとなり、共犯者も殺害したとして元不動産ブローカーの岡下香さんに無期懲役判決（死刑求刑）を言い渡した。岡下さんは老女殺人については無罪を主張したが、判決では鑑定や自白調書などから有罪とした。

◆三月二四日大阪地裁（横田信之裁判長）五人の児童殺人事件で二件の死刑判決

八五年から九四年にかけて小学生の女児ら五人を連続して殺した（警察庁指定一一一号事件）として殺人や死体遺棄などの罪に問われた鎌田安利さんに対して二件の死刑が求刑されていたが、大阪地裁は二件とも死刑とする判決を言い渡した。連続した事件の間に別件で判決を受け受刑した場合、その別件の前と後の事件についてはは別々に求刑し、判決を言い渡すことになっている。なお身代金要求については第三者による便乗的犯行の疑いがあるとして無罪を言い渡した。

◆三月二五日福岡地裁（仲家暢彦裁判長）男女二人殺人で死刑判決

九五年福岡県山川町の山中で男女二人を殺害し、貴金属（約二〇万円相当）を奪い、遺体を山中に埋めた他、パチンコ店などを襲い現金約二千万円を奪ったとして、強盗殺人や強盗致傷などの罪に問われた倉吉政隆さんに死刑判決が言い渡された。共犯とされた池田忠則さんは無期懲役（求刑通り）だった。

◇三月二六日最高裁第一小法廷（井嶋一友裁判長）殺人、脅迫、爆発物取締罰則違反事件で被告の上告棄却―無期懲役判決

千葉県とタイで知人二人を殺害し、不動産会社社長宅に自動発火装置付きの花火を送付さらに銀行頭取宅に青酸カリを送り、それぞれ脅迫したほか、時限爆弾を製造するなどしたとされた島田丑之助さんに対し、検察側は死刑を求刑したが、一、二審とも無期懲役の判決だった。島田さんは一部を否認して上告していたが、最高裁は上告を棄却したため、無期懲役が確定した。

◇四月二七日東京高裁（神田忠治裁判長）老夫婦殺人事件で検察側の控訴棄却―無期懲役

九六年一月千葉県沼南町で知り合いの農家の老夫婦宅に侵入し、屋内を物色中に見つかったため、夫婦を殺害して、遺体を利根川河川敷に埋めた。さらに奪った預金通帳などを使って現金百十四万円を引き出したとして強盗殺人・死体遺棄などの罪に問われた大野春雄さんに対して一審の無期懲役判決を支持する判決を言い渡した。

◆四月二八日東京高裁（佐藤文哉裁判長）一審の無期懲役判決を破棄して死刑判決

事件は一九八八年一二月二八日神奈川県小田原市で起きたタクシー運転手殺害事件と翌八九年一月一日同県大井町の建設会社宿舎で元同僚の作業員を殺害したとされる二件の強盗殺人事件で、石橋英治さんは一件目の事件を否認している。

一審の横浜地裁小田原支部は一件目の事件を無罪として無期懲役判決（求刑は死刑）を言い渡したのである。

しかし東京高裁は被告の捜査段階の供述には具体性、迫真性があるとして二件とも有罪とし、一審判決を覆して、あえて死刑判決を言い渡したのである。

◇五月一三日水戸地裁（松尾昭一裁判長）仕事仲間二人殺人で無期懲役判決

九四年一〇月と一二月にそれぞれ雇っていた塗装工を仕事上の問題を理由に暴行を加えて殺害し、遺体を段ボールに入れて山林に捨てたとして殺人罪などに問われ、さらに逃走中の九五年一月から二月にかけて上記事件の共犯者を殺害しようとしたほか、山口県や兵庫県で女性から現金を奪ったとして殺人未遂・強盗傷害の罪に問われた塗装業佐藤忍さんに無期懲役判決（求刑死刑）が言い渡された。

◇五月二七日東京地裁（山室恵裁判長）被害届を出した女性への逆恨み殺人で無期懲役判決

婦女暴行などの事件を警察に通報した被害者の女性を逆恨みして出所後の九七年四月に刺殺したとして殺人罪などに問われ死刑を求刑された持田孝さんに対し、無期懲役判決が言い渡された。判決では「被害者が一人で利欲目的でないなど、死刑選択に消極的方向に動く事情を重視すべきだ」とした。

この判決を不服として検事は控訴した。

◆六月一四日福岡地裁（仲家暢彦裁判長）タクシー運転手ら二名の強盗殺人に死刑判決

事件は九五年一月に名古屋で交際中の女性を殺害した上、福岡でタクシー運転手を殺害して現金を奪ったとして強盗殺人などの罪に問われていた朴日光さんに死刑判決を言い渡した。弁護側は両事件について「目撃証言やDNA鑑定の信用性には疑問がある」と主張した上で、福岡の事件については「仮に被告の犯行としても当時は薬物の影響で心神喪失状態にあった」と主張したが認められなかった。朴さんは控訴した。

◆◇六月二三日津地裁（柴田秀樹裁判長）古美術商殺人事件などで死刑判決

三重県四日市市で起きた古美術商殺人事件などで強盗殺人・死体遺棄の罪に問われていた新田貞重さんに死刑判決を言い渡し、共犯とされた山口益生さんに対しては無期懲役（求刑は死刑）を言い渡した。事件は一九九四年三月岐阜県の古美術商宅に押し入り、現金一〇〇万円などを奪い、その後この事件の共犯者だった一人の男性を絞殺して、遺体を岐阜県八百津町の丸山ダムに捨てたとされる。さらに九五年三月には四日市市の古美術商を絞殺して現金四〇〇万円を奪って遺体を同じダムに捨てたとされるものである。

この事件では、九七年三月二八日津地裁四日市支部は二人の被告に死刑判決を言い渡したが、同年九月二九日名古屋高裁は一審では二人の被告の供述にくい違いがあり、相互の利益が反するにもかかわらず、一人の国選弁護人が両被告の弁護に当たったのは、刑事訴訟規則二九条二項に違反するとして、一審の死刑判決を破棄して、差し戻すという判決を言い渡した。この差戻審の結果が今回の判決となったのである。

なお一名の無期懲役判決に対して検察側は控訴した。

◆六月二五日最高裁第二小法廷（福田博裁判長）義父ら三人殺人事件で上告棄却―死刑判決

最高裁は一貫して事件を否認している福岡道雄さんの上告を棄却し、死刑を確定する判決を言い渡した。事件は一九七八年一二月に高知市で妻の姉を殺害して通帳などを盗み、その後事件を手伝わせた知人のホステスを殺害。八一年一月には妻の父を殺害して現金などを盗んだとされるものである。弁護側は義父殺害は正当防衛であり、他の二人の殺害については無実を主張したが、認められなかった。

◇六月二五日大阪地裁（大島隆明裁判長）一家三人殺害で無期懲役判決

九六年タイル職人夫妻を刺殺し、その家を放火して二歳の女児を焼死させたとして、殺人、現住建造物放火などの罪に問われた岡田直人さんに対し無期懲役（死刑求刑）の判決が言い渡された。被告は死刑を望んでいたが判決は「短絡的、自己中心的動機による残忍で冷酷な犯行だが、被害者のめい福を祈らせしょく罪に努めさせるのが適当」とした。判決後裁判長は「生きて罪の重さに苦しんでほしい」と述べた。検察側は控訴した。

◇九月六日東京地裁（木村烈裁判長）弁護士の妻殺人事件で無期懲役判決

九七年一〇月山一證券の顧客との紛争処理を担当していた弁護士を恨んで、その自宅を訪ね、弁護士の妻をナイフで刺殺したとして殺人罪に問われた西田久さんに対し、無期懲役判決（死刑求刑）が言い渡された。被告は殺意を否認したが、「殺傷能力十分のナイフで五回も刺しており、殺意は認定できる」とした。一方検察側の「強盗殺人に匹敵し、被害者が一人でも極刑を選択するのはやむを得ない」との主張は退けた。

◆九月一三日最高裁第一小法廷（大出峻郎裁判長）交際中の女性とその両親殺人で上告棄却—死刑判決

最高裁は松井喜代司さんの上告を棄却し、死刑を確定させる判決を言い渡した。事件は九四年二月に群馬県安中市で交際していた女性が結婚すると言って、金をだましとっていたことへの怒りから、相手の女性とその両親を殺害したもので、殺人・殺人未遂の罪に問われていた。一、二審ともに死刑判決を言い渡されていた。

◆九月二九日福岡地裁（陶山博生裁判長）幼女殺人事件で否認する被告に死刑判決

事件は九二年二月に福岡県飯塚市で小学一年生の女の子二人を殺害し、遺体を山中に捨てたとされるものだが、被告の久間三千年さんは一貫して無実を主張している。この裁判では、自白や有力な証拠がなく、科警研のDNA鑑定をはじめとする状況証拠の評価をめぐって争われた。判決はどの状況証拠も単独では被告を犯人と断定することはできないが、すべてを総合評価する必要があるとして検討した結果①目撃されたワゴン車と類似した車を被告が使っていた②被害者の衣服に付着していた繊維片は被告の車のシートである可能性が高い③被告のワゴン車内で採取された血液の血液型が一人の被害者と一致する④被告にはアリバイがない、などを指摘し、被告が犯人であることは合理的な疑いを越えて認定できるとしたものである。

争点となったDNA鑑定については、判決はやや証明力が弱いとしながらも、一部で信用性を認めた。

◇九月二九日浦和地裁（須田まさる裁判長）老夫婦殺人事件で無期懲役判決

九八年七月埼玉県宮代町で顧客の老夫婦から預かった約二千五百万円の返済を免れるために老夫婦を殺害したとして強盗殺人の罪に問われ、死刑を求刑されていた元銀行員、岡崎輝光さんに対して無期懲役の判決が言い渡された。「犯行は自己中心的で短絡的だが、反省を深めており、年齢が若いこと、前科がないこと、銀行側が使用者責任を認めて賠償していることなどから極刑以外にないと断ずるにはちゅうちょがある」とされた。

◆九月三〇日東京地裁（山崎学裁判長）地下鉄サリン事件の実行犯に死刑判決

横山真人さんは地下鉄サリン事件のほか小銃千丁密造事件にも問われている。

オウム真理教関連では坂本弁護士一家殺人事件で死刑判決を受けた岡崎一明さんに次いで二人目。地下鉄サリン事件では初めての死刑判決である。

同じサリン事件でもすでに無期懲役が確定し受刑している林郁夫さんとの違いが問題になるだろう。

◇九月三〇日福岡高裁那覇支部（飯田敏彦裁判長）沖縄の中三女子殺害で二名の控訴棄却—無期懲役判決

沖縄県名護市で九六年六月、下校途中の中学三年生の女子学生をら致して殺害したとして殺人罪などに問われた元建設作業員の柳末盛さんと同作業員上野勝さんの二名に対し、一審の無期懲役判決（いずれも死刑求刑）を不服として検察側が控訴していたが、高裁はこれを棄却し、一審の無期懲役判決を支持する判決を言い渡した。検事は上告せず、無期懲役が確定。

◇一一月二四日盛岡地裁（須藤浩克裁判長）幼女殺人事件で無期懲役判決

岩手県葛巻町で九八年四月、下校途中の小学二年生の女児を乱暴し殺害したとして、殺人罪に問われ、死刑を求刑されていた元運送会社運転手の坂上久幸さんに対し、無期懲役判決が言い渡された。

判決では「苦痛と恐怖の中で七歳の生涯を終えなければならなかった被害者の無念さは計り知れないが、犯行は計画的ではない」とされた。検事は控訴した。

◇一一月二九日最高裁第二小法廷（福田博裁判長）高裁での無期懲役判決を不服として検事が上告した件で上告棄却―無期懲役判決が確定

一審死刑判決、二審無期懲役判決を受け、検察側から異例の上告をされていた岡敏明さんに対して検察側の上告を棄却し、無期懲役を確定させる判決を言い渡した。判決は五人の裁判官の全員一致だった。

事件は九二年一〇月二〇日東京・国立市で顔見知りの主婦を殺害したというもので、強盗強姦、強盗殺人などの罪に問われていた。

判決理由では検察官の上告は実質は量刑不当の主張であって、適法な上告理由に当たらないとした。その上で、被告人の量刑について職権により判断するとしている。

殺害された被害者が一名の事案でも極刑がやむをえないと認められる場合があるとし一審の死刑判決も首肯しえないではないとした上で、二審は被告の劣悪な生育状況などをしんしゃくして無期懲役としたが、最高裁はこのような主観的事情はそれを過度に重視することは適当ではないとしながらも、殺人については計画的犯行でなかったこと、前科に殺人や傷害がないことをあげ、全般的に検討すると無期懲役を破棄しなければ著しく正義に反するとまでは認められないとして上告を棄却した。これで無期懲役が確定した。

九七年から九八年にかけて検察側は死刑を求刑しながら高裁で無期懲役となった五件の事件について連続して上告した。それまでは過去五〇年間で永山則夫さんのケース以外、死刑を求めての検事上告はなかったのであり極めて異例の上告だった。岡さんの判決はその五件の上告の中でも最初の判決であり、その結果が注目されていた。

◆一二月一〇日最高裁第二小法廷（河合伸一裁判長）一、二審で無期懲役の判決を受け、検事上告されていた件で無期懲役を破棄し、高裁へ差戻す判決

最高裁は検事による五件の連続上告の中で唯一西山省三さんに対して、無期を破棄し広島高裁に差し戻す判決を言い渡した。事件は無期懲役の仮釈放中に強盗殺人の罪を犯したというもので、死刑を求めて検事上告した事件で差し戻しされたのは、永山則夫さんのケース以来初めてのことである。

◇一二月一六日最高裁第一小法廷（井嶋一友裁判長）高裁での無期懲役判決を不服として検事が上告した件で検事上告を棄却決定

九一年一一月に起きた北海道庁職員夫妻殺人事件で一、二審とも無期懲役とされた安川奈智さんに対して検事が異例の上告をしたが最高裁は被害者の長女ですでに無期懲役が確定し受刑中の共犯者との比較から検事上告を棄却決定（判決ではない）し、無期懲役が確定した。

◇一二月一六日最高裁第一小法廷（遠藤光男裁判長）高裁での無期懲役判決を不服として検事が上告した件で検事上告を棄却決定

九四年一〇月大阪府岸和田市で集金に来た銀行員を殺害し現金を奪い、銀行に対して八〇〇〇万円を要求する脅迫文を送ったとされる仲谷広美さんに対し、検事は一、二審の無期懲役判決を不服として上告していたが、最高裁は計画性の薄さなどを理由に上告を棄却する決定を出したため、無期懲役が確定した。

◆一二月二二日大阪高裁（河上元康裁判長）元同僚ら二人殺害事件で控訴棄却―死刑判決

大阪高裁は強盗殺人、死体遺棄などの罪に問われた中村正春さんの控訴を棄却し、一審の死刑判決を支持する判決を言い渡した。

事件は九九年一〇月と一一月に滋賀県で元同僚ら二名を殺害し、死体をばらばらにして捨てたとされる事件である。

弁護側は本人には精神分裂症の病歴があり犯行時は心神喪失状態だったと主張したが、認められなかった。

◇一二月二四日最高裁第三小法廷（元原利文裁判長）高裁での無期懲役を不服として検事が上告した件で検事上告を棄却決定

九三年一二月岡山県倉敷市で借金を断られたことに腹をたてて両親を殺害し、預金通帳を奪って約二六〇万円をだまし取ったとして強盗殺人などの罪に問われていた藤村英彦さんに対して、検事は一、二審の無期懲役判決を不服として上告していたが、最高裁は計画的犯行ではなく、被告に前科がないこと、反省していることなどを理由に上告を棄却する決定を出したため、無期懲役が確定した。

九七年から九八年にかけて検察側は高裁の無期懲役判決に対して、そのうちの五件を選んで異例の連続上告を行った。これは最高裁に死刑判決基準の見直しを求め、一、二審の裁判所に対してはもっと死刑判決を出すよう要求する意図をもっていたのである。

最高裁はこれら五件の上告事件に対して、一件は上告棄却判決、一件は高裁に差戻す判決、三件は上告棄却決定という結論を下したのである。五件とも上告を棄却するのが当然と思われるケースだったので、このように判断が分かれたことは残念と言わざるをえないし、今後も死刑の量刑基準については厳しい状況が続くことが予想される。

《二〇〇〇年》

◆一月二四日東京高裁（荒木友雄裁判長）神奈川県連続五人殺人事件で控訴棄却―死刑判決

東京高裁は藤間静波さんの控訴を棄却し一審の死刑判決を支持する判決を言い渡した。

事件は一九八一年から八二年にかけて神奈川県藤沢市で母娘三人の刺殺をはじめ五人を殺害したとして殺人の罪に問われているものである。藤間さんは九一年に自ら控訴を取下げたが、弁護人から本人は心神喪失状態にあり控訴取下げは無効であるとの申し立てを行った。高裁はこの申し立てを棄却したが、最高裁では控訴取下げを無効と判断した経過がある。しかしその後、本人の精神状態は回復したとは言えないままに控訴審が進められたことには問題がある。

判決では弁護側の犯行当時の精神状態や生育歴などから死刑を回避すべきとの主張を認めなかった。

◆二月四日最高裁第二小法廷（北川弘治裁判長）二女性殺人事件で上告棄却―死刑判決

最高裁は八三年に千葉県で八九年に高知県でそれぞれ女性を殺害したとして、強盗強姦と強盗殺人の罪に問われていた北川晋さんに対して上告を棄却し、死刑を確定させる判決を言い渡した。二つの事件の間に別件で裁判を受けていたため、千葉の事件については無期懲役、高知の事件について死刑とした一、二審の判決を支持する判決を言い渡したものである。

◆二月九日広島地裁（戸倉三郎裁判長）四女性殺人事件で死刑判決

九六年に広島市内で四人の女性を相次いで殺害し、現金などを奪ったとして、強盗殺人と死体遺棄の罪に問われていた元タクシー運転手の日高広明さんに対し、死刑判決が言い渡された。日高さんは容疑をすべて認め、自ら極刑を希望する意見陳述を行っていた。弁護団は情状酌量による軽減を求めていたが、判決は「被告は反省の情を示しているが、責任は極めて重い」とした。

なお被告は控訴せず、そのまま死刑が確定した。

◆二月一八日宇都宮地裁（肥留間健一裁判長）夫婦殺人・放火事件で死刑判決

九四年に元の雇い主である牧場経営者夫妻を殺害し、現金五六万円と指輪、商品券などを奪い、さらに犯行を隠ぺいするため被害者宅を全焼させたとして強盗殺人や放火などの罪に問われていた平野勇さんに死刑判決を言い渡した。被告・弁護側の殺意はなく、放火もしていないとの主張を退けた。

◆二月二八日東京高裁（仁田陸郎裁判長）被害届を出した女性への逆恨み殺人で一審無期懲役判決を破棄して死刑判決

九七年四月、東京都江東区で女性を刺殺したとして殺人の罪に問われた持田孝さんに対し、一審の無期懲役判決を破棄して、死刑判決を言い渡した。持田さんは八九年に強姦したうえお金を脅し取ろうとしたが、女性が警察に届け出たため逮捕され、懲役七年の実刑を受けた。そのことを逆恨みし、出所後二カ月目にその女性を殺害したとされている。

判決では「被害者が一人であっても諸般の犯情・情状を考慮して極刑選択がやむをえない場合がある」とした。

◆三月一日津地裁（柴田秀樹裁判長）二名のフィリピン女性殺人事件で三名に死刑判決

死刑判決を受けたのは澤本信之さん、松山栄さん、福元義明さんの三名。

事件は九八年一二月三重県松阪市でフィリピン人のスナック女性従業員二人を殺害し、現金約一万三〇〇〇円と貴金属などを奪ったとして強盗殺人などの罪に問われたもの。さらに同年五月にも名古屋市内のパチンコ店に強盗に入った。

単純に被害者の人数だけで判断できるものではないにしても、一つの事件だけで一度に三名の被告に死刑判決が言い渡されるのは例がないことである。

なお控訴審が始まった一〇月、松山さんは病気のため死亡した。

◇三月九日福岡高裁那覇支部（飯田敏彦裁判長）警察官射殺事件で無期懲役判決

暴力団同士の抗争で、警備中の警察官を対立する組員と誤って射殺したとして、死刑を求刑されていた座間味秀雄さんに対して、相手が警察官との認識はなかったこと、更生の可能性も絶無とは言えないことなどから、無期懲役の判決を言い渡した。

◇三月一〇日東京地裁（秋吉淳一郎裁判長）仮釈放中の殺人事件で無期懲役判決

九七年一〇月、仕事仲間を殺害し、預金通帳などを奪ったとして強盗殺人、詐欺などの罪に問われた奥田幸司さんに対して、検察側は八四年に妻を殺害して懲役一八年の判決を受け、九六年に仮釈放されており、二度も殺人を繰り返すなど更生の可能性はないとして死刑を求刑したが、判決は「短期間だが更生のために努力していた」「死刑の選択がやむをえないとまでは言えない」として無期懲役判決を言い渡した。

◆三月一五日福岡地裁（陶山博生裁判長）保険金目当ての二人殺人で死刑判決

九〇年一二月福岡県赤池町で男女二人が殺害された事件で、無理心中を装って保険金を受け取ろうとしたとして、殺人罪に問われた小田義勝さんに対して死刑判決が言い渡された。なお共犯者はこの判決時点では指名手配中だったが、この判決報道を見て、出頭したとされる。

小田さんは九四年二月、殺人容疑で逮捕されたが物証が乏しく処分保留のまま釈放された。福岡県警はその二年後の九六年二月に小田さんの家族の「犯行状況を告白された」という検察官調書を「証拠」に殺人容疑で再逮捕するという異例の経過をたどった。

なお小田さんはその後弁護人が控訴したが本人が控訴を取り下げたため、そのまま死刑が確定した。

◇三月一六日大阪地裁堺支部（古川博裁判長）二人殺人事件で無期懲役判決

九二年二月に金銭関係のもつれから自動車販売業の男性を絞殺し、さらに九四年には共犯者と共謀の上、右翼団体幹部に架空の収入印紙の取引を持ちかけ、現金一〇〇〇万円を用意させて絞殺し、現金などを奪って、遺体を琵琶湖に捨てたとされる久掘毅彦さんに対し、無期懲役判決（求刑死刑）が言い渡された。共犯者とされる安宮司さんも無期懲役判決（求刑通り）だった。

◇三月二二日山口地裁（渡辺了造裁判長）母子殺人事件で少年に無期懲役判決

九九年四月に山口県光市のアパートで主婦に乱暴しようとして、抵抗されたため両手で絞殺した上、泣き叫んだ生後一一カ月の長女をも殺害した事件で、被告とされた事件当時一八歳の少年に無期懲役判決（求刑は死刑）が言い渡された。判決では犯行の悪質さを強調したが、発覚を恐れて殺意を抱いたとして殺害の計画性を否定した。さらに更生の可能性があると結論づけた。

この事件では妻と子を殺された被害者遺族がマスコミを通して積極的に被害者感情を訴えたことで注目された。

◆四月四日最高裁第三小法廷（奥田昌道裁判長）二名殺人で上告棄却―死刑判決

兄と共謀して、九〇年九月に従兄弟を殺害し、九一年九月には一人暮らしの女性を殺害してそれぞれの土地の権利証を奪ったとされ強盗殺人・詐欺などの罪に問われた松本健次さんに対し、上告を棄却し死刑を確定する判決が言い渡された。この事件では主犯とされる松本さんの兄は自殺し、松本さんだけが逮捕・起訴されている。

◆五月二六日熊本地裁（原田保孝裁判長）開業医の妻殺人事件で死刑判決

九七年一一月熊本市で開業医宅に侵入し、医師の妻にナイフを突き付けて脅した上で殺害し、現金二〇〇万円と預金通帳などを奪い、遺体を山林に埋めたされる西村佳明さんに対して死刑判決が言い渡された。判決では西村さんが八三年に母親を殺害して懲役一二年の判決を受けたことに触れ、犯罪傾向は矯正困難とされた。

◇五月三〇日福岡高裁（小出錞一裁判長）熊本の社長ら二人殺人事件で控訴棄却（無期懲役判決

九五年年四月に熊本の会社社長とその交際相手のフィリピン女性を殺害するなどしたとして強盗殺人などの罪に問われた池田忠則さんに対し、一審の無期懲役判決（求刑は死刑）を不服として検事側が控訴していた事件で、控訴を棄却する判決を言い渡した。

2000年　死刑判決

月・日	裁判所	裁判長	被告	現　在
1.24	東京高裁	荒木　友雄	藤間　静波	上告審
2.4	最高裁第２小法廷	北川　弘治	北川　晋	死刑確定
2.9	広島地裁	戸倉　三郎	日高　広明	控訴せず死刑確定
2.10	宇都宮地裁	肥留間健一	平野　勇	控訴審
2.28	東京高裁	仁田　陸郎	持田　孝	上告審
3.1	津地裁	柴田　秀樹	澤本　信元	控訴審
同	同	同	松山　栄	病気により死亡
同	同	同	福元　義明	控訴審
3.15	福岡地裁	陶山　博生	小田　義勝	控訴審
4.4	最高裁第３小法廷	奥田　昌道	松本　健次	死刑確定
5.26	熊本地裁	原田　保孝	西村　佳明	控訴審
6.29	東京地裁	木村　烈	林　泰男	同
同	福岡地裁	小出　錞一	倉吉　政隆	上告審
7.17	東京地裁	山崎　学	豊田　亨	控訴審
同	同	同	広瀬　健一	同
7.19	名古屋地裁	山本　哲一	豊田　義己	同
7.25	東京地裁	永井　敏雄	端本　悟	同
8.29	横浜地裁	矢村　宏	高橋　義博	同
9.8	最高裁第２小法廷	河合　伸一	田中　政弘	死刑確定
9.28	高松高裁	島　敏男	坂本　春野	上告審
10.26	同	同	山崎　義雄	同
12.11	東京高裁	高橋　省吾	竹沢一二三	同

2000年　無期懲役判決（死刑求刑）

月・日	裁判所	裁判長	被告	現　在
3.9	福岡高裁那覇支部	飯田　敏彦	座間味秀雄	上告せず無期確定
3.10	東京地裁	秋吉淳一郎	奥田　幸司	検事控訴
3.16	大阪地裁堺支部	古川　博	久堀　毅彦	被告控訴
3.22	山口地裁	渡辺　了造	事件当時18歳の少年	検事控訴
5.30	福岡高裁	小出　錞一	池田　忠則	無期確定
6.6	東京地裁	井上　弘通	井上　嘉浩	検事控訴
8.29	横浜地裁	矢村　宏	酒井　高通	同
11.14	仙台高裁	泉山　禎治	坂上　久幸	無期確定

この事件では主犯とされる倉吉政隆さんは一審で死刑判決を受け、現在控訴審が進んでいる。

◇六月六日東京地裁刑事四部（井上弘通裁判長）地下鉄サリン事件で無期懲役判決

九五年三月の地下鉄サリン事件で十二名を殺害するなどした他、VXガス事件や仮谷さんら致事件、新宿駅地下鉄トイレの青酸ガス事件など十件の事件に関与したとして死刑を求刑されていた元オウム真理教幹部の井上嘉浩さんに無期懲役判決が言い渡された。検察側が現場指揮役として死刑を求刑されていた元オウム真理教幹部の井上嘉浩さんに無期懲役判決が言い渡された。検察側が現場指揮役と主張したことに対し、判決では重要な役割を果たしたとはしながらも、現場指揮役とは認めず反省悔悟が顕著として極刑を選択するのはいくぶんかのちゅうちょを感ずるとした。検事側はこの判決を不服とし、控訴した。

◆六月二九日東京地裁刑事一六部（木村烈裁判長）地下鉄サリン事件で死刑判決

九五年三月の地下鉄サリン事件の実行犯とされるほか、松本サリンで使用されたトラックの製作や新宿の地下鉄トイレに青酸ガス発火装置を仕掛けたとされる元オウム真理教幹部・林泰男さんに死刑判決が言い渡された。林さんは九五年五月に地下鉄サリン事件で指名手配されてから約一年半逃亡を続けた。

◆六月二九日福岡高裁（小出錞一裁判長）男女殺害事件で控訴棄却―死刑判決

九五年四月に福岡県山川町の山中で男女

二人を殺害し、同年十二月と九六年一月にはそれぞれパチンコ店に強盗に入るなどして、強盗殺人や強盗致傷などの罪に問われた倉吉政隆さんに対し、控訴を棄却し、一審の死刑判決を支持する判決が言い渡された。共犯者とされる池田忠則さんは無期懲役刑が確定し、すでに受刑している。

◆七月一七日東京地裁（山崎学裁判長）地下鉄サリン事件で二名に死刑判決

地下鉄サリン事件の実行犯とされる元オウム真理教幹部豊田亨さん、広瀬健一さんの二名に死刑判決が言い渡された。また運転手役の杉本繁郎さんは求刑通り無期懲役だった。この事件ではサリンの散布役を努めたとされる五人の中、四名に死刑が言い渡され、ただ一人自首が認められた林郁夫さん（現在服役中）に無期懲役が言い渡されるという結果になった。

◆七月一九日名古屋地裁（山本哲一裁判長）二女性殺人事件で死刑判決

九六年八月静岡県三島市で経営していた飲食店の運転資金や遊興費を得るために、同県函南町の自宅で交際中の女性を殺害して貯金通帳を奪って現金一〇〇〇万円を引き出し、遺体を山林に埋めた。さらに九七年九月には愛知県西春町のスナック経営者から借金の返済を迫られたため共犯者（無期懲役判決を受け控訴中）と共謀して殺害したとして強盗殺人・死体遺棄などの罪に問われた豊田義己さんに対して死刑判決が言い渡された。

◆七月二五日東京地裁（永井敏雄裁判長）坂本事件・松本サリン事件などで死刑判決

八九年一一月他の五名とともに坂本弁護士宅に押し入り、坂本さん一家三人を殺害し、九四年六月には長野県松本市の裁判官宿舎近くでサリンを発散させ、七人を殺害したなどとして、殺人罪などの罪に問われた元オウム真理教信者の端本悟さんに死刑判決が言い渡された。

◆七月二八日東京地裁（金山薫裁判長）坂本事件など七事件で死刑判決

八九年一一月坂本弁護士一家殺人事件や八九年二月教団から脱会しようとした信徒殺人など七つの事件で殺人罪などに問われたオウム真理教元幹部早川紀代秀さんに死刑判決が言い渡された。

オウム真理教関係ではすでに坂本事件・地下鉄サリン事件などで計七名に死刑判決が言い渡されたことになる。

◆◇八月二九日横浜地裁（矢村宏裁判長）医師ら二人殺人事件で死刑判決と無期判決

九二年七月東京都立広尾病院の医師とその友人の美容院経営者をら致してマンションに監禁して、現金約二七〇万円を奪い、二人に睡眠薬を飲ませて山林に生き埋めにして殺害したとされる事件で強盗殺人などの罪に問われた高橋義博さんに対して死刑判決が言い渡された。他の共犯者三名は無期懲役（一名は死刑求刑、二名は無期懲役求刑）の判決を受けた。

◆九月八日最高裁第二小法廷（河合伸一裁判長）四連続殺人事件で上告棄却—死刑判決

最高裁は田中（旧姓宮下）政弘さんの上告を棄却し、一、二審の死刑判決を支持する判決言い渡した。これで死刑が確定した。

事件は①八四年香川県で女性店員を刺殺し現金約五万円を奪った②八八年徳島市で暴力団員を絞殺した③八九年東京都武蔵村山市で会社の同僚を絞殺し、現金約一二〇万円を奪った④九一年神奈川県で伯母を絞殺し現金と貯金通帳を奪ったとされ、強盗殺人、殺人死体遺棄などの罪に問われたものである。

しかし田中さんは、①と②の事件については否認し、③と④の事件については認めてい

最近の死刑判決と執行数

年	82	83	84	85	86	87	88	89	90	91	92	93	94	95	96	97	98	99	00
地裁判決数	11	5	6	9	5	6	10	2	2	3	1	4	8	11	1	3	6	8	14
高裁判決数	8	4	5	5	7	8	4	5	2	4	4	1	4	4	3	2	7	4	6
最高裁判決数	0	0	3	1	0	6	7	5	7	4	4	5	2	3	4	4	5	4	3
新確定囚	1	1	3	2	0	8	11	5	6	5	5	7	3	3	4	3	7	4	5
執行数	1	1	1	3	2	2	2	1	0	0	0	7	2	6	6	4	6	5	3
確定者総数	28	27	27	26	24	29	38	40	46	51	56	56	57	54	52	51	52	50	52

（注）1999年に確定死刑囚一名自殺

る。

一、二審とも①の事件で懲役一二年、他の三事件で死刑判決を言い渡し、最高裁もこれを支持した。

◇九月一八日横浜地裁（岩垂正起裁判長）強盗殺人・強盗強姦で無期懲役判決

九八年八月横浜市保土ケ谷区の路上で女性のバッグを奪い、暴行した上、窒息死させ、同年六月には横浜市鶴見区で女性の首にゴムひもを巻き付けて失神させ暴行したとされる板垣学さんに対して、求刑通り無期懲役判決を言い渡した。判決では「無期懲役でも限りなく死刑に近い領域に位置する。仮出獄を認めない無期懲役刑が実現したら、それに相当すると思われる」とし、未決算入を認めなかった。

◆九月二八日高松高裁（島敏男裁判長）保険金目当て二名殺人で控訴棄却—死刑判決

八七年一月、妹夫婦と共謀して夫を殺害し約五〇〇〇万円の保険金をだましとり、九二年八月には同居人の女性を知り合いの保険代理店経営者と共謀して殺害し、保険金をだましとろうとしたとされる事件で、坂本春野さんの控訴を棄却し、一審の死刑判決を支持する判決を言い渡した。坂本さんは七三歳であり、この判決は高齢者への死刑を禁止する国連人権委員会の決議にも反する。

◆一〇月二六日高松高裁（島敏男裁判長）連続保険金殺人事件で一審の無期懲役判決を破棄して死刑判決

八五年十一月仲間と共謀して主婦を殺害し自殺に見せかけて保険金を受け取った上、さらに九〇年三月には他の共犯者と共謀して、先の主婦のおいを保険金目当てに殺したとされる事件で殺人罪に問われた山崎義雄さんに対して一審高松地裁の無期懲役判決を破棄して、死刑判決が言い渡された。

一審の無期懲役判決を不服として、検察側弁護側双方が控訴していた。

◇一一月一四日仙台高裁（泉山禎治裁判長）女児殺害事件で控訴棄却—無期懲役判決

九八年四月、岩手県葛巻町で小学二年の女児を自宅に誘い乱暴して殺害したとされ、殺人・死体遺棄の罪に問われていた事件で、一審の盛岡地裁で死刑を求刑されたが、無期懲役判決を受けていた坂上久幸さんの控訴審判決が言い渡された。判決は検事側の控訴を棄却し、一審判決を支持、無期懲役とした。

◆一二月一一日東京高裁（高橋省吾裁判長）栃木三人殺人事件で控訴棄却—死刑判決

九三年七月自分の妻と浮気をしていると思い込んで男性とその妻を殺害して、被害者宅を全焼させた上、九〇年九月には妻をかくまっていると誤解して別の男性を殺害したとして、殺人・現住建造物等放火などの罪に問われた竹沢一二三さんの控訴を棄却し、一審の死刑判決を支持する判決が言い渡された。

福岡高裁、死刑囚の外部交通制限の風穴えぐる！

一審の現金差入れ拒否の違法判断維持

Tシャツ訴訟原告・うみの会　筒井　修

本年（一九九九年）一二月一七日福岡高等裁判所は、福岡で闘われてきたTシャツ訴訟の控訴審判決を出し、一部国の違法を認める実質原告勝訴の一審判決を維持した。

Tシャツ訴訟とは、東京拘置所に勾留されている死刑囚である東アジア反日武装戦線の大道寺将司さん同益永利明さんとが獄外原告と一緒に、代理人弁護士をつけない本人訴訟により、死刑囚の外部交通権の確立を求めて、国と東京拘置所所長を相手に福岡地裁に提訴した国家損害賠償請求事件である。

第一審福岡地裁は、一九九七年三月Tシャツ等の差入れは認めなかったものの、獄中原告らへの現金差入れ拒否を違法と判断し、国に対して獄中原告らへの慰謝料として三〇〇〇円の支払いを命じる実質原告勝訴の判決を出していた。控訴審判決については、この実質原告勝訴の一審判決が維持されるかどうかが、注目されてきたが、以下述べるとおり、一審を上回る原告勝訴の判決であった。まさに、一審判決によりあけられた死刑確定者の外部交通制限の風穴をよりえぐったものになった。私たちは、この控訴審判決を勝ち取ったことを素直に喜びたい。

この控訴審判決の第一の意義は、獄中原告らの弁論権が保障されたことにある。本人訴訟人であるにもかかわらず、東京拘置所の妨害により一回も口頭弁論に出廷できなかった獄中原告らが一二年間にもわたって、訴訟追行でき、そして、現実に勝訴したことの意義は、今後の獄中訴訟全般にとって、大きな意義があると思われる。獄中訴訟の現状は、提訴することはできても、現実には拘置所当局の妨害により、出廷ができず、そのため弁論権、証人尋問権等が行使されず、現実的な訴訟追行は不能な状態にある。このTシャツ訴訟においては、提訴の当時から、「獄中原告らの弁論権の保障」を裁判所に要求し続け、裁判所もこの「弁論権の保障」について、地裁段階から真剣に取り組んできた経緯がある。地裁段階から歴代の裁判長にこの課題が申し送りとして引き継がれ、福岡高裁段階においても、この課題が引き継がれ、そして実を結んだのである。具体的な方法論としては、獄外原告らが獄中原告らの共同原告となり、そして獄中原告らの「使者」として、訴訟活動を代行してきたのである。訴訟構造としてはかなり変則的ではあるが、獄中原告らの実質的弁論権保障のために、裁判所が「変化球として」この訴訟構造を追認してきたのである。

第二の意義は、控訴審判決が一審判決以上に、死刑確定者の外部交通制限に東京拘置所に枠をはめたことにある。被告国は、一審判決が、「未決拘禁者に準ずる取り扱いとすべきと」判断したことに対し、死刑確定者の特殊性を強調して、死刑確定者の外部交通制限について、「『右の障害の発生の防止のために必要』かつ『合理的な』限度内に限定されるものではないというべきである」。したがって、原判決は既にこの点において失当である」として一審判決を論難していたのである。ところが、高裁判決はこの被告国の主張を採用せず、しかも「六一頁六行目の『が認められる』の次に『場合には、当該制限措置が必要かつ合理的な範囲を超えない』を加え」と訂正するなど、一審判決より以上に外部交通制限に枠をはめたのである。

Tシャツ訴訟ニュース『26の瞳＋60のひとみ』

第三の意義は、一審の判決に引き続き死刑確定者への現金差入れの拒否を違法と判断したことである。しかも、一審判決は「共同原告からの」「訴訟費用の目的」を強調していたのに比して、高裁判決は「意思の疎通を図ることを主要な目的として行われたものであっても、右不許可の対象物は、法規上受刑者及び刑事被告人への差入れが認められている現金であり、……、現金の差入不許可は、違法というべきである」と明快に判示し、誰からの支援の目的の現金差入れであっても、不許可は違法と判断したのである。まさに、一審判決があけた東京拘置所の死刑囚処遇をよりえぐったものと評価できる。現在、福岡地裁で進行している第二次Tシャツ訴訟の行方にも大きく影響するものである。

その他に、④死刑確定者の地位について、一審判決の「(生への希望を)断ち切られて」の判示部分を、「希薄な状況におかれて」と変更したこと、⑤被告の訴訟妨害について、牽制していると読みとれる部分があること、⑥損害論において、「在監者が適法な差入れを受ける利益は、法的保護に値する利益であり、右侵害による精神的損害は、主観的な要素が強くとも、損害の発生は妨げられない」と判断したこと」等があげられる。

ただ、控訴審におけるもう一つの争点であった原告側の国際人権自由権規約違反の主張については、最高裁判決(一九九九年二月二六日第二小法廷判決)を引用して、「国際人権規約は、憲法や監獄法が許容する被拘禁者の自由に対する制約を否定するものとは考えられないから、国際人権規約の規定を根拠に、東京拘置所の所長の行為が違法であるとすることはできない」として門前払いされてしまった。

国際人権規約の日本の裁判所への定着は、今後の課題である。

益永利明さんの死刑囚処遇をめぐる訴訟

益永美幸

報告にあたって

この国の死刑囚は面会や文通など、外部との交通を極限までに制限されている。現行監獄法九条には、死刑囚の処遇については、刑事被告人のそれを準用する旨規定されており、本来、死刑囚は死刑判決が確定する前と同様、相手方が誰であっても面会・文通等が原則許可されねばならないはずにもかかわらず、現状は「制限されねばならない」となっている。

ではなぜ、死刑囚の外部交通が現状のように制限されているのか。国＝拘置所当局はその根拠を一片の通達に置いている。『死刑確定者の接見及び信書の発受について』と題した、この法務省矯正局長通達（一九六三年発布）は、「死刑確定者は一般社会から厳に隔離し、罪を自覚して、精神安静裡に死刑の執行を受けるようにするため、本人の『心情の安定』を害するおそれのある外部交通は制限されねばならない」として、

一　本人の身柄の確保を阻害しまたは社会一般に不安の念を抱かせるおそれのある場合
二　本人の心情の安定を害するおそれのある場合
三　その他施設の管理運営上支障を生ずる場合

には、外部交通を原則不許可とすることを規定し、その判断については拘置所長の裁量に委ねている。

さらに東京拘置所においては、死刑囚の外部交通について、「一般的取扱基準」を独自に設けている。この「取扱基準」では、

一　親族（ただし、収監後親族となった者で、判決確定後の外部交通確保を目的としていると認められる者は除く）
二　現に係属している訴訟の代理人弁護士
三　再審請求に関係する弁護士
四　その他心情の安定に資すると認められた者
五　裁判所または官公署あての権利救済を目的とする文書、あるいは弁護士あての文書の発信で、本人の権利保護のために必要やむを得ないと認められる場合

には、死刑確定者について外部交通を許可するという、前記の通達よりもさらに「許可される範囲」を限定している。そして、「外部交通確保を目的にした養親族か否か」「心情の安定に資する者か否か」あるいは、「権利保護のために必要か否か」といった判断は、すべて拘置所長の裁量で決定される。

法務省の「通達」や東京拘置所の「取扱基準」には法的根拠が全くない。そればかりか、憲法や現行法に抵触するものだ。このような規定のみを拠りどころとして死刑囚と社会とのつながりを断つ、この国の死刑囚処遇は、非人道的だとして国際的にも厳しい批判を受

けている。

社会から厳しく隔離されている死刑囚の現状は、「死刑」の密行主義を継続させ、「死刑」についての広範な議論を妨げ、しいては、「死刑」を存置しつづける社会・世論をつくりだすことにつながっている。

以下、死刑囚・益永利明さんが、国＝東京拘置所を相手に起こしている訴訟のうち、一九九九年一月以降に判決が出されたものの幾つかを報告するが、これらの訴えは、単に益永さん個人の問題ではない。すべての死刑囚にかけられた問題であり、死刑制度自体を問うものである。

投稿訴訟（一九九九年二月二六日・最高裁）

読売新聞に掲載された死刑存置論に反論するものとして、「死刑廃止と被害者の人権」と題する投稿文を同新聞宛に発信しようとしたところ、これを不許可とされたため、処分の取り消し等を求めて一九八九年八月に起こした訴訟。

一審（一九九二年・東京地裁）、二審（一九九四年・同高裁）では、死刑囚が死刑制度について意見を持ち、社会に広く表明したいと考えるのは当然であるとしながらも、死刑囚が自分の意見を表明する場を制限されることは認めた。そして、東京拘置所が規定する「取扱基準」を容認したうえで、『新聞への投稿は死刑確定者の権利保護のために必要でやむを得ない事柄とまではいえない』と判断し、拘置所長の下した処分は適法とした。最高裁判決もまた、死刑囚の発信を原則禁止としている現在の行刑実務を容認するものであったが、反対意見として付された、河合伸一裁判長の見解は注目に値する。

河合裁判長は、『発信の自由は、憲法の保障する基本的人権に含まれ、少なくともこれに近接して由来する権利である。死刑確定者といえども、刑の執行を受けるまでは、人としての存在を否定されるものではないから、基本的にはこの権利を有するものとしなければならない』と述べ、現行の死刑囚処遇は違法であるとした。そして、死刑囚の発信は原則自由であり、『一定の必要性・合理性が認められる場合にのみ例外的に制限される』とし、『この原則と例外を逆転し、わずかな場合を除き、死刑確定者の発信を、それを制限することの具体的必要性や合理性を問うことなく、一般的に認めないとしている、法に反するもの』であるとして、東京拘置所の「取扱基準」について、司法で初めて明確に批判した。

村山訴訟（一九九九年五月二七日・東京高裁）

益永利明さんは八七年四月の死刑確定から現在に至るまで、すべての養親族（母、姉、兄、妹、姪、甥）との外部交通を不許可とされている。この状況を伝え、養親族との外部交通が可能になるよう適切な措置を講じてほしいという趣旨の「直訴状」を当時の村山首相に発信した。その際、新聞社に取材を働きかけるのも問題解決のための一方法だと考え、その旨を実父宛の私信に書いたところ、これが「新聞社への投稿文に当たる」との理由で発信不許可処分とされたため、一九九四年八月に提起した訴訟。

益永さんは実父宛の私信で、村山首相への直訴状について新聞に取り上げてもらえるように働きかけてもらいたいと、養姉妹に伝えてほしいと書いた。判決はこの私信が、『実父を介して、外部交通が認められていない養姉妹に対する通信であり、さらには養姉妹を通じて第三者への働きかけを企て、その実現を図る目的の通信であって、実父との通信ではない』とし、「実父宛発信の不許可処分は違法」との益永さんの訴えそのものが失当であると、原告の主張を門前払いした。

また、たとえ実父との通信と認定されても、「伝言」の形であれ、外部交通が不許可とされている者との交通が実質的に認められることになれば、法務省通達および東京拘置所の取扱基準に反することになるとも述べた。なお、この訴訟では、所内で購入したメガネレンズに欠陥があったのに、メガネ店が無料交換を拒否したことについて、行政機関の援助を得られないかと葛飾区役所へ問い合わせの発信をしようとしたところ、不許可処分とされたことについても訴えていた。判決はこの処分についても、『消費者からの苦情処理斡旋機関の紹介を求めるにすぎない』発信だとして、不許可処分は違法とまではいえないとの判断を下した。

第一次養姉現金差入れ訴訟（一九九九年一一月三〇日・東京高裁）

いったん許可された養姉からの現金差入れが、翌日になって、「事務処理ミス」との理由で差入れ不許可処分とされたことについて提起した訴訟。一九九八年一二月の一審判決（東京地裁）同様、被告＝国・拘置所の主張を全面的に支持する原告敗訴の判決が言い渡された。

しかし、この判決から半月後、福岡高裁で、死刑囚への現金差入れ不許可処分は違法であるとの判決が出される。

Tシャツ訴訟（一九九九年一二月一七日・福岡高裁）

同じ事件において死刑が確定している大道寺将司さんと益永さんへの寄せ書きTシャツの差入れが不許可処分となったことについて、獄中獄外が共同原告団を結成して提起した訴訟。

一九九七年三月の一審判決（福岡地裁）同様、Tシャツ差入れ不許可処分については適法との判断がなされたが、訴訟費用等として獄外原告が獄中原告の二人へ差し入れた現金に対する差入れ不許可処分については、一審判決よりも明確に、その違法性を指摘して原告の訴えを認めた。『意思の疎通を図ることを主要な目的として行われたものであっても、現金の差入れ不許可処分は違法』として、死刑囚への現金差入れは、『共同原告からの訴訟費用目的』のもの以外であっても、原則許可されるべきであるとしたのだ。

この判決は確定し、大道寺・益永両氏への現金差入れにおける取扱いが変更された。共同原告からの差入れは、その目的に関係なく、また、共同原告以外の者からについても、「訴訟費用あるいは再審費用目的」である旨明記すれば、差入方法に関係なく原則許可されるようになった。

この訴訟においては、拘置所内の仮法廷のうえ、傍聴、獄外原告の出廷が認められない形ではあったが、獄中原告の本人調べ公判が開かれ、社会から隔離された死刑囚の弁護権が保障されたことも大きな成果である。

戸外運動訴訟（一九九九年一月・東京高裁、同年一二月・最高裁）

確たる根拠や理由の告知もなしの新聞記事抹消。抹消処分に対して起こした訴訟の証拠として保存してあった「抹消された新聞」の強制廃棄。公開されている訴訟判決書に記された被告（国）代理人氏名の抹消。「手話を使って不正に連絡をとろうとするおそれがある」という理由での、手話解説記事の抹消。「充分に取っている」との拘置所当局の判断による、再審担当弁護人との接見時間制限。二日に一回三〇分しか実施されない戸外運動。

　このほか、死刑囚のみならず、この国の獄中者すべてにかけられている、あるいはかけられうる人権侵害・違法行為一二件について起こした訴訟。

　原告全面敗訴の一審を受け、二審では代理人を選任して、「戸外運動」と「再審弁護人との接見時間制限」について重点的に争い、東京拘置所内仮法廷での本人調べ公判では、不十分な戸外運動によって引き起こされている心身の不調・異常について、益永さん自身が訴えた。

　国連の「被拘禁者処遇最低基準規則」は次のように規定している。『屋外作業に従事しない被拘禁者は、天候が許す限り、毎日少なくとも一時間、適当な屋外運動を行うものとする』。この国の戸外運動実施状況は、最低基準からもほど遠い。とりわけ、すべての養親族との外部交通が禁止され、年に一、二度、実親族か弁護士の面会があるだけの益永さんは、一日二四時間のほぼすべてを狭く、風も陽も入らない独房で、決まられた場所に座っていることを強いられている。そして、多くの死刑囚が益永さんと同様の日々を送っている。

　一方、原告側の請求で初めて被告（国＝拘置所）が提出した、益永さんの診察カルテは、極めて粗雑なうえ、抹消箇所まである、とてもカルテとはいえない代物。また、原告側が出した、戸外運動の制限と原告の身体症状（腰痛、高血圧等）の因果関係を立証するための証人・鑑定請求を却下するなど、裁判所自体にも、獄中者の処遇・人権について真摯に取り組もうという姿勢が感じられなかった。二審判決（東京高裁）、最高裁判決とも、原告敗訴。

　再審弁護人との接見時間を拘置所長の裁量で制限することが、最高裁においても適法とされたことは、死刑囚にとって深刻だ。

　再審を起こし、闘うには多くの友人や支援者との面会・文通が、物心にわたっていかに大きな励ましと力になるか。このことは、再審によって無実を勝ちとり、処刑台から生還した人々の手記等からも判る。

　しかし現在は、一片の通達によって死刑囚は友人や支援者との外部交通が認められない。ただでさえ、再審請求を起こすことすら難しい状況の中、死刑囚にとって、再審担当弁護人との接見は、まさに「命のかかった接見」だ。その重要な機会を、拘置所の一方的な判断で制限することが許されるとした裁判所は、法を遵守するという自らの使命を放棄したといえる。

教誨師発信不許可訴訟（二〇〇〇年一〇月二六日・東京地裁）

　教誨師あて信書の発信不許可処分等について起こした訴訟。

　裁判所は、教誨師あて発信の不許可処分と、養親族である姪が写った写真の閲読不許可処分について、拘置所長の裁量権逸脱で違法な処分であると判断し、被告＝国・拘置所に対して賠償を命じた。

　この判決で裁判所は、死刑囚の拘禁の目的および法的地位について、従来の理論と解釈を踏襲しながらも、『死刑が執行されるまでの間は、死刑確定者は憲法の規定する基本的人権を保障されなければならない』とし、「心情の安定」という面においては、『生命を絶たれることを確実であるにもかかわらず、その時期は明らかでないまま拘禁を甘受せざるを得ないという精神的に極めて苛酷な状況下にあることに留意する必要がある』と述べた。死刑囚の「心情の安定」を図る目的は、逃亡や自殺によって死刑執行が困難になるおそれ、あるいは拘禁施設＝拘置所の管理運営・秩序維持に支障をきたすおそれを防ぐことであり、「心情の安定」を図るために必要だと拘置所長が判断すれば、憲法で保障されている権利も制限できるというのが、これまでの拘置所と司法の見解であった。これに比べると多少ではあれ、死刑囚の側からその「心情」と、置かれた状況を真摯にとらえようとする姿勢がうかがえる文面だ。

　また、東京拘置所独自の「取扱基準」についても、単に「基準」に該当しないからといって外部交通を不許可にすることは、死刑囚の基本的人権を必要かつ合理的な範囲を超えて制限する危険性があると指摘。制限が必要か否かの判断に、『社会通念上看過し難い著しい過誤欠落がある時には、所長の裁量権濫用である』と、これまでよりも踏み込んだ判断基準を示した。

　被告＝国・拘置所は、益永さんが何年にもわたって教誨を受けている教誨師について、「取扱基準」で外部交通を許可するとしている、「心情の安定に資する者」には該当しないので発信を不許可にしたと主張していた。「心情の安定」を図るための個人教誨を行っている牧師も、拘置所を一歩出れば「心情の安定」を図る者ではなくなるというわけだ。拘置所当局の設ける「基準」というものがいかにいい加減で、いかに恣意的に運用されているかが判る。

追記

　訴訟判決ではないが、死刑囚の発信制限について出された弁護士会の警告および勧告通知について簡単に報告する。

　一九九八年八月、益永さんが実父あてに発信した信書中、「他の収容者のプライバシーを害する」として、益永さんは垣間見た、死刑囚の袴田巌さんに関する記述部分が便箋一九行にわたって抹消された。

　この抹消処分によって「通信の自由を違法に侵害された」として、益永さんは第二東京弁護士会の人権擁護委員会に人権救済を申し立てた。

　この申立てについて、二〇〇〇年三月二四日付けで、八頁にわたる調査報告書とともに、東京拘置所に対して、次のような「警告および勧告」が通知された。『東京拘置所長が、申立人に対してなした本件信書の削除を求めた指導および抹消した処分は、監獄の長の裁量権を超えるものであり、通信の自由の意義の重大性に鑑みると極めて遺憾である。今後、同様の処分をなすことのないよう警告するとともに、信書の発受制限については「死刑確定者の身柄確保が害される相当の蓋然性がある場合」に限定して行うよう勧告する。』（要約）このような結果を導きだせたのには、「袴田巌さんを救う会」と袴田さんの人身保護請求弁護団の方々の活発な働きかけによるところが大きい。

※文中、「死刑囚」と「死刑確定者」は同一の意味として記述。

死刑廃止に向けた国際的動向
1999-2000

アムネスティ・インターナショナル日本　桑山亜也

1　はじめに

一九九〇年および二〇〇〇年の前半を中心に死刑に関する国際的動向を概観する。場合によってはそれ以前にさかのぼって言及することもある。なお、本稿で引用したアムネスティ関連文書はアムネスティ・インターナショナル日本東京事務所で入手可能である。

註

一九九〇年から九八年までについては『年報死刑廃止96』から『年報死刑廃止98』をそれぞれ参照のこと。

2　死刑廃止国の状況

死刑存廃国の概況

二〇〇〇年一月一日現在、死刑制度の廃止国は、一〇八ヶ国、存置国は八七ヶ国となっている。アムネスティの調査では、廃止国のなかに、法制度上あらゆる犯罪に対して死刑を適用しない「全面的に廃止した国」と、軍法や緊急事態下における犯罪以外について死刑を適用しない「通常犯罪のみ廃止した国」と、通常の犯罪に対して法律上死刑制度が規定されているが、過去一〇年間執行がなされておらず、廃止の意向を持っているか執行がない状態が継続していると確認された「事実上廃止した国」とを含む。それぞれの数の内訳は、七三ヶ国、一三ヶ国、二二ヶ国となっている。

九九年中には、中央アジア地域のトルクメニスタン、ウクライナ、またインドネシアからの独立に向かう東チモールが「全面的に廃止した国」に、さらに、ラトビアが「通常犯罪のみ廃止した国」となった。

東チモールの死刑廃止

九九年八月の国民投票を経てインドネシアからの独立に向かう東チモールは、現在、国連東チモール暫定行政機構（UNTAET）の統治下にある。同年一一月に公布された行政機構規則（UNTAE Tregulation）No. 1999/1のsection 3.3には、「死刑は廃止する」との文言が含まれている。この規則は、一九七五年から九九年一〇月までのインドネシア統治下で適用されていた法律にとってかわるものとして東チモール地域に適用される。

トルクメニスタンの死刑廃止

トルクメニスタンの国会では、九九年一二月二九日に死刑廃止を決議、大統領もこれを了承した。現在、もっとも重い刑罰は、懲役（あるいは禁固）二五年。九九年一月から、特別法に基づいて執行は停止されていた。

	ニア、スウェーデン、スロバキア、チェコ、デンマーク、ドイツ、トルクメニスタン、ノルウェー、バチカン、ハンガリー、フィンランド、フランス、ブルガリア、ベルギー、ポーランド、ポルトガル、マケドニア、マルタ、モナコ、モルドバ、リトアニア、リヒテンシュタイン、ルーマニア、ルクセンブルク
通常犯罪のみ廃止した国	アルバニア、ボスニア・ヘルツェゴビナ、ラトビア
事実上廃止した国	
存置している国	アルメニア、ウズベキスタン、カザフスタン、キルギスタン、タジキスタン、ベラルーシ、ユーゴスラビア、ロシア
廃止国：43ヶ国／存置国：8ヶ国	

◇アメリカ地域◇

全面的に廃止した国	エクアドル、ウルグアイ、カナダ、コスタリカ、コロンビア、ドミニカ、ニカラグア、ハイチ、パナマ、パラグアイ、ベネズエラ、ホンジュラス、
通常犯罪のみ廃止した国	アルゼンチン、エルサルバドル、ブラジル、ペルー、ボリビア、メキシコ、
事実上廃止した国	スリナム、グレナダ
存置している国	アンティグア・バーブーダ、ガイアナ、キューバ、グアテマラ、セントクリストファー・ネビス、セントビンセント・グレナディーン、セントルシア、ジャマイカ、チリ、ドミニカ、トリニダードトバゴ、バハマ、バルバドス、米国、ベリーズ、
廃止国：20ヶ国／存置国：15ヶ国	

合計：廃止国総計108ヶ国
うち、
全面的に廃止した国75ヶ国
通常犯罪のみ廃止した国13ヶ国
事実上廃止した国20ヶ国
存置国総計87ヶ国

※前号からの異同（1999年4月現在のものから）

◇アフリカ地域◇
セーシェル　通常犯罪のみ廃止した国→全面的に廃止した国
コートジボアール、ジブチ　事実上廃止した国→全面的に廃止した国
ブルキナファソ　存置国→事実上廃止した国
◇アジア・オセアニア地域◇
東チモール　独立国となり全面的に廃止した国へ
◇ヨーロッパ・ロシア地域◇
マルタ　通常犯罪のみ廃止した国→全面的に廃止した国
アルバニア　事実上廃止した国→全面的に廃止した国
ウクライナ、トルクメニスタン　存置国→全面的に廃止した国
◇アメリカ地域◇
バーミューダ　存置国より削除（本国であるイギリスと同様廃止国となったため）

死刑存廃国リスト

2000年11月23日／
アムネスティ・インターナショナル日本（死刑廃止ネットワーク）作成

注釈／
○通常犯罪のみ廃止した国：
軍法による犯罪や戦時など例外的な状況下での犯罪についてのみ法律が死刑を定めている国
○事実上廃止した国：
通常犯罪につき死刑を存置しているが、過去10年以上執行を行ったことがない国
○存置している国：
通常犯罪につき死刑を適用し、執行している国
いずれも植民地などを含む

◇アフリカ・中東地域◇

全面的に廃止した国	アンゴラ、カボベルデ、ギニアビサウ、コートジボアール、サントメプリンシペ、ジブチ、セーシャル、ナミビア、南アフリカ、モザンビーク、モーリシャス
通常犯罪のみ廃止した国	イスラエル、キプロス
事実上廃止した国	ガンビア、コンゴ共和国、セネガル、中央アフリカ、トーゴ、トルコ、ニジェール、ブルキナファソ、マダガスカル、マリ
存置している国	アラブ首長国連邦、アルジェリア、イエメン、イラク、イラン、ウガンダ、エジプト、エチオピア、エリトリア、オマーン、カタール、クウェート、ガーナ、カメルーン、ガボン、ギニア、ケニア、コモロ、コンゴ民主共和国、サウジアラビア、ザンビア、シエラレオネ、シリア、ジンバブエ、スーダン、スワジランド、赤道ギニア、ソマリア、タンザニア、チャド、チュニジア、ナイジェリア、バーレーン、パレスチナ自治政府、ブルンジ、ベニン、ボツワナ、マラウイ、モーリタニア、モロッコ、ヨルダン、リビア、リベリア、ルワンダ、レソト、レバノン
廃止国：23ヶ国／存置国：46ヶ国	

◇アジア・オセアニア地域◇

全面的に廃止した国	オーストラリア、カンボジア、キリバス、ソロモン諸島、ニュージーランド、ネパール、ツバル、バヌアツ、パラウ、東チモール、マーシャル諸島、ミクロネシア
通常犯罪のみ廃止した国	クック諸島、フィジー
事実上廃止した国	サモア、スリランカ、トンガ、ナウル、パプアニューギニア、ブータン、ブルネイ、モルディブ
存置している国	アフガニスタン、インド、インドネシア、韓国、北朝鮮、シンガポール、タイ、台湾、中国、日本、パキスタン、バングラデシュ、フィリピン、ベトナム、マレーシア、ミャンマー、モンゴル、ラオス
廃止国：22ヶ国／存置国：18ヶ国	

◇ヨーロッパ・中央アジア地域◇

全面的に廃止した国	アイスランド、アイルランド、アゼルバイジャン、アンドラ、イギリス、イタリア、ウクライナ、エストニア、オーストリア、オランダ、ギリシャ、グルジア、クロアチア、サンマリノ、スイス、スペイン、スロベ

ウクライナの死刑廃止

ウクライナでは、憲法裁判所の決定から全面的廃止に至った。これは、五一名のウクライナ議会の議員らが刑法上の死刑適用規定は、憲法に反するとして、憲法裁判所に申し立てていたもので、九九年一二月三〇日に出された決定で、同裁判所は、これらの規定は、憲法上の生命の権利の保障規定に違反し、さらに、拷問や非人道的な取り扱いや刑罰を禁止した規定にも違反すると判断。死刑制度を存置する国内法をすみやかに改めるべきであるとしている。この決定は最終確定し、議会では死刑制度廃止に向けての動きがはじまっているという。

同国は九五年に死刑廃止を条件に欧州評議会に加盟しながら、死刑の適用や執行を密行してきたと批難を受けてきた（この経緯は年報98年、99年版でも報告してきた）。九九年八月に最高裁の発表によれば、九九年の前半期においては三五名に死刑判決がなされたということであるが、別の筋からはもっと多くの死刑判決がでたという情報もあるという。また、大統領は、死刑存置に積極的で、死刑廃止への道のりは決して容易ではないようである。

ラトビアの死刑廃止

ラトビアは、九九年六月一日に、欧州人権条約第六選択議定書（欧州死刑廃止条約）を批准。議会内での議論ではまだコンセンサスが得られず国内の刑法典には死刑がまだ規定されているが、同議定書は批准にあたって留保をつけることが禁止されており、条約の規定が国内法に優位することから、同国は通常犯罪のみ廃止した国となった。

註

Amnesty International, The Death Penalty: List of Abolitionist and Retentionist Countries（1January 2000）, AI Index ACT 50/05/00

Amnesty International, The Death Penalty Worldwide: Developments in 1999, AI Index ACT 50/04/00

Amnesty International, Death Penalty News; December 1999, AI Index ACT 53/05/99

Amnesty International Annual Report 2000, Ukuraine

3 死刑執行停止、減刑への動き

死刑適用犯罪範囲の縮小

イラクでは、法務大臣のよびかけのもとに作られた委員会によって刑罰の見直しが行われ、この委員会の勧告を受けたフセイン大統領が爆破や殺人などの例外を除く、政治囚への死刑の適用をやめることを宣言した。

また、ベトナムでは、議会で刑法の改正が行われ、適用犯罪の数が四四から二九に減少した。

執行停止および減刑

九九年から二〇〇〇年にかけて、アメリカ合衆国では、州レベルでの執行停止の動きが目立った。

イリノイ州は、一九七七年に死刑の執行が再開されて以来、九九年二月までの間に、一二名の執行があったが、この間には、死刑判決を受けたが冤罪で釈放された者が一一名いる。こうした状況に鑑みて、議会では執行前に六ヶ月間の猶予期間を置き、この間に独立機関による死刑適用の是非を調査させることが提案された。この提案は上院の段階で廃案となったが、二〇〇〇年一月には知事が死刑適用手続きの見直しの間執行を停止することを表明した。

　また、ネブラスカ州では、議会で死刑執行停止法案が通過した。これは二年間死刑制度が公正に適用されているかの調査を行い、この間停止するというもの（死刑判決は可能）。合衆国でははじめての停止法案の通過であったが、この決議について知事により拒否権が発動されている。

　ロシアでは、九九年二月の憲法裁判所の決定を受けて、エリツィン前大統領は、六月、全七一六名の死刑囚を終身刑などに減刑するとの大統領令に署名した。憲法裁判所の決定とは、あらゆるロシア国民が陪審裁判を受ける権利を享受するまでは、死刑は適用されないというもの。憲法上の権利として陪審裁判を受ける権利が規定されていたが、現実は、国の大半において陪審裁判が実現されていなかった。

註

Amnesty International, The Death Penalty Worldwide: Developments in 1999, AI Index ACT 50/04/00

朝日新聞一九九九年六月六日付朝刊

4　死刑復活・適用範囲の拡大、執行の状況

　九九年中は、アムネスティが把握しただけでも、少なくとも三一ヶ国で一八一三人に対して執行が行われ、九八年より数が増加している。うち八五%が中国、コンゴ民主共和国、イラン、サウジアラビアおよびアメリカ合衆国における執行で占められている。中国が、調査ができただけでも一〇七七人ともっとも多い。不公正な裁判によって死刑判決が適用されている、六〇以上もの犯罪に死刑が適用できる法制度になっていることなどがその大きな原因としてあげられる。また、サウジアラビアでは執行数が前年に比べて実に五倍近く増加しており、その多くが正式な公判手続きを経ていなかったり自白偏重による有罪認定によるものと考えられている。さらに、コンゴ民主共和国ではおよそ一〇〇人に対して執行が行われたが、これは軍事法廷において下された判決に基づくものである。

　アメリカ合衆国における執行数は九八人、イランにおいては一六五人と前年より大幅に増加している。

　なお、死刑判決は、六三ヶ国で三八五七人が受けている（実際はこれを上回るものと思われる）。

死刑制度復活の動き

死刑復活法案が国会で否決——ボリビア

　ボリビアは一九七四年から執行がなく、九七年より「通常犯罪のみ廃止した国」に分類されているが、九九年八月に起こった一〇歳の少女に対する強姦殺人事件から死刑制度の復活の声が高まった。これを受け、同国の内務大臣は、被害者の遺族から提起された子どもに対する犯罪には死刑を適用すべきとの意見はわかるとして、そのためには憲法の修正が必要であるとし、国会にこの法案を提出した。しかし、国会では反対多数で否決されている（一九九九年九月）。

一六万人の復活署名にＮＯの判断——ハンガリー

　ハンガリーは九〇年にあらゆる犯罪について廃止した国である。三月に、死刑制度の復活を問う国民投票を求める嘆願書に一

六万人が署名した。これに対し、国家選挙管理委員会は、「ハンガリーの国際的な義務に反するような事柄についての国民投票はありえない」としてこれを拒否した。

犯罪予防のための法整備がまず必要――南アフリカ

南アフリカは、ネルソン・マンデラ前大統領の死刑廃止の宣言の後、「全面的な廃止国」とされているが、犯罪の増加とともに、死刑制度の復活の声が高まっている。死刑の復活を求める「死刑復活協会（the Association for the Restoration of Capital Punishment）」が結成され、二月に行われた同協会の会議では、六月に行われる大統領選挙の際に死刑制度の復活を問う国民投票を実施するよう求め、政党の結成をも目指すが果たせなかった。さらに死刑制度の復活を公約とした政党もあったが、勝利に至らず、与党であるアフリカ国民党（the African National Congress）が過半数を占めるに至った。

南アフリカは、強盗や殺人といった暴力的な犯罪の多発に対する世論の怒りが高まっているなかで、刑事手続きの改正などが行われているが、法律は作られても施行にいたらないという状況にある。

なお、一九四九年以降死刑の執行がなく、死刑廃止州である米国・マサチューセッツ州では、知事が死刑復活法案を提出したが、議会で否決されている。この法案は手続法上、あと二年間は再度提出することができない。

薬物犯罪等に対する死刑適用の拡大

キューバでは、カストロ政権下における犯罪撲滅キャンペーンのなかで、九九年二月に刑法が改定され、死刑適用犯罪の範囲が拡大（薬物売買など）された。中東のアラブ首長国連邦では、「環境保護法」を九九年一〇月に制定し、このなかには、薬物などの禁制品や核廃棄物など有害物質の持ちこみに対する死刑の適用が定められている。また、フィリピンでは、薬物売買のディーラーのみならず、運んだ者や売買の準備に関わった者などへと適用を広げる「危険薬物法」が国会に上程されたが、九九年末現在ではまだ制定にいたっていない。

註

Amnesty International, The Death Penalty Worldwide: Developments in1999, AI Index ACT 50/04/00

執行国の一覧は、同 Death Sentences and Executions in 1999, AI Index ACT 50/08/00

Amnesty International Annual Report 2000, South Africa

5 国際法上の死刑廃止

九九年一二月三一日現在、「死刑廃止条約（市民的・政治的権利に関する国際規約の第二選択議定書）」の締約国数（同条約に批准および署名した国の数）数は合計四一ヶ国。前年末に比べ、六ヶ国増えている。九九年中に批准した国は、スロバキア（六月）、ブルガリア（八月）、キプロス（九月）、イギリス（一二月）。加えて、アゼルバイジャンが一月に、グルジアが三月に加入した。

欧州死刑廃止条約は、同年末現在三四ヶ国が批准。前年末に比べ、四ヶ国増えている。九九年中に批准した国は、ラトビア

（五月）、イギリス（五月）、リトアニア（八月）、ブルガリア（九月）。さらに、キプロスが五月に、グルジアが六月に、ポーランドが一一月に署名し、批准の意思を示している。

米州死刑廃止条約は、ニカラグアが一一月に批准し、九九年末現在で締約国が七ヶ国となった。

註

Amnesty International, The Death Penalty Worldwide: Developments in 1999, AI Index ACT 50/04/00およびAmnesty International, Death Penalty News, March, June, September, December

これまでの締約国の状況は、各年の年報を参照。

6　国際機関と死刑廃止

国連人権委員会による執行停止決議

国連人権委員会は、第五五会期中の一九九九年四月二八日および第五六会期中の二〇〇〇年四月二六日に、死刑執行停止を求める決議（Resolution 1999/61および2000/65）を採択した。同委員会は、前年（一九九八年）にも同様の決議を採択している。全体として大きく変わっていないが、その内容は、国連加盟国の死刑廃止に向けた努力についてより具体的な要求を提起したものとなっている。

九九年と二〇〇〇年の両決議に大きな文言の変化はないが、九八年と比べての両決議の特徴としては、死刑存置国に対し、未成年者や妊娠中の女性への死刑の適用・執行の禁止に加え、「非暴力的な経済犯罪や非暴力的な宗教上の行為、信条の表明」に対する死刑の適用の禁止、「精神的な病いを患っている者」への死刑の適用や執行の禁止、また、「国際的あるいは国内的レベルにおいて何らかの法的手続きへの関わりが保留されている限りは」死刑の執行を禁止することを求めている点があげられる。

また、アメリカ合衆国が、未成年者への死刑の適用について留保をしていることなどに鑑みて、国際人権自由権規約の六条については、生命権の保障を脅かすような留保の取り消しなどを求めている。

さらには、死刑存置国から、死刑相当犯罪の容疑者に対する引き渡しの要求があった場合に、死刑は行わないとの実効的な保障がなければこの引き渡し要求を拒否することも求めている。

なお、決議案の提出に賛同した国は、一九九九年決議については七二ヶ国、二〇〇〇年決議については、六八ヶ国。決議案の採択に賛同した国は、三〇ヶ国、二七ヶ国となっている。二〇〇〇年決議が採択後、五一ヶ国が、国際社会の場で、このような問題について決議することは不適切だとしてこの決議文を認めないことを表明し、決議の実現には未だ厚い壁が立ちはだかっている。

註

Amnesty International, Death Penalty News, June 1999およびJune 2000

人権委員会決議の全文（英文）は、http://www.unhchr.ch/huridocda/huridoca.nsf/でみることができる。

人権小委員会でも未成年者への執行廃止決議

九九年八月二四日には、人権小委員会（国連差別防止少数者保護委員会）でとくに未成年者に対する死刑の適用を禁止することを求める決議を採択した。

この決議は、二〇〇一年から始まる新世紀における死刑の執行停止を求めたものであるが、とくに未成年に対する死刑の適用について強く言及している。後述するように、現在、アメリカ合衆国など九〇年に入ってからも一九人の未成年者に対する死刑執行が行われている現状に鑑みて、一八歳未満の者に対しては死刑を廃止するよう、各国に求めている。ほかにも、脱走兵や良心的兵役拒否者に対する死刑の廃止を求めている。

註

Amnesty International, Death Penalty News, September 2000

カンボジア特別法廷でも死刑廃止

カンボジアでは、七〇年代のポル・ポト派による大量虐殺を裁く国内の特別法廷が設けられ、その責任追及が始まっている。カンボジア政府が作成した特別法廷設置の法案では、裁判の基準となる法律は、国内法のみならず国際法をも基準とし、もともと死刑制度を廃止していたカンボジアではこの法廷でも量刑に死刑は含めなかった。

註

朝日新聞一九九九年一二月二一日付朝刊

国連特別報告者による報告

略式または恣意的処刑に関する特別報告者は、九九年に開かれた第五五会期国連人権委員会に提出した報告書のなかで、死刑適用犯罪の範囲をもっと制限すべきであるとの意見を述べた。死刑は生命を奪う、あるいは非常に無残な状況（extremely grave consequences）を伴う「もっとも深刻な犯罪（most serious crimes）」にかぎり、経済的な犯罪やいわゆる被害者なき犯罪、宗教的・政治的理由な行為については、死刑適用できないとすべきであるとしている。

註

Amnesty International, Death Penalty News, June 1999

7　未成年者と死刑廃止

国際人権法ではもちろんのこと、現在一〇〇ヶ国以上の国の法律上でも未成年者に対する死刑の適用を禁止・除外した規定を置いている。が、一方で一九九〇年以来、イラン、ナイジェリア、パキスタン、サウジアラビア、アメリカ合衆国、イエメンの六ヶ国で一九名の執行が行われてきている。

九九年中では、一〇月にイランで、強盗の罪で死刑を宣告された一八歳と一七歳（執行当時）の少年二人が執行されている。また、二月にアメリカ・オクラホマ州で一六歳（判決時）の少年の執行が行われた。

アメリカは、国際人権自由権規約の締約国であるが、未成年者への死刑の適用を禁止した第六条五項について留保をつけている。これについては、とくに欧州連合から規約の目的に反するとして非難の宣言が出されている。連邦最高裁において、ネバダ州の（犯罪時）一六歳の少年に対する死刑の適用の是非をめぐって争われた事件では、この規約上の義務が争点となった。最高裁は、法務局長に対し、この点について意見を求めたところ、「アメリカには未成年者に対する死刑の執行を行う権利があり、規約第六条についての留保は有効である」との意見が提出され、最高裁はこれをいれ、上記の少年から出されていた上訴の申し立てを却下した。現在、アメリカには、七〇人ほどの未成年死刑囚がいる。

フィリピンでも、大統領が三人の一七歳の少年に死刑の執行を求めたことにしたがって、一六または一七歳以下の少年に死刑を適用するとの改正案が議会に提起され、処罰化の方向を示している。

パキスタンには、約五〇人の未成年者の死刑囚が存在している。最近では、九七年に判決当時一三歳の少年が執行されている。また、九九年五月のはじめには、一四歳の少年が殺人の容疑で再逮捕された。この少年は、九八年一二月に軍事法廷によって死刑判決を受けていた。上訴して証拠不充分のため無罪となっていたが、この少年の年齢に誤りがあったこと、軍事法廷は違憲であることから、最高裁が再審理が必要として再逮捕の命令を出したことによる。パキスタンの少年死刑囚の状況は悲惨で、警察で暴力を受けている、家族や弁護士との連絡が厳しく制限されているなどの問題が指摘されている。

註

Amnesty International, The Death Penalty Worldwide: Developments in 1999, AI Index ACT 50/04/00

Amnesty International, Death Penalty News, September 1999, December 1999

Amnesty International, Pakistan Juveniles sentenced to death, May 1999, AI Index ASA 33/08/99

8 宗教と死刑廃止

宗教界からも死刑に関する意見表明や、具体的な動きが見られ、時に政府に影響を与えている。

アメリカでは、九九年一月にヨハネ・パウロ二世が訪れ、死刑についての言動が注目された。訪米のさなか、パウロ二世は、「近代的な社会は、犯罪者の更生の機会をまったく否定する手段を用いずとも自らの社会を守っていく術をもっている」として、昨年のクリスマスメッセージで表明した死刑廃止に向けた意見を再度強調した。パウロ二世は、減刑を求める意見も表明し、ミズーリ州では、知事に減刑を求め、これが入れられ終身刑に減刑されたが、一方で、こうしたパウロ二世の言動について知事のみならず同じ宗教界からの反発の声も聞かれた。

同年一二月には、ワシントン州で死刑廃止のためのユダヤとカトリックとによる協議会が発足した。人間の命の尊厳を共通の価値観として、今後は、学校での教材の開発や地域や国レベルでの死刑廃止を目的とした共同活動を行いたいとしている。

スリランカでは、大統領による恩赦権の発動により、二三年間死刑の執行がなかったが、三月に死刑の執行を再開すると大統領が表明した。この意見表明が国内の宗教界に波紋を広げている。仏教やイスラム教関係の団体や聖職者は、再開の動きに賛意を表明、死刑は犯罪抑制の一手段であり、法秩序、平和、正義の維持のためには法を執行しなければならないという意見が見られる。その一方で、カトリックやヒンズー教関係の団体や聖職者は、王や大統領であろうと、いかなる者にも命を奪う権利はない、などとして死刑再開に反対の意見を表明している。

註

Amnesty International, The Death Penalty Worldwide:

Developments in 1999, AI Index ACT50/04/00
Amnesty International, Death Penalty News, June 1999

9　国境を越える死刑

タジキスタン

九八年七月に起きた日本人の秋野豊さんを含む国連タジキスタン監視団（UNMOT）の殺害事件で三月に死刑判決を受けていた三人の統一タジク反対勢力（United Tajik Opposition UTO）メンバーらについて、国連が死刑に対しては反対の立場をとっていることから国連事務総長が減刑の要請をした。この要請に対しては、「減刑はできないが、行動（死刑執行）はとらないことを約束する」との大統領からの返事があったという。

タジキスタンでは、九五年六月から行われていなかった死刑の執行が、九八年一一月に再開され、政治囚に対する死刑判決も相次いでいる。

註
Amnesty International, Death Penalty News, September 1999

朝日新聞一九九九年六月二三日付朝刊

イラン・ドイツ人死刑囚釈放へ

九八年二月にイラン人女性と不法な性的関係を持ったとして死刑判決を受けていたドイツ人の男性について、四月に公共裁判所にて保釈決定が出され、減刑・釈放の見込みとなった。昨年の判決後、ドイツ政府はじめ欧州連合からも執行しないよう要請が出されていたが、九九年二月には最高裁が「証拠不充分」として再審を命じていた。これによって、イランのハタミ大統領の訪独実現が加速した。

註
朝日新聞九九年四月九日、四月一二日付朝刊

トルコ・オジャラン氏に死刑判決

クルド労働者党（PKK）の党首、アブドラ・オジャラン氏は、九九年六月二九日に、国家公安裁判所で反逆罪により死刑の判決を受けた。その後、一一月二五日には、最高裁も一審判決を支持、さらに再審請求に対しても同年末棄却された。この後の手続きとしては、「司法議会委員会（the Judicial Parliamentary Committee）」の審査に移行する。同委員会は執行を進めるか停止するかの判断を示した草案を準備し、これを議会に提出する。議会で賛成が得られると、恩赦権を持った大統領の判断に付され、ここで恩赦の適用がなければ、司法大臣の手にゆだねられ、通常は、数時間から数日の後に執行が行われる。アムネスティなどの人権団体は、十分な防御のための時間や便宜が与えられていない点など当初からオジャラン氏に対する裁判手続きが不公正に行われていることを指摘してきているが、すでに同氏への死刑執行の行方は、司法の手を離れてしまっている。

欧州評議会のメンバーであるトルコにとって死刑廃止は常に要請されてきた課題である。欧州人権条約第六選択議定書（欧州死刑廃止条約）の批准が欧州の一員となるためには必須の条件とされている。七月には欧州議会の決議で、また一一月には欧州人権裁判所からオジャラン氏への死刑執行を行わない要請されている。

トルコは、一九八四年以来、一五年の間死刑の執行が行われずに来たが、オジャラ

ン氏への執行を求める声は、世論に強く、執行の再開を望む声も少なからず存在する。一方で、九六年から九七年の議会内委員会では、新たな刑法案が準備され、そのなかでは、死刑は廃止されており、トルコ政府は、九九年初頭に欧州評議会に対し、この法案は議会の最優先事項のひとつだと表明している。

註

Amnesty International, The Death Penalty Worldwide: Developments in 1999, AI Index ACT 50/04/00

Amnesty International, Death Penalty News, December 1999

Amnesty International, Death sentence after unfair trial: The case of Abdullah Ocalan, August 1999, AI Index: EUR 44/40/99

朝日新聞一九九九年六月三〇日、一一月二六日、一二月六日、一二月三一日付朝刊

10　アジアにおける死刑廃止の動き

中国

中国の新華社ニュースによると、中国政府は、九九年四月、九九年一二月二〇日をもって中国に返還されるマカオについて、死刑制度を復活させることはしないと表明した。同筋によると死刑廃止の規定は、マカオ特別自治区の法制度が死刑制度を必要とするまではそのまま維持されるとしている。マカオの刑法典では、犯罪者の更生の観点から死刑も終身刑も禁止している。

ネパール

ネパールでは、九九年五月初頭に、ビエンドラ国王による法改正の承認によって正式にあらゆる犯罪に対する死刑が廃止された。最高刑は、最高二五年の禁固および財産の没収にとってかわることになる。

註

Amnesty International, Death Penalty News, June 1999

インド

九九年五月、インド最高裁は、九一年に起きたラジブ・ガンジー前首相暗殺事件で、テロ破壊防止法に基づき死刑判決を受けていた二六人のうち、四人に対し死刑判決を宣告した（残る三人は無期刑、一九人は無罪）。殺人の共謀の罪で死刑判決を受けた四人のうちの一人の女性の被告人については、彼女の夫もまた死刑判決を受け、子どもが孤児になってしまうという理由から、判事の一人がその減刑を認め、さらに殺害されたラジブ氏の妻もその減刑を求めたにもかかわらず、死刑判決が維持された。すでに再審請求は棄却されており、大統領の恩赦の発動にその行方はゆだねられている。

インドでは、最高裁が死刑はきわめてまれなケースにしか適用しないと定めているが、多くの犯罪に対して死刑の規定が残っている。

註

Amnesty International, Death Penalty News, December 1999

朝日新聞九九年五月一三日付朝刊

死刑関係文献案内

前田　朗

1　はじめに

死刑廃止運動は国内では苦戦を強いられつつ地道な闘いを続けている。国際的にも、廃止や復活といった揺れ動きのせめぎあいである。そうした中、国連でも死刑廃止に向けたさまざまの試みが続いている。

第一に、国連人権委員会における「死刑問題に関する決議」である。一九九七年から続けられているこの決議は、二〇〇〇年四月の人権委員会においても賛成二七か国、反対一三か国、棄権一二か国で採択された。今回のポイントは、投票が二段階に分けられ、最初は、「関連する法手続きが進行中は執行を行わないこと」「死刑廃止を念頭において執行猶予を確立すること」「死刑を課されるおそれのある者を存置国に送還しないこと」の三点に絞って投票し、採択した後に、例年通りの採択を行った。日本政府は例年反対投票をしてきたが、今回の第一段階の投票でも反対したことは注目に値する。政府が死刑存置の立場を取っているとしても、この三点についてまでこのような意思をもっているとは明らかにされてこなかったと思われる。議会で議論したわけでもない。官僚が勝手に決めている疑いがある（前田朗「人権委員会の死刑廃止決議4」救援三七四号参照）。

第二に、人権委員会の下部機関の人権小委員会の動きである。一九九九年の人権小委員会には「少年犯罪者に関する死刑」決議案が提出された。少年に対する死刑適用と執行を非難し、少年に対する死刑廃止を呼びかけ、存置国に猶予制度を呼びかけるもので、末尾には九〇年代に少年を死刑にしたイラン、ナイジェリア、パキスタン、サウジアラビア、アメリカ合州国、イエメンの名とともに、執行された少年の氏名や処刑日が明記されていたため、大激論となった。結局、ベルギー、ノルウエー、イギリス、フランス、などの委員を含む廃止国出身委員が押し切って採択された（前田朗「少年犯罪者の死刑に関する人権小委決議」救援三六六号参照）。

二〇〇〇年の人権小委員会にも同様の決議案が提出されたが、処刑国のリスト等は掲載されず、ややトーンダウンしたこともあって、全会一致で採択された（前田朗「少年犯罪者の死刑に関する国連人権小委員会決議」救援三七七号参照）。

このように国連人権委員会と人権小委員会では、死刑執行に向けたさまざまの決議を積み重ねる努力が続けられている。こうした動きを横に見つつ、前回以降の文献を紹介しよう。

2　死刑の理由

井上薫編著『裁判資料　死刑の理由』（作品社、一九九九年一一月）は、標題通りの資料である。「異色の裁判官」と言ってよいのかどうかわからないが、編著者は「異色」の存在ではある。「東京大学理学部化学科卒。同大学院理学系研究科化学専門課程修士課程修了。一九八六年、判事補任官。一九九六年、判事任官」という経歴もそうだが、「主な著書」に、『法廷傍聴へ行こう』（法学書院）や『遺伝子からのメッセージ』（丸善ライブラリー）があるのもそうだ。もっとも、『破産免責概説』（ぎょうせい）、『破産免責の限界』『刑事公判の実際』『判決理由の過不足』（以上、法学書院）などの著書もあるので、「異色」とばかり強調するべきではないかもしれない。とはいえ、本書は作品社から出版されている点でも注目される。

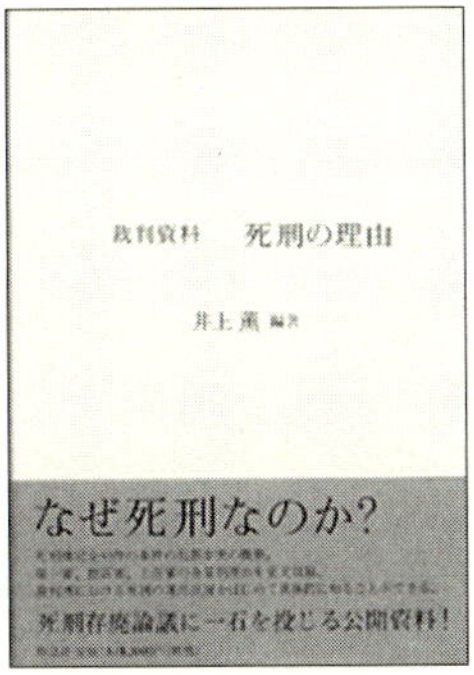

本書は、死刑が確定した四三件の事件の犯罪事実の概要を示し、第一審、控訴審、上告審の各量刑理由を収録した資料であり、「死刑存廃論議に一石を投じる公開資料！」との宣伝文句にふさわしい貴重な一冊である。編著者は「はしがき」で次のように述べている。

「死刑をめぐっては、かねてからその存廃や無期懲役刑との境界等の議論があり、死刑執行や凶悪事件が報じられるたびにマスコミにも取り上げられてきました。ここで、死刑が生きた制度である以上、現実の運用状況に基いた具体的主張こそが議論の中心となるべきでしょう。ところが、死刑の運用状況を知ろうとしても、これまで、簡単に入手できる資料はあまりありませんでした。このような環境の中で、本書は、裁判所における死刑の運用状況を知る簡便な資料として企画されたものです。

今後、死刑について発言する方は、少なくとも本書の内容程度は頭に入れておいていただきたいと願っています。」

いささか挑発的な宣言だが、それだけの意義をもつ資料である。本書は、永山事件第一次上告審判決が一九八三年七月八日に出されたことを踏まえて、それ以後の死刑制度の運用を示すものとして、一九八四年以降の判決を調査して、一九九五年までの一二年間に確定した四三件の死刑事件に関する資料が収録されている。

編集方針は簡明である。冒頭に事件番号、罪名、被告人の年齢・性別・職業等、裁判経過をまとめたうえで、「犯罪事実」「第一審における量刑の理由」「控訴審における量刑の理由」「上告審における量刑の理由」が順次並べられている。三百頁にわたって判決資料が続き、特段の分析もなく、本書は終わる。「本書は、死刑をめぐる議論について特定の意見を述べるものではありません」（はしがき）という。その通り、ひたすら資料に徹して、読者にさまざまの読み方を可能にしている。

もっとも、「解説編」では、注目される表現がないわけではない。死刑についての「特定の意見」ではないにしても、これは、と感じる記述がないわけではない。

第一に、編著者自ら「本書の意義」と題して次のように述べている。

「元米、刑事事件の判決は、公開の法廷で行われることが絶対的に決められています。それに加えて、このように死刑事件の判決書が国民一般に公開されているのです。したがって、判決編で紹介する情報も同様であり、読者自ら原則として入手可能なのです。本書は、これらの情報を読者自ら入手したうえ、読了、理解、編集する手間を省く点に存在意義があるのです。」

これは刑事訴訟法五三条一項本文が「何人も、被告事件の終結後、訴訟記録を閲覧することができ」るとされていることを前提とした記述である。現に刑事訴訟確定記録閲覧手続き法も制定されているので、編著者はこのように書いたのであろう。何ら「特定の意見」を述べていないようにも見える。しかし、刑事確定記録の閲覧申請の経験のある者なら、刑事訴訟法五三条は現実には生きていないことを知っている。検察庁はさまざまの理由をつけて閲覧を拒否してきたし、拒否している。死刑事件以外では、記録が一方的に廃棄されている例も少なくない。現実を知らない裁判官の解説は、実は現実離れをした「特定の意見」にすぎなかったりする。小倉の牧野事件の経過はそのことをよく示したといえよう。

第二に、編著者は、次のようにも述べている。

「法廷は、憲法八二条一項により公開されていて、誰でも傍聴できます。事件の内容によっては、審理の公開が禁止される場合がありますが、その場合でも、判決の言渡しは絶対的に公開されます。刑事事件の判決の公開は、国家刑罰権の適正を国民の手で監視するために、特別に強く要請されるのです。」

これも憲法の解説にすぎず、「特定の意見」を述べたものではないように見える。しかし、東京都即位の礼・大嘗祭違憲住民訴訟控訴審公判において、東京高裁の裁判長が、傍聴人および傍聴席に座っていた控訴人（原告住民）に向かって「傍聴させてやってるんだ」と叫んだことを知る者には、編著者の「特定の意見」を感じ取らないわけにはいかない。閉塞した抑圧的官僚司法の弊害が言われる今日、現職裁判官たる編著者が「国家刑罰権の適正を国民の手で監視する」と書いているのは、もしかすると「異色」であるかもしれないのである。

死刑論に戻そう。編著者が述べるように本書は、死刑について論じるための重要な資料であり、死刑廃止論者にとっても貴重な文献である。これまで死刑廃止論者がこうした著作を世に問うことが多くはなかったことを反省する機会でもある。

本書自身の限界にも触れておこう。

第一に、「はしがき」の「現実の運用状況に基いた具体的主張こそが議論の中心となるべき」という指摘への疑問である。現実の運用状況に関する認識は確かに極めて重要であり、本書がそのニーズにこたえているのも確かだが、それが死刑制度の存廃論の中心になるべきとはいえないだろう。制度そのものへの根幹的な疑問は、制度の中からも出てくるだろうが、制度の外からも当然に生じてくるからだ。死刑論議は、哲学論議としても、憲法論議としても展開されてきたし、これからも展開されるであろう。確定死刑囚の処遇の実態や死刑執行の実態が議論の中心でないこともありえない。

第二に、冤罪問題である。この点について編著者は「判決書から知れない点、たとえば、判決書に記載してある事実が真実であるか否かについては、本書は何も語りません」と明記しており、冤罪についての意識がないわけではなく、本書ではこうした編集方針を採っているものであるから、むしろ読者がこの点を十分に意識しうるかどうかが問題となろう。

第三に、本書は死刑確定事件における量刑だけを取り扱っている。このこと自体が実は「特定の意見」の反映である。というのも、これまで刑法学は、死刑判決と無期懲役判決の比較対象という方法を採ってきた。死刑判決における死刑選択の理由と、無期懲役判決における死刑回避の理由とを比較することで、一つには「死刑の基準」を論じることができたし、もう一つにはまさに「死刑の基準の不明確さ」を論じることができた。本書ほど多くの事例を基にはしていなかったにせよ、いくつもの業績がこの比較の方法によって「死刑の基準の不明確さ」を指摘してきた。そのことが死刑判決の恣意性を浮き彫りにしてきたことはいうまでもない。死刑制度の運用の具体的な分析が、死刑廃止論の論拠を提出してきたのである。死刑判決だけを問題として、判決の量刑理由を追跡することは非常に偏った方法といわざるをえない。本書にも、第一審や控訴審において死刑が回避された場合には、その理由が明示されているから、偏よりの程度は少ないかもしれない。しかし、本書が収録した全事件が死刑確定事件である。その意味で、本書は方法論の後退をもたらしたものと評価されることになろう。

以上、若干の疑問を示しはしたが、それにより本書の意義が低減するということではない。むしろ、本書が提示した資料とその方法に学びつつ、死刑廃止論者が本書を乗り越えるための課題といえよう。

3　アムネスティの死刑廃止論

アムネスティ・インターナショナル日本支部編『死刑廃止』（明石書店、一九九九年九月）は、三部構成である。第一に「死刑廃止」であり、松下竜一「最後の面会」、柳重雄「国際人権基準から見た日本の死刑」、金田誠一「死刑廃止臨調法案を作り、開かれた国民的議論を」、平川宗信「死刑と日本国憲法」、向井武子「死刑囚の立ち直りを阻む死刑制度」、スティーヴン・トロンブレイ「家族の価値と死刑」が収められている。

向井武子の一節だけ引用しておこう。

「死刑制度で人間がよくなることはないと思います。養子縁組みした彼も死刑判決が下される度に打ちのめされて、立ち直ろう立ち直ろうという気持ちをくじかれていくわけです。私ともう一度生きてみようという気持ちが、死刑判決で打ちのめされ、もう一度立ち直って生きてみようと思っても、また死刑判決が打ちのめします。死刑囚が残したいろんな本や文章などを見て『死刑制度があるから死刑囚はあれほどまでに人間性が高められたんだ』と言う人がいます

けれども、私はむしろ逆に、彼らが残した文章を見て、日々何かに打ちこまなければ気が変になるほどに死刑制度が彼らを追いつめているということを読み取るんです。玄人が詠むほどの水準の高い短歌などを詠む人もおりますけれども、私はそういうものから彼らの追いつめられた精神状態というものを逆に感じ取らずにはおられないんです。」

第二部は「98年世界の人権」であり、一四一カ国の人権侵害を詳細に記述した九九年度「アムネスティ人権報告」の概観である。フォーカスとして、犯行当時一八歳未満だった三人を含む六八人の死刑囚に死刑執行を行った米国、何百人、おそらく何千人かの活動家や、政府に反抗的だという疑いを持たれた人びとが拘禁された中華人民共和国、少なくとも三二人が死刑を執行され、死刑判決が増加傾向の台湾、政治改革は始まったものの深刻な人権侵害が続いたインドネシアと東ティモール、約一〇〇名が死刑判決を受け、六名が執行された日本が挙げられている。また、「九八年国際人権（自由権）規約委員会での日本の報告書審査をめぐって」という報告や「九八年国際人権活動の動向」も掲載されている。

第三部は「アムネスティの人権活動」である。「普遍的な人権のためのキャンペーン」「後退する難民保護」「アムネスティをもっと知りたい方」「アムネスティ日本支部の主たる活動カレンダー」「ニュース発表」「アムネスティ調査団覇権記録」などが収められている。巻末の資料編も充実している。

アムネスティ・インターナショナル日本支部編著『知っていますか？　死刑と人権』（解放出版社、一九九九年一二月）は、「知っていますか？一問一答」のシリーズの一冊であり、一二二のQ&Aからなる。例えば「人を殺したのだから、死刑になっても仕方ないのではないでしょうか？」「死刑制度は私たちの社会を守るために、やはり必要なのではないでしょうか？」「死刑がなくなると、凶悪犯罪が増えるのではないでしょうか？」「被害者遺族の気持ちを考えると、死刑は絶対に必要なのではないでしょうか？」など、基本的な論点を一つひとつ取り上げて、人権の観点から死刑について考えるための工夫をしている。

4　冤罪と死刑

遠藤誠『帝銀事件の全貌と平沢貞通』（現代書館、二〇〇〇年七月）は、次の一文で始まる。

「昭和六十二年五月十日午前八時四十五分に、帝銀事件の無実の死刑囚・平沢貞通さんは、八王子医療刑務所で、獄死せしめられた。時に、九十五歳。そのため、世間では、帝銀事件は、もう終わったと思っている。ところがドッコイそうではないのである。平沢さんが殺されてから二年後の平成元（一九八九）年五月十日、三周忌の祥月命日に、私どもは、東京高裁に対し、死後再審請求を提起した。平沢さんは全くの無実であり、帝銀事件の真犯人を隠匿したのは当時の日本における最高権力であったマッカーサー総司令部であったことを天下に明らかにするためである。」

本書は、一九八七年に出版された三一書房版の増補版である。

帝銀事件とは、一九四八年一月二八日、帝国銀行椎名町支店で発生した毒物による強盗殺人事件であり、一二人が死亡した大事件であるが、同時に大冤罪事件として現代刑事裁判史のみならず、戦後日本史に特筆されてきた。一九五五年に死刑判決が確定した平沢貞通は獄死するまでに一八次に及ぶ再審請求を行ったが、ことごとく棄却され、一八次請求も死亡後に棄却された。現在、一九次再審（死後再審）の渦中にある。

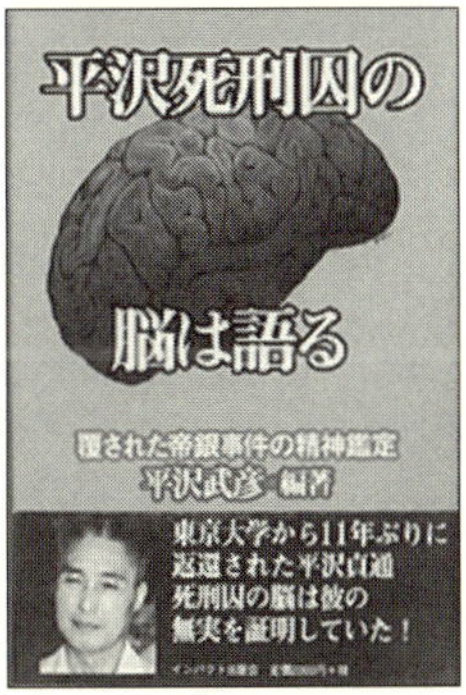

本書は、再審請求審の主任弁護人による事件の全貌の解明作業である。本文全九章は「平沢貞通さんの半生」「帝銀事件」「第一審の裁判」「第二審および第三審の裁判」「第一次ないし第十六次再審」「第十七次再審」「人身保護請求」「救出活動のその後」「その後の経過」と続く。これだけだと裁判経過を辿っただけに見えるかもしれないが、各章にミステリーがあり、探求があり、厳しい批判がある。近来の小説家による法廷ミステリーよりも遥かにおもしろく、驚きに満ちている。帝銀事件について知りたい読者にも、平沢貞通について知りたい読者にも、日本の刑事裁判について知りたい読者にも、そして遠藤誠弁護士について知りたい読者にも満足感を与える一冊である。

帝銀事件についてある程度の知識をもつ読者には、資料編が有益である。特に「ＧＨＱ関係資料」や第十七次再審請求資料は重要である。

最後に、「〈付録1〉これまでこの事件に関与した裁判官」が注目される。というのも、「権力犯罪の真相を見抜けず、結果的にそれを是認してしまった裁判官」の「名前を歴史に残すため、ここにその全員の名前を掲げようと思った」が、記録のコピーを申請したが、東京地検にことわられたという。「私は、これまでの裁判記録全部のコピーを採ることも許されないで、徒手空拳で確定判決をくつがえす再審請求という、至難のわざをやらされているのである。いずれにしろ、これが国家権力というものの本質であって、刑事再審請求の弁護をしている弁護人にたいし、これまでの証拠全部のコピーを取ることも許されないのである」。このため、裁判官一覧の各所が空白になっている。

平沢武彦編著『平沢死刑囚の脳は語る』（インパクト出版会、二〇〇〇年七月）は、動き始めた「半世紀後の帝銀事件」の報告である。東大医学部に保管されていた平沢貞通の脳が返還され、再検査を受けることになったからである。果たして平沢はコルサコフ病であったのか。死刑判決時の精神鑑定はどのようなものであったのか。平沢の自白はどのようにして取られたのか。こうした疑問に答えるべく、本書は、平沢武彦「帝銀事件五十年」、平沢貞通「私はこうして帝銀犯人にされた」、森川哲郎「自白への道程」、平沢武彦「自白過程の精神鑑定」、同「明らかになった脳病変」を配する。

半世紀後の精神鑑定の結果は、「性格変化、高度という特殊例に入ると考えられる。とくに白質に傷跡が残っている。よくみていくと病変の部分というのが、亜慢性期の患者例と全く同じである」「記憶の中枢である海馬を中心とし、側頭葉がやられ、神経細胞のある脳の脂質の上の白質が、非常に強くやられている。そして、脱髄の傷跡が残っている」という。この病理検査は、精神医学者により学術論文として公表されるという。

編著者は、「平沢貞通氏を救う会」事務局長だった森川哲郎の子であり、後に平沢貞通の養子となり、現在「平沢貞通氏を救う会」事務局長である。「二人の父親」の文章をも収めた著作によって、編著者は死後再審の闘いを確信をもって歩んでいる。その第十九次再審請求の証拠として半世紀後の精神鑑定を提出すべく努力を傾注してきた。その思いを次のように述べている。

「多くの無実を叫びながら処刑され、闇の中に葬りさられた声なき声、その者らの無念の思いを、帝銀事件の再審をつうじ、晴らしていく考えである。そして、終着駅のないであろう『人権運動』というレールを、さらに歩んでいこうと思う。」

松川事件無罪確定25周年記念出版委員会編『復刻版・私たちの松川事件』（現代人文社、一九九九年八月）は、松川事件無罪確定二五周年を記念して出版されたものの復刻版である。

一九四九年八月一七日、福島県松川で発生した電車転覆事件は、一審の福島地裁で死刑五名、無期懲役五名、その他の有期懲役合計九五年六ヶ月の判決が言渡され、二審の仙台高裁でも三名に無罪が出たものの、死刑四名、無期懲役二名、有期懲役一〇四年六ヶ月が言渡された。これに対して、冤罪を訴える原告・弁護団・支援の松川運動は全国を覆い、アリバイ証拠の「諏訪メモ」の発見、一九五九年の最高裁による原審破棄・差戻し判決、一九六一年の仙台高裁の全員無罪判決へと大転換・大逆転を勝ち取った。一九六三年の最高裁判決で検察側上告を棄却、無罪が確定。

松川事件から半世紀、無罪確定から三十年以上の歳月を経て、今なぜ松川運動なのか。小田中聰樹「復刻に寄せて」は次のように述べる。

「松川事件は、民主的運動の抑圧を狙う謀略的色彩の濃いフレーム・アップ事件であった。このフレーム・アップ事件に巻き込まれた被告人たちの無実を明らかにし、謀略を打ち破り、民主的運動を擁護、発展させることは、民主主義と人権の発展を願う国民に課せられた歴史的課題であった。正義と真実を求め全国的に展開した松川運動は、この歴史的課題を見事に果たすとともに、六〇年安保闘争とあいまって、一九六〇年代以降の民主的運動発展の社会的土壌の形成に大きく寄与したのである。この歴史的経験は、いま私たちに思想・信条を超えた連帯の形成の重要さを教えているのである。」

いくつもの死刑冤罪があった。死刑再審無罪となった免田・松山・財田川・島田の四事件、死刑から無罪への逆転勝利の松川や山中事件、そして今も闘われている死刑再審や、多くの冤罪事件。これまで多くの事件について数々の手記やルポが公にされてきた。帝銀事件や松川事件のような著名事件では、文献リストも膨大である。しかし、それらの多くは絶版となり、入手困難となる。まして、支援も少なく、冤罪を晴らすこともできず、微かな叫びを残して消されてしまった事件も少なくない。これらの記録をしっかりと残し、伝え、教訓とするために、もっと組織的な努力がなされる必要がある。救援運動、死刑廃止運動、弁護士、刑事法研究者、ジャーナリストの連携により、死刑冤罪叢書を編んでいくことが必要ではないか（死刑冤罪に限らず、死刑事件についても、冤罪についても、言えることだが）。

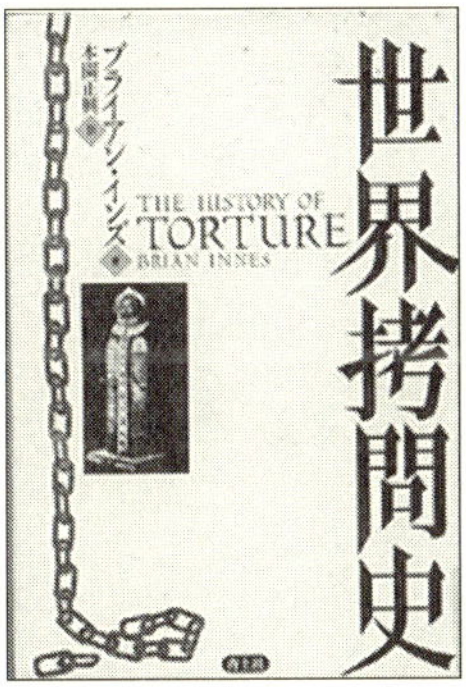

5　死刑の残虐性

ブライアン・インズ（本園正興訳）『世界拷問史』（青土社、一九九九年七月）は、古代ギリシア、ローマから現代に至る世界の拷問に関する情報をまとめたものである。原著は一九九八年にイギリスで公刊され、いち早く翻訳が出た。異端審問、魔女狩り、植民地における拷問の数々を豊富な写真付きで描いたものである。日本についても、江戸時代までの鞭打ち、石抱き、縛り、吊るしなどが紹介されている。現代の拷問としては、ナチスや日本軍による拷問や残虐行為、アルジェリアにおけるフランス軍による拷問、中南米の例が取り上げられる。拷問として紹介されている例の多くが死を伴うものである。取調べとしての拷問だけではなく、刑の執行としての拷問も含まれている。また、「心の拷問」として錯乱、睡眠妨害、薬物、洗脳などが紹介されている。記述の大半は拷問の紹介だが、最終章は「反拷問闘争」であり、ベッカリア、ヴォルテール、そして現在のアムネスティ・インターナショナル、拷問等禁止条約にも言及している。

川端博監修・今村幸介執筆『あまりに残酷な拷問の世界』（青春出版社、一九九九年）は、明治大学刑事博物館の「ヨーロッパ拷問展」を契機とした企画物で、同博物館長が監修している。表紙カバーにも奥付にも記載されていないが、目次の裏に執筆者名が記載されている不思議な本である。全四章の標題が「死よりも苦痛な拷問の悪夢」「権力者たちの暴走する狂気」「呪われた愛と残酷な運命」「悪魔も怯える処刑の戦慄」とあるのを紹介すれば判明するようにキワモノではあるが、同博物館蔵の写真が掲載

されており、一般向けとして意味もあるかもしれない。

柳内伸作『拷問・処刑・虐殺全書』（ＫＫベストセラーズ、一九九九年八月）も、「ヨーロッパ拷問展」を契機として構想されたものだが、著者と明治大学刑事博物館との関係は不明である。著者は元防衛庁陸幕調査部の情報工作官で、職務としての情報分析を通じて世界の拷問に通じたようである。取調べとしての拷問と処刑の区別がない点もこの種の著作の共通点である。

鵜飼哲・小森陽一「受苦の語り」栗原彬・小森陽一・佐藤学・吉見俊哉編『越境する知２　語り：つむぎだす』（東京大学出版会、二〇〇〇年五月）は、インタビューともいうべき対談である。「死刑廃止の論理をめぐって」との副題をもつ対談をキワモノと並べるのは不適切だが、便宜上ここで紹介する。というのも、死刑の論理と死刑廃止の論理を鮮やかに分析する「語り」のキー概念とされているのが「受苦」であり、死刑の残虐性という論点をカヴァーしているからである。

死刑囚の受苦の身体。死刑のスペクタクル化。革命的であることは死刑を排除しない。「やさしい死」のテクノロジー。証言しえない死刑囚。――いくつもの印象的な着想が示唆された対談は、「第三者の受苦をこえて」として、次のような言葉を紡ぐ。

「第三者的に『殺人はいけない。死刑はいけない』ということにとどまる死刑廃止論は、必然的にある種の脆弱さを抱え込まざるをえない。いま、その脆弱さを明晰に自覚した死刑廃止論が求められているのだと思います。その脆弱さをむしろ引き受けることで強くなるための一つのポイントは、『これからの時代、たとえば私のような、あるいは小森さんのような表現活動をしている人間は死刑になる可能性がある。これは自分の首の問題だ』という発想に転換していくことではないか。それをどこかで表現できるような死刑廃止論でないとまずいと思いますね。」（鵜飼哲）

これまで死刑廃止論の現場では、まさに自分が死刑になる可能性があるというレベルで議論が行われてきたし、刑事法学者の議論においてもそうしたことが意識され、現に問われてきた。「殺す、殺される」国家刑罰権という暴力装置の問題である。殺すかもしれない自分と、殺されるかもしれない自分。殺せと命じるかもしれない刑法学と、それにより殺されるかもしれない刑法学。この緊張関係のなかで、まさに死刑廃止論は展開されてきた。そのことを知っている者には、疑問が残るだろう。しかも、国立大学教授という、ある意味ではもっとも「特権的な」立場での対談である。

しかし、「ヒューマニズムのさまざまな脆弱さを部分的であれ超えられるような死刑廃止論をいかにつくりあげられるか」という問題提起は、いま確かに重要な提起であるし、それを「受苦」というキーワードを軸にした思索の魅力も否定できない。さらなる展開に期待したくなる対談である。

6　刑法学の動き

刑法学における死刑存廃論議はあまり活発とはいえないかもしれない。しかし、重要な収穫もあった。

団藤重光『死刑廃止論・第六版』（有斐閣、二〇〇〇年四月）は、改めて紹介するまでもなく、死刑廃止運動の最重要文献である。初版が一九九一年、第五版が一九九七年であった。「第六版のはしがき」は次のように述べる。

「われわれは、死刑問題のような人間性に深くかかわる問題について、次世紀にそれを期待しよう。今世紀を特徴づけるのが人間性の喪失であるとすれば、次世紀には人間性の回復を期待しよう。現在の世界情勢を眺めてみると、ことにわれわれの属する地域の諸民族は、残念ながら、現在のところ、互いの啀み合いに明け暮れている観があるが、本文で考察するように、アジア諸民族の文化や民族性は、平和や道徳性の追求において、本来すばらしいものをもっていると思われる。私はアジア地域についても死刑廃止は十分に実現の可能性をもっているし、その方向へ向かって努力するべきものと思っている。」

新たに追加された「死刑囚の処遇」の項目では、「わが国で実際に行われている死刑囚の非人道的な処遇、ことに執行に至るまでの極端な密行性は世界的にも悪名が高い」と述べた上で、法務省通達を批判的に検討し、特に一九九九年一二月一七日の執行における再審請求中の死刑囚の執行について次のように述べている。

「これは法務当局自身もきわめて異例であったことを認めているようですが、単に異例であったというだけのことでは済まされません。おそらく本人が同じような理由による再審請求を繰り返したために、いつまでも当局の予定どおりに執行ができなくて手を焼いたというような事情があったものと想像されます。しかし、同一事由によるものかどうかは、再審請求を受けた裁判所によって判断されるべきことで、法務当局によるべきことではありません。法務当局にできることは、せいぜい裁判所に事情を説明して事件の処理の促進を申し入れるだけだと思います。今回の措置ははっきりと違法なものであったと言わざるをえません。」

足立昌勝『近代刑法の実像』（白順社、二〇〇〇年三月）は、ドイツ語圏を対象とする近代刑法研究を基点にしつつ、現代日本の刑法現象を解剖する。「現代の刑法現象を総括すると、あまりにもご都合主義的で、近代刑法の原則が無視されすぎている」という問題意識から、近代刑法の原則の形成と、現代刑法における原則のゆがみを批判的に検討するものである。

「第一部第七章　近代刑法における死刑」

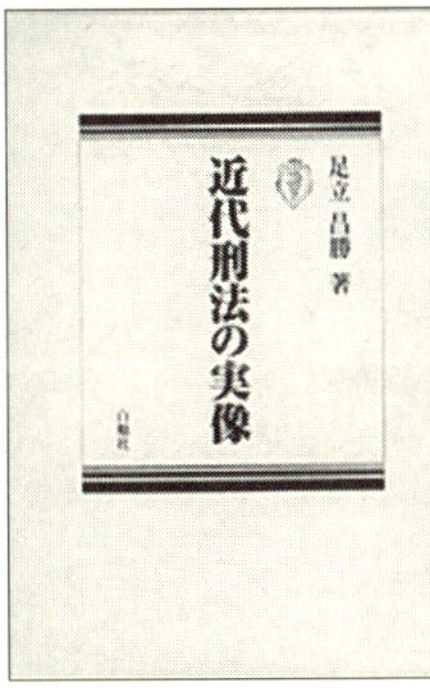

では、公刑罰の誕生の意義を検討し、啓蒙思想や人道主義の論理を再確認し、死刑には代替可能性がなく、「代替不可能なものを刑罰の種類に加えること、すなわち死刑は、国家の概念において、たとえ立法権であっても、認められてはならない」とする。

また、「第二部第七章　死刑廃止法の法的性格」では、一九五六年に国会上程されたが廃案となった死刑廃止法の審議を検討し、死刑廃止法や死刑執行停止法に遡及効を持たせることの可否を問い、国民主権と三権分立の関係から、刑罰の執行権は行政機関にあるから、「死刑執行停止についての遡及効を設けることは、司法権を侵害するものではなく、たんに行政権を抑制するものにすぎない」ので憲法上十分可能であると結論づける。

　菊田幸一「死刑に代替する終身刑について」法律時報七二巻一〇号（二〇〇〇年九月、大幅に加筆し本書に掲載）は、死刑廃止に向けた議論の一環として代替刑論議に踏み込むために、アメリカでの現状を紹介・分析する。まず、アメリカにおける終身刑には、パロール（仮釈放）のない終身刑とパロールのある終身刑があり、死刑廃止州の三分の二はパロールのない終身刑であること、それらの制度や運用は州により多様であり、死刑の存否と、どのような終身刑を採用するかは必ずしも一定ではないこと、死刑廃止の段階も一定ではなく、事実上の執行停止、代替刑としての終身刑、パロールつきの終身刑へと変遷しうることが示される。死刑存置が多数を占めるアメリカの世論においても、被害者への賠償を付加した厳しい刑罰を採用するならば、あえて死刑を望まない世論も高まっているという。最後に、日本における終身刑の導入について次のように述べている。

「死刑制度を廃止することがいかに厚い壁であるかを改めて認識しなくてはならない。このような現状認識のもとにあっては、死刑の代替刑提示は、残念ながら限りなく死刑に近い代替刑を提示することで一般多数の賛同を得るものでなくてはならない。現に死刑制度があり、定期的に死刑執行がなされている日本の現状からすれば、死刑に次ぐ、もっとも厳しい終身刑を自ずから選択せざるをえない」。

　城下裕二「最近の判例における死刑と無期懲役の限界」ジュリスト一一七六号（二〇〇〇年四月）は、一九九七年以降、第二審で無期懲役を言渡された強盗殺人等事件について、検察官が死刑を求めて相次いで上告を行った結果を踏まえて、ここ一〇年ほどの判例を素材としつつ、審級による死

刑と無期懲役という判断の相違をもたらす要因について検討し、死刑求刑上告結果を分析する。死刑上告求刑上告に対する最高裁の判断は、福山市・独居女性殺害事件について破棄差し戻しとなったが、その他四例では控訴審の無期懲役判決が維持された。いずれも事例判断であり、一般論は展開されていないが、永山事件最高裁判決の死刑選択基準を引用しつつ、「主観的事情」を過度に重視することを警告した点が注目されるという。

その他、河上和雄「死刑と無期刑との間」判例時報一七〇〇号、加藤久雄「『死刑存廃論』の人道的刑事政策的再検討」『宮澤浩一先生古稀祝賀論文集第二巻』（成文堂）などがある。

7　その他

スティーブン・キング『グリーン・マイル（1―6）』（新潮文庫、一九九七年二月〜七月）は、「フォレスト・ガンプ」のトム・ハンクス主演、「ショーシャンクの空に」のフランク・ダラボン監督の同名映画（二〇〇〇年春に日本興行）の原作である。一九三二年、アメリカ南部のコールド・マウンテン刑務所の死刑囚監房を舞台とする死刑囚、冤罪の囚人、看守たちの物語。

鈴木英司『檻の中の闇』（小学館、二〇〇〇年一月）は、フィリピンで日本人として死刑判決第一号となった著者の手記である。お土産にもらったクッキーの箱に大麻が入っていた容疑で逮捕され、大麻所持で死刑判決を受けたという著者は、モンテンルパ刑務所で九四年から無罪を訴え続けている。事件の経過や判決の法的内容は本書からはわからない。救援活動を親身に続けてくれるものもいるが、著者に接近して救出を約束しながら金を巻き上げようとする日本人が多いことや、フィリピンの刑務所の中の生活状況、人間関係が描かれた刑務所体験記として読むことができる。死刑制度が復活したフィリピンでの死刑囚という境遇を恨むのではなく、冤罪を訴えつつも、自らの人生を反省し、刑務所の人間模様を知らせようとする著作である。

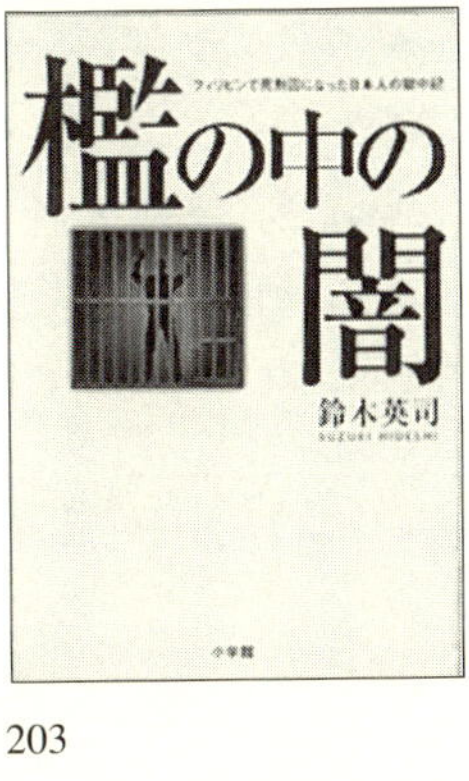

死刑廃止運動にアクセスする

廃止運動団体・フォーラム・ネットワーク

●死刑廃止連絡会・みやぎ

死刑廃止連絡会・みやぎは一九八九年、宮城県内外の死刑に反対する人々が声をかけ合って集まったのをきっかけに発足しました。絞首台という不名誉きわまる施設をもつ町・仙台を中心に、獄中者との交流、死刑問題を考える催しや学習会、死刑執行停止のアピールなどの活動をしています一九九九年には、被害者支援運動が世論で注目を集めたことを受け、被害者支援の入門書を読む学習会をしました。二〇〇〇年には、仙台拘置支所にいる「118号事件」の被告たちの上告審に向け、弁護団とともに事件現場である盛岡と郡山を現地視察しました。

メンバーは、弁護士や宗教者、冤罪死刑囚赤堀政夫さんの支援に携わっていた障害者等様々です。立場や考え方の違う人々が、「死刑廃止」という一点で連絡をとりあう緩やかな連合体です。月一回、原則として毎月第一木曜日に例会を開いています。お気軽にお越し下さい。

連絡先・〒980-0871　仙台市青葉区八幡3-7-23　相良なるみ方

Eメールアドレス・uuzqak@mse.biglobe.ne.jp

（伊藤嘉明）

●死刑廃止の会

死刑廃止の会は、八〇年1・24死刑廃止集会をきっかけにして生まれました。一月二四日は、幸徳秋水らをはじめとする大逆事件の一二名が処刑された日です。

常に獄中にある死刑囚と共に死刑制度の本質をみつめ、死刑の実態を多くの人に知らせ、死刑廃止を訴えていくというのが、会の基本姿勢です。

会員は全国にいますが、全国各地で死刑廃止のグループを生みだし、個別の死刑囚の救援、地域での宣伝などを行っています。

死刑廃止を実現するためには、弁護士、国会議員、学者、宗教家、ジャーナリストなどの広範な協力が必要です。また、死刑囚の家族との交流も大切です。人と人との

つながりのなかから信頼が生まれ、その力をバネに死刑廃止のためのネットワークを拡げていけたらすばらしいと思います。

会報は現在不定期刊。二〇〇〇年六月現在で一八六号まで発行。死刑に関する最新情報、死刑廃止運動の紹介、死刑事件裁判の動き、新刊本の紹介などを毎号掲載。会費は月三〇〇円（会報の購読のみの場合は年間一五〇〇円）

連絡先・〒105-0004 東京都港区新橋2−8−16　石田ビル　救援連絡センター内　TEL 03-3591-1301

●アムネスティ・インターナショナル

アムネスティは世界人権宣言に基づき、以下の四つを柱に活動する、国際的な市民団体です。①政治的信念や信仰、人種的理由などで故なく囚われた非暴力の囚人（良心の囚人）の即時無条件の釈放を求める。②全ての政治囚に対する公正で迅速な裁判を求める。③全ての拷問と死刑に反対する。④軍や警察が市民を殺害したり（超法規的処刑）、闇から闇へと葬る（「失踪」）ことを阻止する。アムネスティの会員は現在、世界中に百万人おり、日本にも約七千人います。詳しくはアムネスティ日本までお問合せください。

社団法人アムネスティ・インターナショナル日本東京事務所
〒169-0051 東京都新宿区西早稲田2−18−23 スカイエスタ2階 TEL 03-3203-1050 FAX 03-3232-6775　ホームページ：http://www.amnesty.or.jp/

同大阪事務所
〒540-0027　大阪市中央区鎗屋町1−1−11 B-space FUKUIビル6F−A　TEL 06-6910-6170 FAX 06-6910-6171

●死刑をなくす女の会

一九八〇年に、死刑廃止について中山千夏と丸山友岐子がテレビで対談したのがきっかけで、一九八一年四月に「死刑をなくす女の会」が発足しました。

会員は仕事を持っている女の人を中心に、全国に広がっています。男性には賛助会員としてサポート的役割を担ってもらっています。

活動方針は、死刑制度が日本にあるということを多くの人々に知ってもらい、そして死刑という刑罰が、いかに人権を無視した行為であるかということを、広く訴えていくことなどです。

会として、個々の死刑囚の救援には直接関わってはいませんが、死刑廃止を目指し活動されている他の団体や個々の方と、協力しあいながら活動しています。

不定期ですが「女の会ニュース」を発行し、年に一度総会を開いています。

会費は年間二〇〇〇円（賛助会員も同じ）。

連絡先・〒188-0014 西東京市芝久保町4−4−4A−411 ライムライト内 TEL&FAX 0424-64-1978

●死刑廃止国際条約の批准を求めるフォーラム90（略称フォーラム90）

一九九〇年春、前年国連で「死刑廃止国際条約」が採択されたのを機に、アムネスティ、死刑執行停止連絡会議、JCCDの三団体が、条約批准を求める運動を通して全国の廃止論者を顕在化させる「フォーラム運動」を呼びかけた。賛同者は、全国で約五〇〇〇人。

九〇年一二月一日の「第一回フォーラム」（日比谷公会堂）には、全国から一四〇〇人が参加し、フォーラム運動は全国に広がっていった。その後も東京では「アジアフォーラム」「存置論者との対話」など、新しい試みを続けてきた。

二〇〇〇年六月、相次ぐ執行の中、受身になりがちな運動に、アグレッシブな行動を提案した。処刑場を持つ七つの拘置所周辺で活動する廃止グループに、執行予想日の監視行動を要請したのである。東京では、拘置所に隣接する公園に集合し正面入口を見通せる土手上からビデオを回し、その映像をリアルタイムでインターネットに流す試みもされた。結果、この日の執行は中止された。

九月にも二週続けて同様の行動を行っている。

いまや全国に「フォーラム」が結成されており、「フォーラム90」は主に東京を中心に活動する「フォーラム運動体」のひとつと位置づけられる。

連絡先・〒107-0052 東京都港区赤坂2−14−13 港合同法律事務所気付 TEL 03-3585-2331 FAX 03-3585-2330

●死刑廃止運動全国ネットワーク

死刑廃止に取り組む全国の個人・団体が、交流を深め、情報・意見を交換し、より信頼を深めて有機的につながり協力しあっていくことをめざすため、一九八九年神戸での第二回全国合宿で結成が確認されました。九〇年以降、機関誌『ねっとわあく死刑廃止』を現在55号まで発行しています。毎年、全国合宿を行い、運動の様々な課題、今後の方向性等について、和気あいあいの中にも真剣な討議が行われます。各地の団体のつながりそのものが「ネットワーク」なのであり、ネットワーク自体は「団体」ではありませんが、各地の仲間との交流の中から死刑廃止の声を拡げていきたいと思います。

機関誌購読費（会費）年間二〇〇〇円

連絡先・〒105-0004 東京都港区新橋2−8−16 石田ビル 救援連絡センター気付 TEL

03-3591-1301

●ユニテ

ユニテは「死刑囚自らが死刑廃止を訴える」という「麦の会」から生まれ、獄中主体のより自由な意見交換の場をめざし、会誌『希望』（季刊）を発行してきました。

発足当時、執行停止を受けた機運から自然に罪に向き合おうと活動していたユニテですが、十年たった現在、周囲の状況はかなり硬直したものになり、獄中との日々の交流からは本音に近い微妙な心理が読み取れます。その複雑な思いの中には、罪に向き合う努力と定期の執行から来る諦めが拮抗しています。個々人は孤独を強いられ非常に難しい時であろうと察します。

交通不便の獄中主体で曲がりなりに自由な意見交換の場として『希望』発行は続いてきました。「会」としては理不尽な事ばかりにも拘わらず今日まで来れたのは、獄中獄外の人々の「死廃」を願う気持ちの強さと精神の柔軟さではないかと、この稀有を思います。

獄中の要望は様々で、活動としては多くができませんが、パンフが発行できること自体で皆様の思いを中へ伝えるのも役目かと思います。どうぞよろしく。

連絡先・〒354-0045　埼玉県入間郡三芳町上富1544—5「ユニテ」事務局　横山真知子

●全国犯罪・非行協議会（NCCD）

本会の活動方針は、「刑罰の改良を推進するとともに、犯罪者および非行者の処置、処遇ならびに被害者の救済にかかわる分野の改善、発展を促進させること」にある（会則第三条）。

近年における、わが国の犯罪と非行に関する分野は、国内的にはむろんのこと国際的にも多くの問題を抱えている。ところが、これに反し本格的な自由討議の場が、ますます狭められ危惧すべき状況にある。このような状況のなかで、いわゆるミニコミ誌とNGOの存在が重要視されており、尊重されねばならないことは、いまや国連の場でも認知されている。

本会の機関誌NCCD（季刊、本年は一七号〔通算九〇号〕が最新号）は、この分野でのわが国における犯罪と非行に関するオピニオン・リーダーとして、自由・闊達な意見表明の場を提供するものとして研究者・実務家・受刑者と市民に開放することを旨として活動している。近年はとくに死刑問題、少年問題に関する論文と資料提供に力を入れてきた。本年より菊田幸一クリミノロジー賞が創設され第一回授与式が一月一五日都内で開かれ守屋克彦（前仙台高裁判事）の『現代の非行と少年審判』（頸草書房）に記念品（ブロンズ像）・賞金（二〇万円）が授与された。なお、「監獄人権センター」、「死刑廃止フォーラム」、「アムネスティ日本支部」、「ＤＩＣ」、「人権と報道・連絡会」等との連携をすすめるべく努めている。言うまでもなくアメリカの全米犯罪非行協議会（National Council on Crime and Delinquency）とも連携することにしている。

機関誌（季刊）NCCD in Japan
事務局・〒101-0062 東京都千代田区神田駿河台1-1　明治大学法学部研究棟一二一号内
年会費　三五〇〇円　郵便振替口座００１００-５-５１２３３４

●都高教・死刑に反対する会

昨年この欄でお知らせした、現在都立高校のおかれている状況のその後ですが、石原都政＝都教委はますます都立学校に対する抑圧を強めつつあります。この四月から一般教員に対して（管理職に対してはすでに三年前から）人事考課という名の勤務評定が強権的に導入されました。都教委の方針に反抗的な教員の昇給を遅らせることで、権力に迎合的な教員を増やし、教育内容を統制していこうという意図がはっきり見えます。

教育内容の統制は、教育の自由にとって死刑宣告に等しいわけです。入学式・卒業式への日の丸・君が代の強制はその象徴的なものです。面子にかけて日の丸・君が代を都立学校にねじ込む決意の都教委に対して、組合はストライキを対置できず、公式発表で九割以上の学校に何らかの形で旗がはいりメロディが流れました。

けれども、ほとんどの都立高校では、繰り返し長時間に渡る校長交渉によって、例えば日の丸は正面に張らずに壇上の隅や花の陰の見えにくいところに置いたり、君が代は式が始まる前にメロディだけ流すが歌わなくてもよいとか、都教委の意図をなんとか出し抜く工夫がなされました。

また多くの学校で校長が全生徒に、今年から日の丸・君が代が入ったが、これは決して敬礼や歌うことを強制するものではない、歌いたくない生徒は歌わなくてもいいし、起立もしなくてもよいと話し、実際そのようになりました。校長教頭と父母が起立して歌い、教職員と生徒は誰も立たず歌わなかった学校や、父母も誰も起立せず歌わず、校長教頭の聞くにたえない声が聞こえたけれど、校長が式辞で、日の丸・君が代が過去において戦争のシンボルとして使われたことに触れ、二度と再びそういう歴史を繰り返してはならないと話した学校など、いろいろでした。職務命令や処分で脅かした結果がこれでした。

九九年三月の三田高校事件の判決がこの四月にありました。都教委の強権的管理強化に反対した教員の作った爆発物で一人が負傷した事件です。その動機は一切考慮されず、懲役一〇年の判決でした。本人は深く反省し、控訴もせずに下獄しました。それにしても一〇年は重刑罰過ぎると思います。なぜ犯罪に至ったかを問おうとしないこういう裁判官が世間の感情（「とんでもないやつだ、早く吊るしてしまえ」）に流されて死刑判決を書くのでしょう。

本会は東京都高等学校教職員（都高教）の有志で八七年に発足しました。この世から死刑と死刑に類することをなくしたいと願っています。

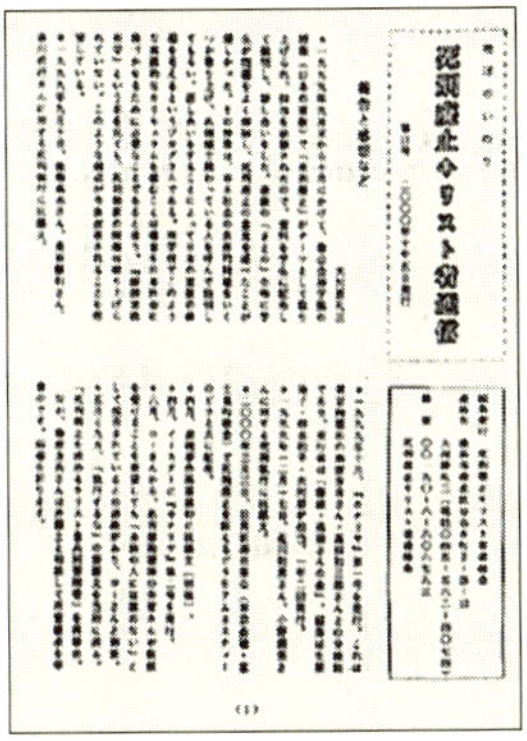

現在、法務省でも、死刑廃止運動の側でも、死刑に代わって終身刑（死ぬまで一生娑婆に出さない）の導入が検討されているようです。しかしながらそれは死刑に類することであり、もしかすると、ある人には、死刑よりずっと残虐な刑罰なのではないでしょうか。諸外国の実態調査や、それにもとづく深い考察と議論が必要だと思います。

連絡先・〒224-0057 横浜市都筑区川和町2382小笠原博綜 TEL&FAX 045-942-1648

●死刑廃止キリスト者連絡会

一九九二年五月発足。カトリックとプロテスタントを含む超教派の連絡会。会員制度は採用せず、有志のカンパで『通信』を発行している。九四年一月には三八名の文章を収録した『死刑廃止とキリスト教』（新教出版社）を発行した。法務省交渉に参加したり法務大臣に要請文や抗議文を送るなど、当局に働きかけると共に、キリスト教の内部に死刑廃止の主張を拡げることも重要な課題と考えて取り組んでいる。従来のキリスト教倫理は必ずしも死刑制度を否定していなかったので、死刑廃止論はキリスト教のあり方を根本から問う重要な問題である。日本キリスト教協議会や教誨師会や仏教者とも連絡をとっている。

連絡先・〒223-0062 横浜市港北区日吉本町2-28-13 大河原礼三　FAX 045-562-4074

●監獄人権センター

刑事拘禁施設及び出入国管理施設の人権状況を国際水準に合致するよう改善していくこと、死刑を廃止すること等を目的として九五年三月に設立された。主な活動は、①拘禁施設内の人権侵害の事実を調査し、国内外に公表する。②必要なケースについては弁護士による助言、訴訟提起などにより個別的な救済を図る。③刑事拘禁に関する国際人権諸基準を研究し、紹介しながら人権条約の批准を求める、等である。

個人会員によるネットワーク的構成をとっており、半年に一回程度のセミナーを中心にした活動やさまざまな関連情報をニューズレターで紹介している。獄中訴訟の支援、独居拘禁や死刑確定者の処遇の問題の調査、刑務官の労働条件や職務上の問題点など、いくつかの問題ごとに部会も設置されている。国外のNGOとも連絡をとり、交流を図りながら活動を進めている。

連絡先・〒213-0001 神奈川県川崎市高津区溝口2-16-6 シマザキビル2F　福島武司法律事務所気付　TEL&FAX 044-844-7211

●統一獄中者組合

「人権後進国」とも言うべき日本では、死刑確定者を含む獄中者は多くの不当な制約を受けています。統一獄中者組合はこうした囚人同士の相互扶助と権利擁護を目的として、一九八五年に既存の囚人組織が統一して結成されました。その前史を含めると四半世紀の歴史を持つ日本で唯一の囚人組合です。

　獄中の組合員と獄外の事務局員・協力会員で構成され、組合員と事務局員の権利は対等です。二年に一度の定期総会で選出された運営委員会が運営に責任を負い、東京事務局が獄外の日常活動を行っています。面会・文通を基本とした日常的な組合活動を基礎に、領置品の総量規制や東京拘置所の建替えなどの問題に取り組んできました。

　獄外ボランティアを募って獄中に古本の差し入れをする「ネットワーク古本市」も圧倒的好評のうちに回を重ねています。また、二〇〇〇年からは「獄中獄外ジョイントセミナー」を開催しています。これは、毎回のテーマへの意見やゲストへの質問を事前に獄中から寄せてもらい、セミナーの中で紹介しながらその報告を機関紙に掲載し共有するもので、このかん、海渡雄一（第一回）、安田好弘・佐々木通武（第二回）、山際永三・山口正紀（第三回）さんらを招いてきました。『監獄通信』の紙面がこの報告だけですぐ一杯になってしまうことだけが悩みの種ですが、それに値するものになっています。獄中の方はもとよりぜひ多くの方に読んでほしいと思います。

　なにかと監獄当局に目の敵にされがちな統一獄中者組合ですが、これからも柔軟かつ果敢に新たな可能性にチャレンジしていくつもりです。

連絡先・〒116-0002 東京都荒川区荒川郵便局私書箱45号

機関誌『監獄通信』（毎号二〇〇円・獄中者無料）

●東京拘置所のそばで死刑について考える会（そばの会）

　東京拘置所のそば、綾瀬駅前での毎月一度のビラ配りを続けています。死刑制度に賛成という人からも丁寧に記した意見が届き、私たち自身が考えさせられることもあります。国会の動きや犯罪報道のことなど、折々の話題も盛り込みながら、道行く人に受け取ってもらえ、読んでもらえ、考えてもらえるビラを、と毎回、内容や体裁に気を使っていますが、皆さんならどんなビラを作りますか？　原稿・アイデアも常時募集中！です。連絡いただければ今までのビラの見本なども送りますので、ぜひ一緒に考えてみませんか。

　執行の危険が高まるたびの東京拘置所への申入れ行動や、半年に一度ぐらいのミニ集会「ビデオを見ながら死刑について考える集い」も続けています。二〇〇〇年春の新企画「サクラを見ながら死刑について考える集い」も盛況でした。これも恒例行事に

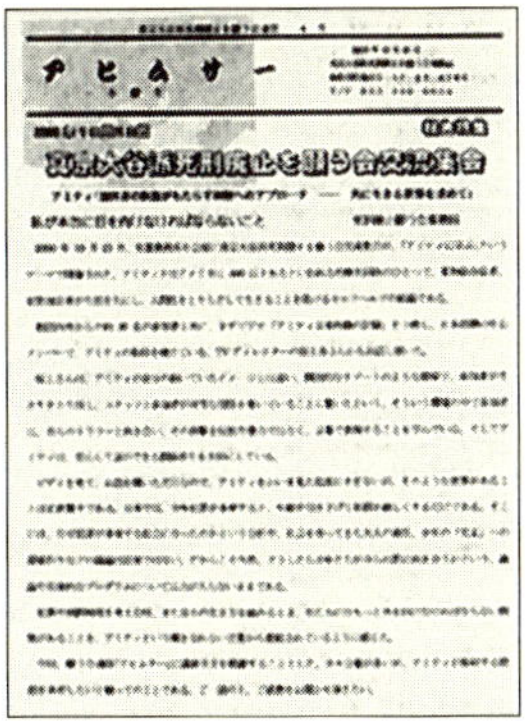

なりそうです。

連絡先・〒116-0003 東京都荒川区南千住1―59―6―302

●真宗大谷派死刑廃止を願う会

一九九八年六月の死刑執行に対し、真宗大谷派は「死刑制度を問いなおし死刑執行の停止を求める声明」を出しました。これは以前から活動を続けてきた「死刑廃止を願う真宗大谷派有志の会」など宗派内での死刑廃止への動きを受けたもので、宗派としては初めてのことです。そこで、これを機に有志が緊急集会を開き、それまで個人個人が別々に動いていた宗派内での死刑廃止運動を結集し、宗派外の人々との交流をはかりながら運動を活性化させるために、九八年七月七日、「有志の会」を「真宗大谷派死刑廃止を願う会」として再スタートさせることにしました。

「願う会」は、これまで、免田栄さん、塚田道生さんを迎えた東本願寺における全国合宿（九八年一二月）、東本願寺内ギャラリーでの「いのちの絵画展」開催（九九年四月から約一ヶ月半、大谷派と共催）、連続講座「死刑制度と私」開催（九九年四～五月、大谷派と共催）、坂上香さんを迎えた「願う会」交流集会（二〇〇〇年一〇月）のほか、死刑執行の際の抗議声明発表、並びに法相・首相への抗議状の送付などを行ってきています。会の動きは、各教区における「絵画展」の開催や学習会の開催などにつながり、宗派内でも徐々に死刑廃止に向けた取り組みが始められているところです。

親鸞の教えを学ぶ私たちは、死刑廃止を課題としてとらえ行動する中で、誰も排除されない、誰をも排除しない社会を求め続けたいと考えています。その中で私たちが変わり続けるような、そういうあり方を信仰と考えているのです。大谷派は多くの教誨師も抱えている宗教団体です。今後彼らとの対話など、多くの問題が残されていますが、一つひとつ丁寧に取りくんでいきたいと思います。宗派内外の方々の参加をお待ちしています。

機関紙・『アヒムサー（不殺生）』

連絡先・「願う会」事務局：〒432-8021 浜松市佐鳴台5-17-22-A106 楯《たて》泰也気付

●国際井戸端連絡会議

二〇〇〇年の特徴は国際井戸端会議が信州伊那谷アムネスティと共催するようになって大きな広がりを得たことです。「安さん友の会」もメンバーは殆ど同じなので、「安さん」の集まりは年始めに渡辺脩弁護士をお招きしての「新春大交流会」をし、〝いのちの祭り〃（大町市）に安田弁護士その人に参加して頂いたことは大成功なのですが、会報を出せなかったことは反省点です。集まりに人を集めることについ心を取られるけれど、会報などで「自分たちの得た情報を広げる」、「頭の中を整理する」、向井孝さんが言っていた「『後付け』（あとづけ）をする」という作業もとても自分たちにとって大切なことだと思うこの頃です。以下が二〇〇〇年の主な集まりです。（文責：田村スマコ）

1　一月二二日（飯田市）渡辺弁護士を囲んでの「新春」大交流会
2　六月二六日（飯島町）「ルイズ―その旅立ち」上映会
3　八月一日～九日（大町市）〝いのちの祭り〟
4　一〇月チベットスピーキングツアー
5　一一月四日（飯田市）「満蒙開拓団について――未だ語り明かされぬ日本近現代史」
連絡先・長野県飯田郵便局　私書箱八二号

●死刑廃止フォーラム・金沢

主な活動：面会支援、裁判支援、不定期な集会等（アムネスティ金沢グループと連携）。例会は休止中である。
連絡先・〒921-8111 金沢市若草町15-8　志村恵

●死刑廃止フォーラム・イン静岡

静岡県で死刑廃止を願う人々のネットワークとして、九六年四月に発足。メンバーは主に県内在住のフォーラム90賛同人、アムネスティ会員、弁護士、教員、死刑囚の個別支援関係者など多彩な顔ぶれ。東は熱海、西は浜松から月に一回あるいは二カ月に一回、静岡市内にあるアイセル21（静岡市中央公民館）で例会を開き、死刑廃止のための活動や学習活動を行っている。

メンバーの自主的なネットワークとして、平らかな関係での活動を旨としており、活動資金は全てカンパでまかなっている。不定期にニュースを発行、死刑執行への抗議活動の他、集会やシンポジウムを通して、市民に死刑廃止のアピールを行っている。

これまでにシンポジウム「デッドマンウォーキングから考える」（九六年）、「もう死刑はいらない！永山則夫さんの処刑を問う」（九七年）、「死刑囚処遇について考える」（監獄人権センターの海渡雄一弁護士を招いた講演会）（九八年）、「いのちの絵画展」（九八年）などを開催。ホームページも開設している。例会についてのお問い合わせは左記まで。

連絡先・〒432-8021　浜松市佐鳴台5-17-22-A106　笹原方　死刑廃止フォーラム・イン静岡事務局）

ホームページ・http://www.asahi-net.or.jp/~ym9m-andu/

●死刑廃止フォーラムinなごや

九九年一〇月二三日、「安田弁護士はなぜ逮捕されたのか？」と題した講演会を行いました。中道武美弁護士には「死刑制度と弁護」の話を、『突破者』で知られる作家の宮崎学氏には独特の切り口で安田弁護士の話や盗聴法の話などをしていただきました。この講演会の直前に保釈された安田弁護士自身も飛び入りで参加してくださり、迫力のある話を聞くことができました。
一二月、死刑が執行され、抗議声明を出しました。
また、九九年中に「ニュースレター六号」、二〇〇〇年になってから「ニュースレター七号」を制作し、六〇〇人以上の賛同人へ郵送しました。（文責：北村ちひろ）
連絡先・〒461-0023 名古屋市東区徳川町1310　稲垣法律事務所

●かたつむりの会

通信「死刑と人権」（現在一一四号まで）を発行している。

幸い？にして、大阪の死刑廃止グループで通信を発行しているところが少ないので、いろんなグループの「つながり」の場としての役割、存在意義？があるのではと思っている。出会いがあれば別れがある。新し

いものもいつか古くなる。増えたと思ったものもいつか、元のところに。と、思えば、また増えたりの繰り返し。大阪拘置所へ夜廻りしている「かえるの会」も何とか元気にやってます。

「死刑と人権」購読料　年間弐千円
郵便振替００９００―３―３１５７５３
連絡先・大阪市中央郵便局私書箱１１９１号

●死刑廃止フォーラムinおおさか

死刑廃止フォーラムは九五年六月、大阪で活動している七つの死刑廃止団体が中心になって、団体相互の連絡、情報交換、共同行動を目的に結成されました。しかし、現在では、単なる団体の連絡ネットではなくて、死刑廃止思いを持つ個人の集まりとして、フォーラム独自の活動をしています。

毎月一回例会を開き、活動について話し合っています。

九九年は「安田さんを支援する大阪の会」結成とその活動に全力を傾けましたが、九月二七日、安田さんを無事取り戻すことができてまずは一安心。

二月安田さんを支援する大阪の会結成集会、四月新大阪弁護士会会長へ要請書提出、五月死刑執行阻止のための署名集め、安田さん支援集会、七月安田さん支援・宮崎学大講演会、八月死刑執行阻止の緊急ハガキ書き、九月執行抗議記者会見、一二月いのちの絵画展「死刑囚からのメッセージ」開催、執行抗議記者会見を行ないました。

二〇〇〇年は、大阪で執行の危機が高まったため、大阪拘置所の夜回りに全力を注いだ。三月大阪拘置所のそばで桜のつぼみを見る集いを開催。拘置所の職員や公安の見守る中、持ち寄ったお弁当を食べながら、死刑囚や拘置所について勉強。その後拘置所の周囲を散策。六月記者会見と夜回り。八月～九月、毎週夜回り。たまたま出てきた拘置所の職員に直接訴えることが出来た日もあり、何かやっとるでと新聞社に電話した近所の人がいて、タクシーで記者が駆けつけて取材という日もあり。一〇名前後の小さな夜回りで、毎週はちょっとしんどかったけど、確実に成果を感じられた。

この他、個人支援や裁判傍聴など各自の活動も広がってきています。

大阪近郊の皆さん、いっしょに活動しま

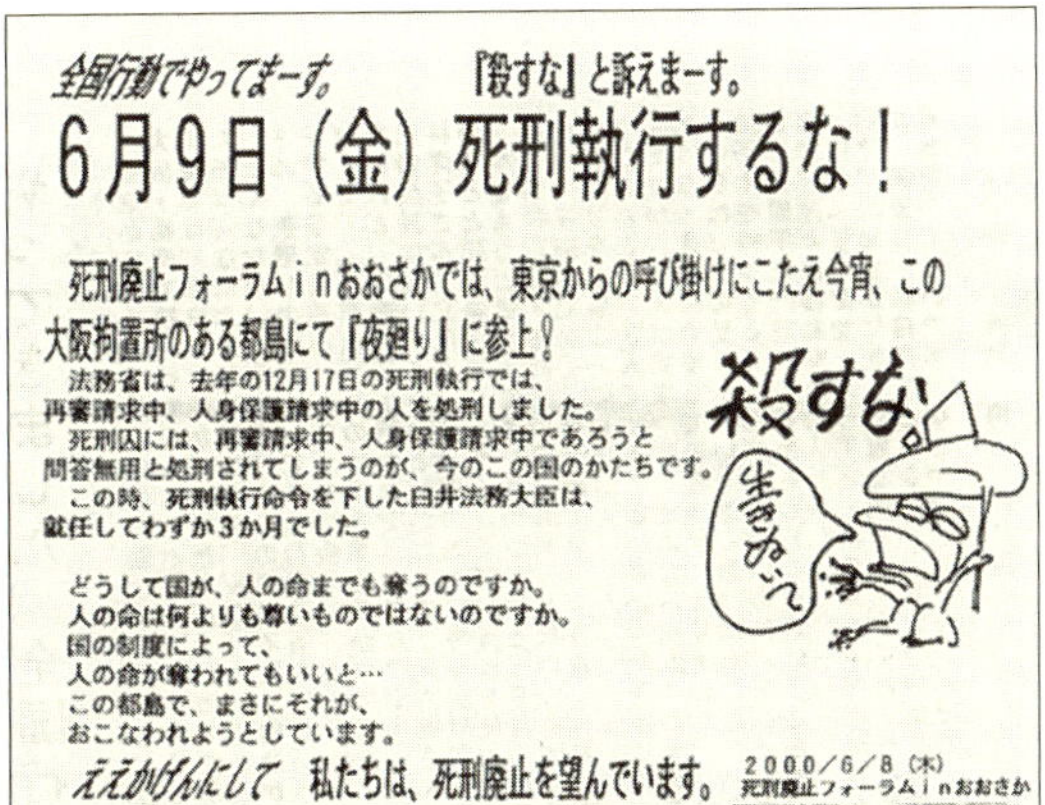

せんか。
連絡先・〒530-0052　大阪市北区南扇町1－5　UAKビル7階　中道法律事務所気付
TEL 06-6364-5411 FAX 06-6364-5412

●個別支援ネットワーク・関西

現在は大阪拘置所の死刑囚（未決・既決）の置かれている情況を分かち合いながら、各グループ・個人が支援のあり方を模索している。獄中者の心と体の危機に対応した支援（サポート）の緊急性を把握し合い、各々獄中者と共に生きるうえでのテーマを学び合おうとしているが、定例会も開いていないので、ゆるやかであれ、持続的な支援の交流を図りたいと願っている。公判傍聴、弁護士との協力、加害者家族・被害者家族の支援、各獄中者との面談・通信などの積み重ねの中から、「内側」と「外側」が、そして「外側」と「外側」が、活かし合う道を探りたいと思う。
連絡先・〒651-1302 兵庫県神戸市北区藤原台中町2－14－11　日本キリスト教団北六甲教会　金田恆孝 TEL&FAX 078-982-0286
〒665-0836 兵庫県宝塚市清荒神2－15－7向井武子 TEL&FAX 0797-84-6337

●アムネスティ・インターナショナル日本支部・死刑廃止ネットワークセンター大阪

アムネスティ・インターナショナル日本支部の大阪事務所を拠点にして日本の、そして世界の死刑廃止を目指して活動しています。月一回例会を開き、そこで具体的な活動について話し合っています。定期的な活動として毎月第三土曜日に死刑廃止入門セミナー（一四時三〇分～一六時）、死刑廃止学習会（一六時～一八時）を大阪事務所で開催しています。死刑問題に関心のある方々の参加を歓迎します。また、年二回『死刑廃止ニューススペシャル』という小冊子を発行、死刑廃止に向けてさまざまな情報の発信、提供に努めています。一九九八年、死刑廃止メッセージビデオ『死刑廃止を考える』（VHS二四分、三五〇〇円）を制作。死刑存廃議論の争点について、元最高裁判事で刑法学者の団藤重光さん、元参議院議員中山千夏さん、映画『デッドマンウォーキング』の原作者シスター・プレジャン、元刑務官や死刑囚の救援にあたる弁護士など、キーパーソンの方々の証言をもとに構成しました。「死刑制度存廃」の論点をわかりやすくまとめています。グループの勉強会や学校、図書館の映像教材として幅広く活用していただけたらと考えています。
連絡先・アムネスティ・インターナショナル日本支部大阪事務所　〒531-0071 大阪市北区中津3－17－5 城ビル2F TEL 06-6376-1496 FAX 06-6376-1340

●フォーラムひろしま

一九八九年秋に行った免田栄さんの講演会をきっかけに、アムネスティのメンバー、死刑囚と関わりのあった者など数人で死刑に関する勉強会を持ったことに始まります。しばらくするうちに、東京などで大きなイベントが行われたのに刺激され、九一年七月と九二年五月に「フォーラム広島『死刑初心者大会』」を開催。その後も、映画上映や講演会、街頭ビラ撒き、執行抗議集会、また宮澤法相就任地元集会で死刑廃止を訴えてきました。

執行施設を持つ広島拘置所がある、という点からも、死刑がなくなる日まで活動し続けなければ……
連絡先・〒733-0011 広島市西区横川町1－10－

18－205　猪原薫方　TEL&FAX 082-294-2953

●ファイヤー編集室

ペンネーム「高松の仙人」でお馴染みの大阪拘置所に収監中のIさん（今年の春で死刑確定からすでに五年が過ぎました）が語る、故郷に伝わる「むかしむかしのはなし」を中心において、Iさんの娘さんがつづる「子仙の面会日記」他、獄内・外からのお便りを掲載した「どんぐり通信」を発行しています。

季刊で一部一〇〇円

連絡先・〒791-8064 松山市元町5－9 福円寺

●死刑廃止国際条約の批准を求める四国フォーラム

フォーラム90からの呼びかけに応え、91年活動を開始。四国四県で連携しながら、

死刑廃止への道筋を探っている。

九七年には、死刑判決を受けた人たちの描いた絵を集めた「いのちの絵画展」の全国巡回を企画開始。好評継続中。

九八年に出版された後藤田正晴氏の著作に、私たちが九二年に行った死刑存廃に関するアンケート調査の結果を彼が誤って認識、その認識をもって九三年執行再開を決断した旨の記述があり、どういうことかと後藤田氏と話し合いを求めたが埒があかず、九九年五月提訴。現在控訴審中。

二〇〇一年二月、高松市での死刑廃止運動全国合宿を契機に新たなジャンプを模索している。

事務局・〒791-0129 愛媛県松山市川の郷町今治谷　TEL&FAX　089-977-5340

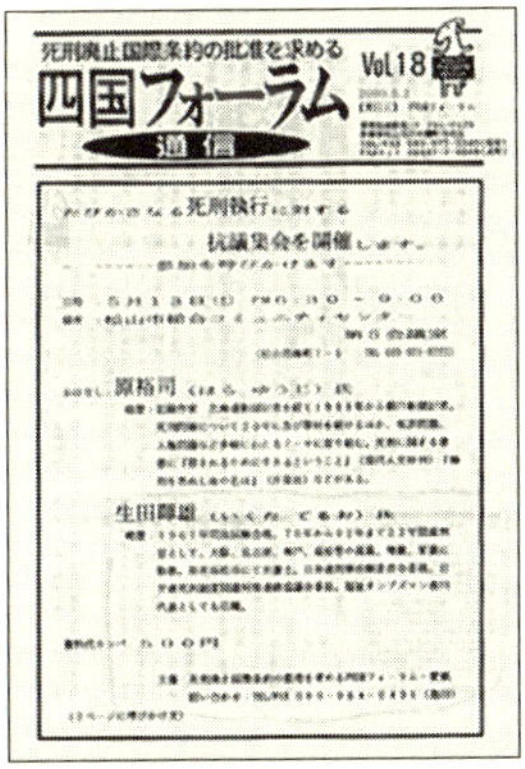

▼死刑廃止・タンポポの会

福岡拘置所の死刑囚との面会からスタートしたタンポポの会も、結成して一五年近くたちました。月に一度会議を開き、「わたげ通信」（不定期）を発行しています。ボクらの知り合った死刑囚が次々と確定していき、執行されていく状況の中で、また死刑判決が出され、新しい死刑囚が生み出されていく現状です。集会、ニュースなどを通して、あきらめずに死刑制度廃止を訴え続けていきたいと思います。

連絡先・福岡市博多区綱場町9－2－8－703　山崎方　TEL&FAX092-291-7896

※今後も各地の情報をお寄せくださるようお願いします。

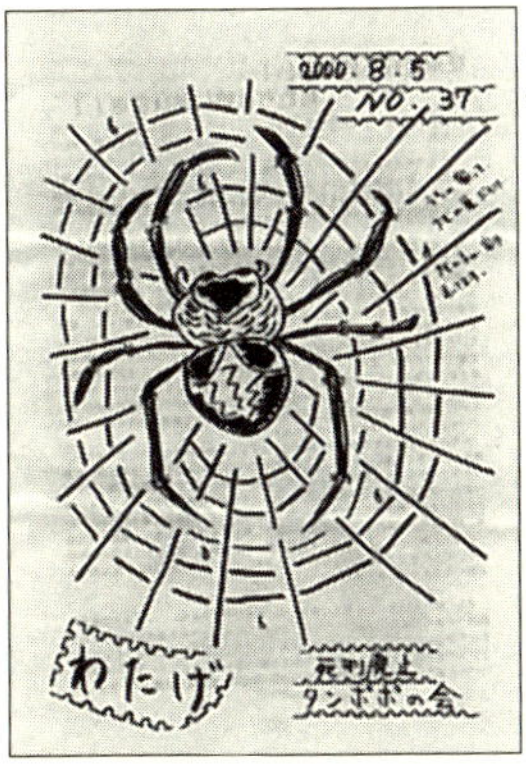

93年3.26以降の死刑確定囚（アミは被執行者及び獄死者）

（資料提供・死刑廃止の会）

氏名　拘置先 判決日	いわゆる事件名	備　考
尾田　信夫　福岡 70.11.12最高裁 70. 3.20福岡高裁 68.12.24福岡地裁	川端町事件 66.12.5	死因の一つとされる放火を否認して再審請求中。98.10.29最高裁は再審請求棄却に対する特別抗告を棄却、その中で「一部無罪」も再審請求は可能と判断。
奥西　勝　名古屋 72. 6.15最高裁 69. 9.10名古屋高裁・死刑 64.12.23津地裁・無罪	名張毒ぶどう酒事件 61.3.28	一審無罪、高裁で逆転有罪、死刑に。現在6回目の再審請求中。
冨山　常喜　東京 76. 4. 1最高裁（藤林益三） 73. 7. 6東京高裁（堀義次） 71.12.24水戸地裁土浦支部 （田上輝彦）	波崎事件 63.8.26	物証も自白も一切なし。 再審請求中。
大濱　松三　東京 77. 4.16控訴取下げ 75.10.20横浜地裁小田原支部	ピアノ殺人事件 74.8.28	精神鑑定次第で減刑もありえた。本人控訴取下げで死刑確定。
近藤　清吉（享年55歳） 93. 3.26仙台拘置支所にて執行 80. 4.25最高裁（栗木一夫） 77. 6.28仙台高裁 74. 3.29福島地裁白河支部	山林売買強殺事件等 70.7/71.5	1件を否認、4回にわたって自力で再審請求。
袴田　巖　東京 80.11.19最高裁（宮崎梧一） 76. 5.18東京高裁（横川敏雄） 68. 9.11静岡地裁（石見勝四）	袴田事件 66.6.30	一審以来無実を主張。再審請求中。ニュースとして「袴田ネット通信」、「キラキラ星通信」、「袴田通信」清水救援会、「袴田事件の報道を収集し配布する会通信」がある。
小島　忠夫（享年61歳） 93.11.26札幌拘置所にて執行 81. 3.19最高裁（藤崎万里） 77. 8.23札幌高裁 75. 9.　釧路地裁	釧路一家殺人事件 74.8.7	責任能力の認定等で再審請求、棄却。
小野　照男（享年62歳） 99.12.17福岡拘置所にて執行 81. 6.16最高裁（環昌一） 79. 9.　福岡高裁 78. 9.　長崎地裁	長崎雨宿り殺人事件 77.9.24	最高裁から無実を主張、自力で再審請求中。65年の殺人事件で服役（懲役13年）後の事件。
立川修二郎（享年62歳） 93. 3.26大阪拘置所にて執行 81. 6.26最高裁（木下忠良） 79.12.18高松高裁 76. 2.18松山地裁	保険金目当実母殺人事件等 71.1/72.7	一部無実を主張。
関　幸生（享年47歳） 93.11.26東京拘置所にて執行 82. 9.　東京高裁（内藤丈夫） 79. 5.17東京地裁（金隆史）	世田谷老女強殺事件 77.12.3	上告せず確定。

藤岡　英次（享年40歳） 95. 5.26大阪拘置所にて執行 83. 4.14徳島地裁（山田真也）	徳島老人殺人事件 78.11/12.16	控訴せず確定。
出口　秀夫（享年70歳） 93.11.26大阪拘置所にて執行 84. 4.27最高裁（牧圭次） 80.11.28大阪高裁 78. 2.23大阪地裁（浅野芳朗）	大阪電解事件 74.7.10/10.3	
坂口　　徹（享年56歳） 93.11.26大阪拘置所にて執行 84. 4.27最高裁（牧圭次） 80.11.18大阪高裁 78. 2.23大阪地裁（浅野芳朗）	大阪電解事件 74.7.10/10.3	
川中　鉄夫（享年48歳） 93. 3.26大阪拘置所にて執行 84. 9.13最高裁（矢口洪一） 82. 5.26大阪高裁（八木直道） 80. 9.13神戸地裁（高橋通延）	広域連続殺人事件 75.4.3～	精神病の疑いがあるにもかかわらず執行。
安島　幸雄（享年44歳） 94.12. 1東京拘置所にて執行 85. 4.26最高裁（牧圭次） 80. 2.20東京高裁（岡村治信） 78. 3. 8前橋地裁（浅野達男）	群馬3女性殺人事件 77.4.16	養父母との接見交通禁止に対しての国賠訴訟中の処刑。
佐々木和三（享年65歳） 94.12. 1仙台拘置所にて執行 85. 6.17青森地裁	青森旅館他殺人事件 84.9.9	弁護人控訴の翌日、本人取下げで確定。
須田　房雄（享年64歳） 95. 5.26東京拘置所にて執行 87. 1　自ら控訴取下げ確定 86.12.22東京地裁（高島英世）	裕士ちゃん誘拐殺人事件 1986.5.9	87年1月、本人の控訴取下げで確定。
大道寺将司　　　東京 87. 3.24最高裁（伊藤正己） 82.10.29東京高裁（内藤丈夫） 79.11.12東京地裁（簑原茂広）	連続企業爆破事件 71.12～75.5	親族も交通権の制限あり。「共犯」は「超法規的措置」により国外へ。再審請求中。国賠Tシャツ訴訟提訴。交流誌「キタコブシ」。
益永　利明　　　東京 87. 3.24最高裁（伊藤正己） 82.10.29東京高裁（内藤丈夫） 79.11.12東京地裁（簑原茂広）	連続企業爆破事件 71.12～75.5	旧姓片岡。養母、義兄妹との交通不可。「共犯」は「超法規的措置」により国外へ。再審請求中。国賠多数提訴。交流誌「ごましお通信」。
井田　正道（享年56歳） 98.11.19名古屋拘置所にて執行 87. 4.15確定（上告せず） 87. 3.31名古屋高裁（山本卓） 85.12. 2名古屋地裁 （鈴木雄八郎）	名古屋保険金殺人事件 79.11～83.12	上告せず確定。「共犯」の長谷川は93年に確定。
木村　修治（享年45歳） 95.12.21名古屋拘置所にて執行 87. 7. 9最高裁（大内恒夫） 83. 1.26名古屋高裁（村上悦夫） 82. 3.23名古屋地裁（塩見秀則）	女子大生誘拐殺人事件 80.12.2	恩赦出願したが、その決定が代理人に通知されないままの処刑。著書に『本当の自分を生きたい』がある。

秋山　芳光　　　東京 87. 7.17最高裁（香川保一） 80. 3.27東京高裁（千葉和郎） 76.12.16東京地裁	秋山兄弟事件 75.8.25	殺人未遂等は否認。再審請求中。
田中　重穂（享年69歳） 95. 5.26東京拘置所にて執行 87.10.23最高裁（香川保一） 81. 7. 7東京高裁（市川郁雄） 77.11.18東京地裁八王子支部	東村山署警察官殺人事件 76.10.18	旧姓・小宅。
平田　直人（享年63歳） 95.12.21福岡拘置所にて執行 87.12.18最高裁（牧圭次） 82. 4.27福岡高裁（平田勝雅） 80.10. 2熊本地裁（辻原吉勝）	女子中学生誘拐殺人事件 79.3.28	事実誤認があるとして再審請求。棄却。
浜田　武重　　　福岡 88. 3. 8最高裁（伊藤正己） 84. 6.19福岡高裁（山本茂） 82. 3.29福岡地裁（秋吉重臣）	３連続保険金殺人事件 78.3～79.5	３件中２件については無実を主張。本人の再審請求が棄却され、2000年６月に第４次の再審請求。
杉本　嘉昭（享年45歳） 96. 7.12福岡拘置所にて執行 88. 4.15最高裁（香川保一） 84. 3.14福岡高裁（緒方誠哉） 82. 3.16福岡地裁小倉支部 （佐野精孝）	福岡病院長殺人事件 79.11.4	被害者１人で２名に死刑判決。自力で再審請求をしていたらしいが、詳細は不明。
横山　一美（享年59歳） 96. 7.12福岡拘置所にて執行 88. 4.15最高裁（香川保一） 84. 3.14福岡高裁（緒方誠哉） 82. 3.16福岡地裁小倉支部 （佐野精孝）	福岡病院長殺人事件 79.11.4	被害者１人で２名に死刑判決。再審請求を準備していた。
綿引　　誠　　　東京 88. 4.28最高裁（角田礼次郎） 83. 3.15東京高裁（菅野英男） 80. 2. 8水戸地裁（大関隆夫）	日立女子中学生誘拐殺人 78.10.16	再審請求中。
篠原徳次郎（享年68歳） 95.12.21東京拘置所にて執行 88. 6.20最高裁（奥野久之） 85. 1.17東京高裁（小野慶二） 83.12.26前橋地裁（小林宣雄）	群馬２女性殺人事件 81.10、82.7	無期刑の仮釈中の事件。
渡辺　　清　　　大阪 88. 6. 2最高裁（四ツ谷巌） 78. 5.30大阪高裁死刑 （西村哲夫） 75. 8.29大阪地裁無期懲役 （大政正一）	連続４人殺人事件 67.4.24～73.3	一審無期。４件中２件は無実と主張。現在３度目の再審請求中。
石田三樹男（享年48歳） 96. 7.12東京拘置所にて執行 88. 7. 1最高裁（奥野久之） 84. 3.15東京高裁（寺沢栄） 82.12. 7東京地裁（大関規雄）	神田ビル放火殺人事件 81.7.6	起訴から高裁判決まで１年半というスピード裁判。

日高　安政（享年54歳） 97. 8. 1札幌拘置所にて執行 88.10.11控訴取下げ 87. 3. 9札幌地裁（鈴木勝利）	保険金目当て放火殺人事件 84.5.5	恩赦を期待して控訴を取り下げた。放火は認めているが、殺意は否認。
日高　信子（享年51歳） 97. 8. 1札幌拘置所にて執行 88.10.11控訴取下げ 87. 3. 9札幌地裁（鈴木勝利）	保険金目当て放火殺人事件 同上	恩赦を期待して控訴を取り下げた。放火は認めているが、殺意は否認。
平田　光成（享年60歳） 96.12.20東京拘置所にて執行 88.10.22上告取下げ 82. 1.21東京高裁（市川郁雄） 80. 1.18東京地裁（小野幹雄）	銀座ママ殺人事件他 78.5.21/6.10	恩赦を期待して上告取下げ、死刑確定。「共犯」野口は90年２月死刑確定。
今井　義人（享年55歳） 96.12.20東京拘置所にて執行 88.10.22上告取下げ 85.11.29東京高裁（内藤丈夫） 84. 6. 5東京地裁（佐藤文哉）	元昭石重役一家殺人事件 83.1.29	事件から二審判決まで２年。恩赦を期待してか上告取下げ、死刑確定。
西尾　立昭（享年61歳） 98.11.19名古屋拘置所にて執行 89. 3.28最高裁（安岡満彦） 81. 9.10名古屋高裁 80. 7. 8名古屋地裁	日建土木事件 77.1.7	「共犯」とされる山根は無実を主張したが、最高裁で無期懲役判決。
石田　富蔵　　　　東京 89. 6.13最高裁（坂上寿夫） 82.12.23東京高裁（菅間英男） 80. 1.30浦和地裁（杉山英巳）	２女性殺人事件 73.8.4/74.9.13	１件の強盗殺人事件の取り調べ中に他の傷害致死事件を自ら告白、これが殺人とされた。前者の強殺事件は冤罪を主張、再審請求中。
藤井　政安　　　　東京 89.10.13最高裁（貞家克己） 82. 7. 1東京高裁（船田三雄） 77. 3.31東京地裁（林修）	「殺し屋」連続殺人事件 70.10～73.4	旧姓関口。再審請求中。
神田　英樹（享年43歳） 97. 8. 1東京拘置所にて執行 89.11.20最高裁（香川保一） 86.12.22東京高裁（萩原太郎） 86. 5.20浦和地裁（杉山忠雄）	父親等３人殺人事件 85.3.8	控訴から二審判決まで半年、上告後３年で死刑確定。
宇治川　正　　　　東京 89.12. 8最高裁（島谷六郎） 83.11.17東京高裁（山本茂） 79. 3.15前橋地裁（浅野達男）	２女子中学生殺人事件等 76.4.1	旧姓田村。覚醒剤の影響下での事件。再審請求中。交流誌「ひよどり通信」。
野口　　悟（享年50歳） 96.12.20東京拘置所にて執行 90. 2. 1最高裁（四ツ谷巌） 82. 1.21東京高裁（市川郁雄） 80. 1.18東京地裁（小野幹雄）	銀座ママ殺人事件他 78.5.21/6.10	「共犯」の平田光成は上告取下げで88年に確定。
金川　　一　　　　福岡 90. 4. 3最高裁（安岡満彦） 83. 3.17福岡高裁 死刑（緒方誠哉） 82. 6.14熊本地裁八代支部 無期（河上元康）	主婦殺人事件 79.9.11	一審途中から無実を主張、一審は無期。客観的証拠なし。再審請求が棄却され、現在特別抗告審。交流誌「七夕通信」。

永山　則夫（享年48歳） 97. 8. 1東京拘置所にて執行 90. 4.17最高裁（安岡満彦） 87. 3.18東京高裁死刑 （石田穣一） 83. 7. 8最高裁無期破棄差戻 （大橋進） 81. 8.21東京高裁無期 （船田三雄） 79. 7.10東京地裁死刑	連続射殺事件 68.10.11～11.5	犯行時19歳。『無知の涙』『人民をわすれたカナリアたち』『愛か無か』『動揺記』『反-寺山修司論』『木橋』『ソオ連の旅芸人』『捨て子ごっこ』『死刑の涙』『なぜか、海』『異水』『日本』『華』など多数の著作がある。
村竹　正博（享年54歳） 98. 6.25福岡拘置所にて執行 90. 4.27最高裁（藤島昭） 85.10.18福岡高裁死刑 （桑原宗朝） 83. 3.30長崎地裁佐世保支部 無期（亀井義朗）	長崎３人殺人事件等 78.3.21	一審の情状を汲んだ無期判決を高裁で逆転、死刑判決に。
晴山　広元　　　札幌 90. 9.13最高裁（角田礼次郎） 79. 4.12札幌高裁死刑 76. 6.24札幌地裁岩見沢支部 無期	空知２女性殺人事件等 72.5～74.5	自白のみで物証もなく、違法捜査による自白として無実を主張。上告11年後に異例の再弁論。再審請求中。「晴山さん救援ニュース」。
荒井　政男　　　東京 90.10.16最高裁（坂上寿夫） 84.12.18東京高裁（小野慶二） 76. 9.25横浜地裁横須賀支部 （秦不二雄）	三崎事件 71.12.21	一審以来無実を主張。再審請求中。救援会の機関誌「潮風」。
武安　幸久（享年66歳） 98. 6.25福岡拘置所にて執行 90.12.14最高裁（中島敏次郎） 86.12. 2福岡高裁 （永井登志彦）	直方強盗女性殺人事件 80.4.23	無期刑の仮釈放中の事件。
諸橋　昭江　　　東京 91. 1.31最高裁（四ツ谷巌） 86. 6. 5東京高裁（寺沢栄） 80. 5. 6東京地裁（小林充）	夫殺人事件他 74.8.8/78.4.24	夫殺しは無実を主張。再審請求中（抗告審）。
島津　新治（享年66歳） 98. 6.25東京拘置所にて執行 91. 2. 5最高裁（可部恒雄） 85. 7. 8東京高裁（柳瀬隆治） 84. 1.23東京地裁（田尾勇）	パチンコ景品商殺人事件 83.1.16	無期刑の仮釈放中の事件。
津田　　暎（享年59歳） 98.11.19広島拘置所にて執行 91. 6.11最高裁（園部逸夫） 86.10.21広島高裁（久安弘一） 85. 7.17広島地裁福山支部 （雑賀飛龍）	学童誘拐殺人事件 84.2.13	刑確定後、俳句の投稿を禁止された。

佐川　和男（享年48歳） 99.12.17東京拘置所にて執行 91.11.29最高裁（藤島昭） 87. 6.23東京高裁（小野慶二） 82. 3.30浦和地裁（米沢敏雄）	大宮母子殺人事件 81.4.4	「共犯」者は逃亡中に病死。交流誌「かすみ草」。
佐々木哲也　　　東京 92. 1.31最高裁（大堀誠一） 86. 8.29東京高裁（石丸俊彦） 84. 3.15千葉地裁（太田浩）	両親殺人事件 74.10.30	無実を主張。再審請求中。交流誌「いつか時計塔の下で」。
佐藤　真志（享年62歳） 99. 9.10東京拘置所にて執行 92. 2.18最高裁（可部恒雄） 85. 9.17東京高裁（寺沢栄） 81. 3.16東京地裁（松本時夫）	幼女殺人事件 79.7.28	無期刑の仮釈放中の事件。
高田　勝利（享年61歳） 99. 9.10仙台拘置所にて執行 92. 7　確定 92. 6.18福島地裁郡山支部 （慶田康男）	飲食店女性経営者殺人事件 90.5.2	無期刑の仮釈放中の事件。控訴せず確定。
森川　哲行（享年69歳） 99. 9.10福岡拘置所にて執行 92. 9.24最高裁（大堀誠一） 87. 6.22福岡高裁（浅野芳朗） 86. 8. 5熊本地裁（荒木勝己）	熊本母娘殺人事件 85.7.24	無期刑の仮釈放中の事件。
名田　幸作　　　大阪 92. 9.29最高裁（貞家克己） 87. 1.23大阪高裁（家村繁治） 84. 7.10神戸地裁姫路支部 （藤原寛）	赤穂同僚妻子殺人事件 83.1.19	再審請求中 （第1次抗告審）
坂口　弘　　　東京 93. 2.19最高裁（坂上寿夫） 86. 9.26東京高裁（山本茂） 82. 6.18東京地裁（中野武男）	連合赤軍事件 71～72.2	「共犯」は「超法規的措置」により国外へ。短歌をよむ。著書『あさま山荘1972』。個人誌「しるし」。再審請求中。
永田　洋子　　　東京 93. 2.19最高裁（坂上寿夫） 86. 9.26東京高裁（山本茂） 82. 6.18東京地裁（中野武男）	連合赤軍事件 71～72.2	「共犯」は「超法規的措置」により国外へ。脳腫瘍で闘病中。『十六の墓標』『私生きてます』など多数。
澤地　和夫　　　東京 93. 7　上告取下げ確定 89. 3.31東京高裁（内藤丈夫） 87.10.30東京地裁（中山善房）	山中湖連続殺人事件 84.10	上告を取下げて、確定。『殺意の時―元警察官・死刑囚の告白』など著書多数。個人誌「とうこう通信」。再審請求中。
藤波　芳夫　　　東京 93. 9. 9最高裁（味村治） 87.11.11東京高裁（岡田満了） 82. 2.19宇都宮地裁（竹田央）	覚醒剤殺人事件 81.3.29	覚醒剤と飲酒の影響下で、元妻の家族を殺害。交流誌「シャローム」。再審請求中。
長谷川敏彦　　　名古屋 93. 9.21最高裁（園部逸夫） 87. 3.31名古屋高裁（山本卓） 85.12. 5名古屋地裁 （鈴木雄八郎）	名古屋保険金殺人事件 79.11～83.12	旧姓竹内。「共犯」は上告せず確定。最高裁判決で大野正男裁判官の補足意見が出る。恩赦出願したが、98年に却下。交流誌「コスモス通信」。再審請求中。

牧野　正　福岡 93.11.16控訴取下げ 93.10.27福岡地裁小倉支部 （森田富人）	北九州母娘殺人事件 90.3	無期懲役の仮釈放中の事件。一審弁護人控訴を本人が取下げ、確定。二審弁護人不在のまま本人が取り下げたことが問題。公判再開請求中。
太田　勝憲　札幌 99.11. 8獄中で自殺 93.12.10最高裁（大野正男） 87. 5.19札幌高裁 （水谷富茂人） 84. 3.23札幌地裁（安藤正博）	平取猟銃一家殺人事件 79.7.18	
藤原　清孝（享年52歳） 00.11.30名古屋拘置所にて執行 94. 1.17最高裁（小野幹雄） 88. 5.19名古屋高裁 （吉田誠吾） 86. 3.24名古屋地裁（橋本享典）	連続殺人113号事件 72.9～82.10	著書に『冥晦に潜みし日々』がある。旧姓、勝田。
宮脇　喬（享年57歳） 00.11.30名古屋拘置所にて執行 94. 3.18上告取下げ 90. 7.16名古屋高裁 （吉田誠吾） 89.12.14岐阜地裁（橋本達彦）	先妻家族３人殺人事件 89.2.14	事件から二審判決まで１年４か月というスピード判決。３人のうち２人は傷害致死を主張。上告を取下げ確定。
大森　勝久　札幌 94. 7.15最高裁（大西勝也） 88. 1.21札幌高裁 （水谷富茂人） 83. 3.29札幌地裁（生島三則）	北海道庁爆破事件 76.3.2	一貫して無実を主張。再審準備中。交流誌「Ｏ通信」。
大石　国勝（享年55歳） 00.11.30福岡拘置所にて執行 95. 4.21最高裁（中島敏次郎） 89.10.24福岡高裁（丸山明） 87. 3.12佐賀地裁（早船嘉一）	隣家親子３人殺人事件 82.5.16	事件当時「精神障害」だったとして責任能力について争ったが認められず。
藤島　光雄　東京 95. 6. 8最高裁（高橋久子） 88.12.15東京高裁（石丸俊彦） 87. 7. 6甲府地裁（古口満）	２連続殺人事件 86.3.6/3.11	事件から１年数か月で一審判決という拙速裁判。
猪熊　武夫　東京 95. 7. 3最高裁（大西勝也） 89. 3.31東京高裁（内藤丈夫） 87.10.30東京地裁（中山善房）	山中湖連続殺人事件 84.10	「共犯」澤地は上告取下げで、93年に死刑確定。
池本　登　大阪 96. 3. 4最高裁（河合伸一） 89.11.28高松高裁死刑 （村田晃） 88.3.22徳島地裁無期 （山田真也）	猟銃近隣３人殺人事件 86.6.3	一審無期懲役、高裁で死刑判決。
山野静二郎　大阪 96.10.25最高裁（福田博） 89.10.11大阪高裁（西村清治） 85. 7.22大阪地裁（池田良兼）	不動産会社連続殺人事件 82.3	計画的犯行ではないと事実関係の一部否認。

朝倉幸治郎　　　　東京 96.11.14最高裁（高橋久子） 90. 1.23東京高裁（高木典雄） 85.12.20東京地裁（柴田孝夫）	練馬一家５人殺人事件 83.6.28	
向井　伸二　　　　大阪 96.12.17最高裁（尾崎行信） 90.10. 3大阪高裁（池田良兼） 88. 2.26神戸地裁（加藤光康）	母子等３人殺人事件 85.11.29/12.3	
中元　勝義　　　　大阪 97. 1.28最高裁（可部恒雄） 91.10.27大阪高裁（池田良兼） 85. 5.16大阪地裁堺支部 （重富純和）	宝石商殺人事件 82.5.20	殺人については無実を主張。
松原　正彦　　　　大阪 97. 3. 7最高裁（根岸重治） 92. 1.23高松高裁（村田晃） 90. 5.22徳島地裁（虎井寧夫）	２主婦連続強盗殺人事件 88.4.18/88.6.1	
大城　英明　　　　福岡 97. 9.11最高裁（藤井正雄） 91.12. 9福岡高裁（雑賀飛龍） 85. 5.31福岡地裁飯塚支部 （松信尚章）	内妻一家４人殺人事件 76.6.13	旧姓秋好。４人のうち３人殺害は内妻の犯行と主張。再審請求中。個人紙『たまゆら』
神宮　雅晴　　　　大阪 97.12.19最高裁（園部逸夫） 93. 4.30大阪高裁 （村上保之助） 88.10.25大阪地裁（青木暢茂）	警察庁指定115事件 84.9.4	旧姓廣田。無実を主張。再審請求中。
田本　竜也　　　　福岡 98. 4.23最高裁（遠藤光男） 91. 3.26福岡高裁（前田一昭） 88. 3.30熊本地裁（荒木勝己）	大学生誘拐殺人事件 87.9.14～9.25	一審は異例のスピード審理。
浜田　美輝 98. 6. 3控訴取下げ 98. 5.15岐阜地裁（沢田経夫）		本人控訴取り下げ、死刑確定。
藤波　知子　　　　名古屋 98. 9. 4最高裁（河合伸一） 92. 3.31名古屋高裁 （浜田武律） 88. 2. 9富山地裁（大山貞雄）	富山・長野２女性殺人事件 80.2.23～3.6	真犯人は別人と主張。旧姓宮崎。
柴嵜　正一　　　　東京 98. 9.17最高裁（井嶋一友） 94. 2.24東京高裁（小林充） 91. 5.27東京地裁（中山善房）	中村橋派出所２警官殺人事件 89.5.16	
村松誠一郎　　　　東京 98.10. 8最高裁（小野幹雄） 92. 6.29東京高裁（新谷一信） 85. 9.26浦和地裁（林修）	宮代事件等 80.3.21	宮代事件は無実を主張。

松本美佐雄　　　　東京 98.12. 1最高裁（元原利文） 94. 9.29東京高裁（小林充） 93. 8.24前橋地裁高崎支部 （佐野精孝）	２人殺人１人傷害致死、死体遺棄事件 90.12/91.7	１件の殺人について否認。他の１件については共犯者の存在を主張。
高田和三郎　　　　東京 99. 2.25最高裁（小野幹雄） 94. 9.14東京高裁（小泉祐康） 86. 3.28浦和地裁（杉山忠雄）	友人３人殺人事件 72.2～74.2	真犯人は別人と主張。
嶋崎末男　　　　福岡 99. 3. 9最高裁（千種秀夫） 95. 3.16福岡高裁死刑 （池田憲義） 92. 11.30熊本地裁無期	熊本保険金殺人事件	一審は無期懲役。 高裁で死刑判決。
福岡　道雄　　　　高松 99. 6.25最高裁（福田博） 94. 3. 8高松高裁（米田俊昭） 88. 3. 9高知地裁（田村秀作）	３連続殺人事件 78.12/80.4/81.1	無実を主張。
松井喜代司　　　　東京 99. 9.13最高裁（大出峻郎） 95.10. 6東京高裁（小泉祐康） 94.11. 9前橋地裁高崎支部 （佐野精孝）	安中親子３人殺人事件 84.2.13	
北川　　晋　　　　大阪 00. 2. 4最高裁（北川弘治） 95. 3.30高松高裁（米田俊昭） 94. 2.23高知地裁（隅田景一）	高知・千葉連続殺人事件 83.8.16/86.2.6	
小田　義勝　　　　東京 00. 3.15福岡地裁（陶山博生）		弁護人の控訴を本人が取下げ確定
松本　健次　　　　大阪 00. 4. 4最高裁（奥田昌道） 96. 2.21大阪高裁（朝岡智幸） 93. 9.17大津地裁（土井仁臣）	２件強盗殺人事件 90.9/91.9	「主犯」の兄は事件後自殺。
日高　広明　　　　東京 00. 2. 9広島地裁（戸倉三郎）		控訴せず確定
田中　政弘　　　　東京 00. 9. 8最高裁（河合伸一） 95.12.20東京高裁（佐藤文哉） 94. 1.27横浜地裁（上田誠治）	４人殺人事件 84.11/88.3/89.6/91.3	旧姓宮下。４人のうち２人の殺人を否認。

最高裁係属中の死刑事件

氏名　　　　　　拘置先	係属	いわゆる事件名	備　　考
堀江　守男　　　八王子医療 91. 3.29仙台高裁（小島達彦） 88. 9.12仙台地裁（渡辺建夫）	2	老夫婦殺人事件 86.2.20	上告取下げを無効とする弁護団の異議申立が認められた。
上田　　大　　　名古屋 96. 7. 2名古屋高裁（松本光雄） 94. 5.25名古屋地裁一宮支部 （伊藤邦晴）	1	愛知２人殺人事件 93.2.16/3.3	
S　M　　　　　東京 96. 7. 2東京高裁（神田忠治） 94. 8. 8千葉地裁（神作良二）	2	市川一家４人殺人事件 92.3.5	犯行時19歳の少年。
瀬川　光三　　　金沢 97. 3.11名古屋高裁金沢支部 （高木實） 93. 7.15富山地裁（下山保男）		富山夫婦射殺事件 91.5.7	
萬谷　義幸　　　大阪 97. 4.10大阪高裁（内匠和彦） 91. 2. 7大阪地裁（米田俊昭）	1	地下鉄駅短大生殺人事件 88.1.15	無期刑の仮釈放中の事件。
陳　代　偉　　　東京 何　　力　　　　〃 98. 1.29東京高裁（米沢敏雄） 95.12.15東京地裁八王子支部 （豊田建）	3	パチンコ店強盗殺人事件 92.5.30	２人とも中国国籍。定住以外の外国人の死刑判決は戦後初めて。主犯国外に逃亡中。取調時の暴行を主張。支える会ニュース『一条の光』
禹　　起宗　　　広島 97. 4.10広島高裁（荒木恒平） 91. 6.25広島地裁福山支部 （田川雄三）		内妻の娘一家３人殺人事件 88.6.12	
岡崎　茂男　　　仙台 迫　　康裕　　　〃 熊谷　昭孝　　　〃 98. 3.17仙台高裁（泉山禎治） 95. 1.27福島地裁 （井野場明子）	2	警察庁指定118号事件 〃 〃 86.7/89.7/91.5	殺人の被害者２人で３人に死刑判決。
黄　奕　善　　　東京 98. 3.26東京高裁（松本時夫） 96. 7.19東京地裁（阿部文洋）	1	警視庁指定121号事件 93.10.27～同12.20	マレーシア国籍。殺意の不在を主張。一審裁判時の通訳の誤訳を主張。
河村　啓三　　　大阪 末森　博也　　　〃 99. 3. 5大阪高裁（西田元彦） 95. 3.23大阪地裁（谷村充祐）	2	コスモ・リサーチ殺人事件 〃 88.1.29	
石橋　栄治　　　東京 99. 4.28東京高裁（佐藤文哉） 96. 3. 8横浜地裁小田原支部 （萩原孟）		神奈川２件強盗殺人事件 88.12.28/89.1.1	１審では、２件のうち１件を無罪として無期懲役判決。
中村　正春　　　大阪 99.12.22大阪高裁（河上元康） 95. 5.19大津地裁（中川隆司）		元同僚ら２人殺人事件 89.10.10/12.26	

藤間　静波　　　　　東京 00. 1.24東京高裁（荒木友雄） 88. 3.10横浜地裁（和田保）		母娘他５人殺人事件 81.5/82.5/82.6	本人が控訴を取下げたが弁護人が異議申立。特別抗告が認められ「控訴取下は無効」とされ、控訴審が再開された。
持田　孝　　　　　　東京 00. 2.28東京高裁（仁田陸郎） 99. 5.27東京地裁（山室恵）		被害届を出した女性への逆恨み殺人 97.4	１審の無期懲役判決が、検事控訴により２審で死刑判決。
倉吉　政隆　　　　　福岡 00. 6.29福岡高裁（小出錞一） 99. 3.25福岡地裁（仲家暢彦）		男女殺人事件他 95.4	
坂本　春野　　　　　高松 00. 9.28高松高裁（島敏男） 98. 7.29高知地裁（竹田隆）		２件保険金殺人事件 87.1.17/92.8.19	高裁判決時73歳。無実を主張。
山崎　義雄 00.10.26高松高裁（島敏男） 97. 2.18高松地裁（重古孝郎）		保険金殺人事件 85.11/90.3	１審の無期懲役判決が、検事控訴により２審で死刑判決。
竹澤一二三　　　　　東京 00.12.11東京高裁（高橋省吾） 98. 3.24宇都宮地裁 （山田公一）		栃木県3人連続殺人 90.9.13/93.7.28	嫉妬妄想による犯行と弁護側主張。

高裁係属中の死刑事件

氏名　　　　　　　拘置先	いわゆる事件名	備　　考
間中　博巳　　　　　東京 94. 7. 6水戸地裁下妻支部 （小田部米彦）	同級生２人殺人事件 89.8/9.13	
高橋　和利　　　　　東京 95. 9. 7横浜地裁（上田誠治）	横浜金融業夫婦殺人事件 88.6	無罪を主張。「死刑」から高橋和利さんを取り戻す会の会報がある。
金田　正勝　　　　　大阪 95. 9.12大阪地裁（松本芳希）	警察庁指定119号事件 91.11.13～92.1.5	旧姓西川。強盗殺人は否認、強殺未遂は殺意を否認。
宮崎　　勤　　　　　東京 97. 4.14東京地裁 （田尾健二郎）	埼玉東京４人連続幼女殺人事件　88.8～96.6	著書に『夢のなか』がある。
上田　宜範　　　　　大阪 98. 3.20大阪地裁（湯川哲嗣）	愛犬家ら5人連続殺人 92～93年にかけて	無実を主張。
下山　信一　　　　　東京 98. 5.26東京地裁（阿部文洋）	警視庁指定121号事件 93.10.27～12.20	計画的殺人ではなかったと主張。主導的役割を認定された。
陸田　真志　　　　　東京 98. 6. 5東京地裁（岩瀬徹）	ＳＭクラブ連続殺人事件 95.12.21	著書に『死と生きる―獄中哲学対話』（池田晶子と共著）がある。
岡崎　一明　　　　　東京 98.10.23東京地裁（山室恵）	坂本弁護士一家殺人事件等 98.11.4	自首は認めたが減刑せず。
山口　勝平　　　　　大阪 99. 1.27神戸地裁姫路支部 （加島義正）	不動産会社社長親子誘拐殺人事件 91.7	２人に死刑求刑されたが、もう１人は無期懲役判決に。
西本　晴芳　　　　　広島 99. 2.26岡山地裁（樽崎康英）	短銃による３人殺人事件 92.7.10	心神喪失もしくは耗弱の主張を認めず。

鎌田　安利　　　　大阪 99. 3.24大阪地裁（横田信之）	警察庁指定122号事件 （５人女性殺人）85～94年	２件に分けてそれぞれに死刑判決。
朴　日光　　　福岡 99. 6.14福岡地裁（仲家暢彦）	タクシー運転手殺人事件他 95.1	薬物の影響による心神喪失等を主張
新田　貞重　　　津 99. 6.23津地裁（柴田秀樹） 97. 9.29名古屋高裁により 死刑判決破棄差し戻し 97. 3.28津地裁四日市支部	四日市古美術商殺人事件等 94.3～95.3	共犯者は１審死刑判決、差戻審で無期に。
久間三千年　　　福岡 99. 9.29福岡地裁（陶山博生）	飯塚２女児殺害事件 92.2	無実を主張。
横山　真人　　　東京 99. 9.30東京地裁（山崎学）	地下鉄サリン事件 95.3.20	
西山　省三　　　広島 99.12.10最高裁差し戻し	三原市老女殺人事件 92.3	１、２審とも無期懲役判決。検事上告で最高裁が差し戻し。
平野　　勇　　　東京 00. 2.17宇都宮地裁 （肥留間健一）	夫婦殺害 94	
澤本　信之　　　名古屋 福元　義明 00. 3. 1津地裁（柴田秀樹）	比人女性２人殺人事件 98.12	被害者２名に対し、３人に死刑判決、うち一人（松山栄）は獄中で死亡
西村　佳明　　　福岡 00. 5.26熊本地裁（原田保孝）	熊本開業医の妻殺人事件 97.11	犯行の計画性を否定
林　　泰男　　　東京 00. 6.30東京地裁（木村烈）	地下鉄サリン事件 95.3.20	
豊田　　亨　　　東京 広瀬　健一 00. 7.18東京地裁（山崎学）	地下鉄サリン事件 95.3.20	
豊田　義己　　　名古屋 00. 7.19名古屋地裁（山本哲一）	静岡、愛知２女性殺害事件 96.8/97.9	
端本　　悟　　　東京 00. 7.25東京地裁（永井敏雄）	坂本弁護士一家殺人事件、 松本サリン事件　95.3.20	
早川紀代秀　　　東京 00. 7.28東京地裁（金山薫）	坂本弁護士一家殺人事件他 89.2/11	
高橋　義博　　　東京 00. 8.29横浜地裁（矢村宏）	医師ら２人強盗殺人事 92.7	

（2000年12月31日現在）

世の中の動き

一九九九年

1・1　欧州連合（EU）の単一通貨「ユーロ」誕生。

7　伝言ダイヤルで知り合った男に薬物を飲まされた女性2人が屋外に放置され凍死する事件発生。

14　自民・自由連立政権発足。

29　「地域振興券」の交付始まる。

2・2　「埼玉産野菜はダイオキシン濃度が高い」とテレビ朝日が報道。取扱い中止などの騒動が発生。

12　偽証と司法妨害で訴追を受けていたクリントン米大統領に対し、上院弾劾裁判は無罪と評決。

28　国内初の脳死移植手術実施。

3・1　対人地雷禁止条約発効。

8　憲法批判発言で中村正三郎法相が辞任。後任に陣内孝雄氏就任。

・23　日本領海内で発見された2隻の不審船に、海上自衛隊が威嚇射撃。

24　北大西洋条約機構（NATO）がユーゴ空爆に踏み切る。78日間に及ぶ軍事行動が続いた。

裁判の動き

一九九九年

1・27　神戸地裁姫路支部（加島義正裁判長）、不動産会社社長と娘の誘拐殺人事件で山口勝平さんに死刑、藤中政美さんに無期懲役（求刑死刑）の判決。他二名の共犯者には無期と懲役13年が言い渡された。山口さんは控訴し、一方検察側は藤中さんの無期判決を不服として控訴した。

2・25　最高裁第一小法廷（小野幹雄裁判長）、埼玉県三連続殺人事件で一、二審の死刑判決を支持し、否認を続ける高田和三郎さんの上告を棄却。

26　岡山地裁（楢崎康英裁判長）、三人射殺事件で西本晴芳さんに死刑判決。

3・5　大阪高裁（西田元彦裁判長）、「コスモリサーチ」殺人事件で河村啓三さんと末森博也さんに、一審の死刑判決を支持し控訴棄却。

9　最高裁第三小法廷（千種秀夫裁判長）、保険金目当ての二人殺人事件で一審の死刑判決を支持し、嶋﨑末男さんの上告を棄却。一審の熊本地裁は無期判決。

11　東京地裁（山崎学裁判長）、資産家老女殺人事件で岡下香さんに無期懲役（求刑死刑）の判決。検察は控訴した。

死刑廃止運動の動き

一九九九年

1・23　安田さん不当逮捕・起訴抗議集会「安田さんとともに」〈安田さんを支援する会・東京〉。

26　かえるの会、大阪拘置所周辺夜廻り。

2・10　大道寺将司さんが浴田由紀子さんの裁判で証人として初出廷。東京拘置所内の非公開法廷。

3・12　「いのちの絵画展」広島で開催（14日まで）〈「いのちの絵画展」広島実行委員会〉。

20　「いのちの絵画展」徳島で開催（22日まで）〈「いのちの絵画展」徳島実行委員会〉。

31　天台宗「死刑制度に関する特別委員会」、死刑制度廃止を最終答申。

	4・11 石原慎太郎都知事誕生。横山ノック氏は大阪府知事に再選。 13 月刊誌に女性関係を掲載された則定衛東京高検検事長が辞任。 ・20 米コロラド州の高校で、男子生徒2人が銃を乱射。生徒ら13人が死亡。	5・7 中央省庁の内部文書の公開を義務づける「情報公開法」が成立。 13 98年7月に起きた「毒入りカレー事件」初公判。被告は全面否認。 24 「ガイドライン関連法」が成立。	6・15 北朝鮮の魚雷艇と韓国海軍艦
24 大阪地裁（横田信之裁判長）、5人の児童殺人事件で鎌田安利さんに死刑判決。 25 福岡地裁（仲家暢彦裁判長）、2人の殺人と強盗で倉吉政隆さんに死刑判決。 26 最高裁第一小法廷（井嶋一友裁判長）、殺人と爆発物取締罰則違反などで一、二審で無期懲役の判決を受け上告していた島田丑之助さんの上告を棄却。島田さんは一部を否認していた。	4・27 東京高裁（神田忠治裁判長）、老夫婦殺人事件で一審の無期懲役判決を支持し、検察側の控訴を棄却。検察は上告せず、大野春雄さんの無期懲役が確定した。 28 東京高裁（佐藤文哉裁判長）、2件の強盗殺人で一審の無期懲役判決を破棄し、石橋英治さんに死刑判決を言い渡した。石橋さんは1件の殺人を否認。一審の横浜地裁小田原支部はそれを認め無罪とし、無期懲役としていた。東京高裁はこの事件も有罪とした。	5・13 水戸地裁（松尾昭一裁判長）、従業員2人殺人事件で佐藤忍さんに無期懲役（求刑死刑）の判決。検察は控訴した。 27 東京地裁（山室恵裁判長）、逆恨み殺人事件で持田孝さんに無期懲役（求刑死刑）の判決。検察は控訴した。	6・14 福岡地裁（仲家暢彦裁判長）、2人の殺人
	4・1 京都・東本願寺で真宗大谷派が「いのちの絵画展」開催（5月9日まで）。 13 かえるの会、大阪拘置所周辺夜廻り。 17 戸谷喜一氏講演会「刑務官の苦悩・死刑に立ち会った刑務官は語る」〈死刑廃止ネットワークセンター大阪〉。 18 東本願寺で講演会「死刑制度と私・中山千夏」〈真宗大谷派〉。 25 東本願寺で講演会「死刑制度と私・向井武子」〈真宗大谷派〉。 28 国連人権委員会、死刑廃止決議を採択。	5・アムネスティ日本支部制作ビデオ「死刑廃止を考える」完成、販売開始。 8 フォーラム90連続シンポ　海渡雄一。 20 「後藤田正晴元法相世論調査事実誤認死刑執行裁判」（後藤田裁判）、原告74名が松山地裁に提訴。 25 かえるの会、大阪拘置所周辺夜廻り。 26 米ネブラスカ州議会が可決した「2年間の死刑執行停止法案」にジョハンズ州知事が拒否権を発動。法案成立は微妙に。	6・5 エリツィン・ロシア大統領、死刑囚全員を恩赦で減刑。

艇が銃撃戦。魚雷艇1隻が沈没。	7・8 「中央省庁改革関連法」と「地方分権一括法」が成立。 23 全日空機がハイジャックされ機長が死亡。犯人は同機を操縦した模様。 30 総務庁が6月の完全失業率は過去最悪の4・9％と発表。
で朴日光さんに死刑判決。 23 津地裁（柴田秀樹裁判長）、古美術商殺人事件で新田貞重さんに死刑、山口益生さんに無期懲役（求刑死刑）の判決。新田さんは控訴、検察も山口さんの無期を不服として控訴した。 25 最高裁第二小法廷（福田博裁判長）、3人殺人事件で福岡道雄さんの上告を棄却。福岡さんは一貫して否認したが認められず死刑が確定した。 大阪地裁（大島隆明裁判長）、一家3人殺害で岡田直人さんに無期懲役（求刑死刑）の判決。検察は控訴した。	
死刑囚ゼロに。 20 いのちの絵画展・福岡プレイベント「癒しと和解への旅」（坂上香）〈いのちの絵画展・福岡実行委員会〉。 25 監獄人権センター大阪99年総会 記念講演「ジュネーブ国連規約人権委員会報告」講師＝シルビア・ブラウン・浜野（龍谷大学国際文化学部教授）。 26 監獄人権セミナー「日本の監獄、世界の監獄」〈監獄人権センター〉。	7・6 「いのちの絵画展」in福岡（11日まで）〈いのちの絵画展・福岡実行委員会〉。 米国処刑場写真展（東京）「死刑囚、最期の部屋」（11日まで）〈アムネスティ日本支部〉。 8 弁護士・安田好弘さん支援〝突破者〟宮崎学講演会――地獄への道はアホな正義で埋まっとる――〈死刑廃止フォーラムinおおさか〉。 10 フォーラム90連続シンポ 小嵐九八郎／ビデオ「隠された死刑囚」上映。 13 かえるの会、大阪拘置所周辺夜廻り。 17 「いのちの絵画展」in仙台（23日まで）〈死刑廃止連絡会・みやぎ〉。 19 公明党「基本政策案」に「死刑制度廃止の検討」を掲げる。 22 ルシンダ・デブリン写真展「オメガ・スウィーツ」（27日まで）〈アムネスティ・インターナショナル日本支部〉

8・9 「国旗・国歌法」が成立。
「国家公務員倫理法」が成立。
12 「通信傍受法」を含む「組織的犯罪対策三法」が成立。住民票にコード番号をつける「改正住民基本台帳法」が成立。
14 大雨で中州に取り残されたキャンパー18人のうち13人が濁流にのまれ死亡。
30 実の息子に保険金をかけ殺害した容疑で母親と知人が逮捕される。
東ティモールの住民投票で独立派が勝利。残留派民兵の暴動で騒乱状態に陥り、国連が多国籍軍を派遣する事態に発展した。

9・2 神奈川県警集団警邏隊での暴行事件発覚。以後、巡査長の女性脅迫、覚醒剤使用もみ消しなど不祥事が次々と発覚。
7 無期懲役で服役していた金嬉老服役囚が、逮捕から31年半ぶりに仮出獄し、韓国へ帰国。
8 東京・池袋で通行人が刃物を

9・6 東京地裁（木村烈裁判長）、弁護士夫人殺人事件で西田久さんに無期懲役（求刑死刑）の判決。検察は控訴した。
13 最高裁第一小法廷（大出峻郎裁判長）、交際中の女性とその両親殺人で一、二審の死刑判決を支持、松井喜代司さんの上告を棄却。
29 福岡地裁（陶山博生裁判長）、幼女殺人事件で久間三千年さんに死刑判決。久間さんは一貫

24 集会&デモ「安田弁護士はなぜ保釈されないのか」（海渡雄一、佐高信、辛淑玉、宮崎学）〈安田さんを支援する会・東京〉

8・21 第12回死刑廃止合宿（松山）
31 「死刑廃止を推進する議員連盟」（左藤恵会長）が陣内孝雄法相に「死刑執行の一時停止」などを要請した。法務省・松尾邦弘刑事局長は「刑場視察」の要請を容認する方針を明らかにした。

9・1 佐川和男、佐藤真志、高田勝利、森川哲行各氏への人身保護請求を福岡地裁に申し立て。申立人は福岡・山崎博之タンポポの会代表。7日請求棄却決定。
10 死刑執行。佐藤真志さん（東京拘置所）、高田勝利さん（仙台拘置支所）、森川哲行さん（福岡拘置所）の3人が執行された。
「死刑廃止を推進する議員連盟」の保坂展人、福島瑞穂両議員が法務省を訪れ、陣内孝雄法相に抗議。面会後の記者会見には

持った男に襲われ、2人が死亡、6人重軽傷を負う。
25　民主党新代表に鳩山由起夫氏を選出。
　下関市で男が乗用車で通行人をはねた上、包丁で刺し5人が死亡、10人が重軽傷を負う。
30　東海村で国内初の臨界事故発生。150人が被ばくし一人は12月21日に死亡。

して否認していた。

　浦和地裁（須田まさる裁判長）、老夫婦殺人事件で岡崎輝光さんに無期懲役（求刑死刑）の判決。

　大阪高裁、甲山事件で山田悦子さんに三度目の無罪判決。検察は上告せず山田さんの無罪が確定した。
30　東京地裁（山崎学裁判長）、地下鉄サリン事件で実行犯の横山真人さんに死刑判決。地下鉄サリン事件では初めての死刑判決。
　福岡高裁那覇支部（飯田敏彦裁判長）、中3女子拉致殺人事件で一審の無期懲役（求刑死刑）を支持し、検察の控訴を棄却。検察は上告せず、柳末盛さん、上野勝さんの無期が確定。


アムネスティ・インターナショナル日本支部の森沢珠里事務局長も同席。

　フォーラム90、アムネスティ・インターナショナル日本支部、死刑執行停止連絡会議連名で「抗議声明」発表。

　アムネスティ・インターナショナル日本支部声明発表。「止まらぬ死刑執行～国際的な潮流を無視し、人権侵害を続ける日本政府～」

　大阪司法記者クラブで7団体連名で「抗議声明」発表〈アムネスティ・インターナショナル日本支部、死刑廃止フォーラムinおおさか、監獄人権センター大阪、死刑廃止を考える弁護士の会、かたつむりの会、統一獄中者組合関西、監獄個別ネットワーク関西〉。
11　死刑廃止・タンポポの会が福岡拘置所に抗議行動、ビラまき。
12　東京・早稲田の日本キリスト教会館で緊急抗議集会〈フォーラム90・東京〉。
13　人身保護請求棄却で、タンポポの会・山崎博之さんが最高裁に特別抗告。すでに3人が執行されたが「国は誰を死刑にしたか公表していない。正式な形で聞いていない以上、裁判所の判断がほしい」（代理人・山崎吉男弁護士）との趣旨から。
　名古屋高裁刑事二部（笹本忠男裁判長）は、「名張毒ぶどう酒事件」第六次再審請求棄却異議申し立てを棄却。弁護団は最高裁に特別抗告。
14　法務省前執行抗議ビラまき。
かえるの会、大阪拘置所周辺夜廻り。
18　ミニ集会第4回「無実の死刑囚　袴田巌」上映とお話（笹原恵）〈東京拘置所のそばで死刑について考える会（以下・

	10・5　小渕第二次改造内閣発足。自自公連立政権発足。法務大臣に臼井日出男氏就任 20　雑誌の対談で核武装論議の必要性を提起した西村真悟防衛政務次官が更迭。 21　リクルート事件で受託収賄罪に問われた藤波孝生元官房長官の上告が棄却され、有罪確定。	11・25　東京・文京区で行方不明になっていた幼女（2歳）を「殺して埋めた」と近所の主婦が自首。「お受験殺人」などと騒がれる。
		11・24　盛岡地裁（須藤浩克裁判長）、幼女殺人事件で坂上久幸さんに無期懲役（求刑死刑）の判決。検察は控訴した。 29　最高裁第二小法廷（福田博裁判長）、強姦・強盗殺人事件で二審の無期懲役を支持し、検察の上告を棄却した。一審死刑、二審無期、検察が異例の上告と注目を集めた上告審だったが、岡
そばの会〉。 25　「いのちの絵画展」金沢で開催（26日まで）〈真宗大谷派浄専寺〉。 27　安田好弘弁護士、9回目の請求が通り保釈。逮捕から296日ぶりに帰還。 30　「いのちの絵画展」金沢で開催（10月3日まで）〈真宗大谷派金沢教区〉。	10・2　東京拘置所へデモ〈フォーラム90、争議団連絡会議、統一獄中者組合、そばの会、爆取に反対する会、安田さんを支援する会・東京〉。 4　「いのちの絵画展」プレイベント講演会「正義があっても殺さない」（中山千夏）〈真宗大谷派沖縄開教本部〉。 11　「いのちの絵画展」沖縄で開催（17日まで）〈真宗大谷派沖縄開教本部〉。 16　中山千夏さんが語る死刑廃止〈アムネスティ・インターナショナル日本支部〉 滞日外国人死刑囚を考える集会〈滞日外国人労働者陳さん何さんを支える会〉 23　フォーラム90連続シンポ　道浦母都子「生きることうたうこと」	11・8　札幌拘置支所で太田勝憲死刑囚が自殺。 13　「安田さんが帰ってきたぞ！　歓迎と報告の集い」〈安田さんを支援する会・東京〉 24　かえるの会、大阪拘置所周辺夜廻り。 25　欧州連合（EU）外交安全保障制作責任者ソラナ上級代表が、トルコの上訴裁判所でクルド労働者党オジャラン党首の死刑判決を支持したことに対し、「死刑を執行すればトルコのE

12・21 横山ノック大阪府知事、強制わいせつ容疑で大阪地検の強制捜査を受け、辞表提出。

京都の小学校校庭で小二男児が若い男に殺される。

27 沖縄・名護市長、普天間飛行場返還問題で、代替施設の受け入れを表明。

敏明さんの無期が確定した。

12・10 最高裁第二小法廷（河合伸一裁判長）、無期仮釈放中の強盗殺人事件で一、二審の西山省三さんへの無期懲役判決を破棄し、高裁差し戻しの判決。死刑を求めて検事上告された事件で、差し戻されたのは永山則夫さん以来。

16 最高裁第一小法廷（井嶋一友裁判長）、道庁職員夫妻殺人事件で一、二審とも無期懲役判決を受けた安川奈智さんに対し検事上告されていた裁判で、上告棄却の決定。

最高裁第一小法廷（遠藤光男裁判長）、銀行員殺人と脅迫容疑で一、二審とも無期懲役判決を受けた仲谷広美さんに対し検事上告されていた裁判で、上告棄却の決定。

22 大阪高裁（河上元康裁判長）、2人のバラバラ殺人事件で一審の死刑判決を支持し、中村正春さんの控訴を棄却。

24 最高裁第三小法廷（元原利文裁判長）、両親殺人事件で一、二審とも無期懲役判決を受けた藤村英彦さんに対し検事上告されていた裁判で、上告棄却の決定。

U加盟は極めて困難になる」と警告した。

27 総理府世論調査結果発表。死刑容認79・3%、廃止8・8%。

30 臼井法相、終身刑について「諸外国にもあり慎重に検討していきたい」と発言。

12・1 「いのちの絵画展」・大阪（8日まで）〈「いのちの絵画展」をみる会・大阪〉

11 フォーラム90連続シンポ 坂上香「加害者／被害者と死刑制度――刑罰と癒し」

15 佐川和男、坂口弘、永田洋子、澤地和夫、猪熊武夫各氏の人身保護請求を東京高裁に申し立て。同時に法務大臣、東京拘置所所長に「執行を中止せよ」との電報発信。

保坂展人衆院議員「国会閉会後に繰り返される死刑執行と世論調査などに関する質問主意書」提出。

16 アムネスティ・インターナショナル本部（ロンドン）が、17日に死刑執行があるとの情報を得たとし、執行中止を日本政府に求める声明を発表。

17 死刑執行。佐川和男さん（東京拘置所）、小野照男さん（福岡拘置所）の2人が執行された。小野さんは再審請求を出した直後の執行。人身保護請求への高裁の判断を待たずの執行でもあった。

福岡・タンポポの会、福岡拘置所に抗議行動。

「死刑廃止議連」二見伸明、竹村泰子、保坂展人三議員が、臼井法相に「再審請求や人身保護請求中の執行は不当」と抗議。

フォーラム90、司法記者クラブで記者会見、抗議声明発表。

アムネスティ・インターナショナル日本支部、死刑執行の即時停止を求める声明発表。

二〇〇〇年

1・4　イタリアと朝鮮民主主義人民共和国（北朝鮮）が外交関係を樹立。

23　吉野川可動堰計画の賛否を問う徳島市住民投票で、反対票が90%。

28　新潟県三条市内で行方不明になった女性が柏崎市内で監禁されているところを保護された。9年ぶりの発見。また、この日県警本部長は報告を受けながら宴席から戻らず麻雀をしていたことが発覚。2月29日付で辞任に至る。

2・6　全国初の女性知事が大阪府に誕生。

13　グリコ・森永事件、時効。

25　金融機関への手心発言で越智

二〇〇〇年

1・24　東京高裁（荒木友雄裁判長）、5人連続殺人事件で一審の死刑判決を支持し、藤間静波さんの控訴を棄却。藤間さんは91年に自ら控訴を取り下げていたが、弁護人が取り下げ無効の申し立てをし、認められ審理が再開されていた。

2・4　最高裁第二小法廷（北川弘治裁判長）、強姦・強盗殺人事件で一、二審の死刑判決を支持し、北川晋さんの上告を棄却。

9　広島地裁（戸倉三郎裁判長）、四女性殺人

死刑廃止ネットワークセンター大阪、執行抗議声明発表。

死刑廃止フォーラムinなごや、執行抗議声明発表

福岡高裁、Tシャツ訴訟で実質原告勝訴の一審判決を維持する判決。

18　フォーラム90、緊急執行抗議集会。

真宗大谷派（本山・東本願寺）、死刑執行停止を求める声明発表。

法務省、「同理由での再審請求なら死刑執行もあり得る」

監獄人権セミナー「リストラティブ・ジャスティスとはなにか」〈監獄人権センター〉

20　日本キリスト教協議会、執行抗議声明発表。

二〇〇〇年

1・7　イタリアの服飾メーカー、ベネトン・グループが、刑の執行を待つ米国の死刑囚の顔写真を大写しにした商業広告を発表。

24　40年以上服役している無期懲役囚が11人いることが福島瑞穂参院議員の質問主意書で明らかに。

26　かえるの会、大阪拘置所周辺夜廻り。

28　出版妨害訴訟敗訴（東京地裁）。

31　米イリノイ州・ライアン知事が死刑執行を一時停止する全米初の措置を発表。87年以降、死刑囚13人の無実が判明したため。

2・10　再審請求中の執行問題で法務省（古田刑事局長）と弁護士（海渡雄一氏、山崎吉男氏ら7名）が意見交換。

通雄金融再生委員長が辞任。	事件で日高広明さんに死刑判決。日高さんは控訴せず、死刑が確定。 18 宇都宮地裁（比留間健一裁判長）、夫婦殺人・放火事件で平野勇さんに死刑判決。 28 東京高裁（仁田陸郎裁判長）、逆恨み殺人事件で一審の無期懲役判決を破棄し、持田孝さんに死刑判決。	
3・8 地下鉄日比谷線中目黒駅付近で脱線した下り電車に上り電車が衝突。68人が死傷。 18 レバノン国外退去の日本赤軍四人が逮捕、収監される。 31 北海道有珠山が22年ぶりに噴火。	3・1 津地裁（柴田秀樹裁判長）、フィリピン女性2人殺人事件で澤本信之さん、松山栄さん、福元義明さんの3名に死刑判決。控訴審が始まった10月に松山さんが病死。 9 福岡高裁那覇支部（飯田敏彦裁判長）、警察官射殺事件で座間味秀雄さんに無期懲役（求刑死刑）の判決。 10 東京地裁（秋吉淳一郎裁判長）、仮釈放中の殺人事件で奥田幸司さんに無期懲役（求刑死刑）の判決。 15 福岡地裁（陶山博生裁判長）、保険金目当て2人殺人事件で小田義勝さんに死刑判決。弁護人が控訴したが小田さんが取り下げ、死刑が確定。 16 大阪地裁堺支部（古川博裁判長）、2人殺人事件で久堀毅彦さんに無期懲役（求刑死刑）の判決。 22 山口地裁（渡辺了造裁判長）、母子殺人事件で少年に無期懲役（求刑死刑）の判決。	3・14 臼井法相「死刑確定者が再審を請求していても、当然棄却が予想される場合は刑の執行もやむを得ない」と福島瑞穂議員の質問に答弁。 18 ミニ集会第5回「死刑廃止を考える」（アムネスティの方を招いて）〈そばの会〉 19 「大阪拘置所のそばで桜のつぼみを見る集い」〈死刑廃止フォーラムinおおさか〉
4・2 小渕首相、自由党との連立解消に踏み切る。この日未明脳梗塞で	4・4 最高裁第三小法廷（奥田昌道裁判長）、2人殺人事件で松本健次さんの上告を棄却。死刑が	4・2 「サクラを見ながら死刑について考える集い」〈そばの会〉 18 「いのちの絵画展」名古屋で開催（23日まで）〈真宗大谷

倒れ、5人組が森氏を後継首相に決める。 5　森内閣発足。 15歳の中学生が同学年の少年から5400万円を脅し取り逮捕。 9　石原慎太郎都知事が陸上自衛隊式典で「三国人」発言。 16　熊本県で大阪府に次いで二人目の女性知事誕生。	5・1　愛知県豊川市で、少年が見ず知らずの主婦を40ヶ所も刺して殺害。 3　少年が高速バスを乗っ取り、乗客乗員を人質に立てこもる。乗客の女性一人が死亡。 12　「犯罪被害者保護法」が成立。 15　森首相「神の国発言」で非難を浴びる。 18　「ストーカー規制法」が成立。	6・11　宇都宮市の宝石店が放火され、従業員6人が焼死。 13　金大中韓国大統領が北朝鮮を訪問。金正日総書記と会談。 20　森首相「寝ててくれればいい」発言。 21　岡山県の高校生が母親を金属バットで殴殺。15日後に秋田県内で
確定。	5・26　熊本地裁（原田保孝裁判長）、医師の妻殺人事件で西村佳明さんに死刑判決。 30　福岡高裁（小出錞一裁判長）、2人殺人事件で池田忠則さんへの一審無期懲役（求刑死刑）を支持し、検察の控訴を棄却。検察は上告せず無期懲役が確定。主犯とされる倉吉政隆さんは一審で死刑判決を受け、現在控訴審。	6・6　東京地裁（井上弘通裁判長）、地下鉄サリン事件で井上嘉浩さんに無期懲役（求刑死刑）の判決。検察は控訴した。 29　東京地裁（木村烈裁判長）、地下鉄サリン事件で林泰男さんに死刑判決。 福岡高裁（小出錞一裁判長）、2人殺人事件で一審の死刑判決を支持し、倉吉政隆さんの控訴を棄却。
派名古屋別院〉。 27　国連人権委員会で死刑廃止決議を採択。	5・　公明党、「終身刑導入検討プロジェクトチーム」設置。 13　死刑執行抗議集会・松山（原裕司、生田暉雄）〈死刑廃止国際条約の批准を求める四国フォーラム・愛媛〉。 19　永山こども基金「Nから子どもたちへ――ペルーの子どもたちと、今」（早稲田奉仕園） 20　とちぎ人権ネット講演会　菊田幸一「死刑廃止に向けて今何をなすべきか」。 24　かえるの会、大阪拘置所周辺夜廻り。	6・　フォーラム90から死刑執行阻止緊急行動を各地に要請、監視行動が行われた。 4　死刑廃止議連竹村泰子議員、保坂展人議員が法務省古田刑事局長に死刑執行中止要請。 7　死刑廃止フォーラムinおおさか、大阪地裁司法記者クラブで記者会見。再審請求中の2死刑囚の執行をするなとの趣旨。 死刑廃止フォーラムinなごや、名古屋拘置所に「執行停止」の申し入れ。

逮捕。
25　総選挙。自民党が惨敗するも、与党連合で絶対安定多数を確保した。
30　中尾栄一元建設相が受託収賄容疑で逮捕される。

7・4　第二次森連立内閣発足。法務大臣に保岡興治氏就任。
8　三宅島の雄山が17年ぶりに噴火。8月18、29日には大噴火も起き、9月1日全島避難が発令された。
21　九州・沖縄サミット開催。
30　銀行から利益供与を受けていた久世公堯金融再生委員長が更迭される。

8・14　大分県内の農家に高校生が侵入し、サバイバルナイフで一家6人

7・17　東京地裁（山崎学裁判長）、地下鉄サリン事件で豊田亨さん、広瀬健一さんに死刑判決。これでサリン散布役5人のうち4人に死刑が言い渡された。
19　名古屋地裁（山本哲一裁判長）、女性2人殺人事件で豊田義己さんに死刑判決。
25　東京地裁（永井敏雄裁判長）、坂本さん一家殺害と松本サリン事件で端本悟さんに死刑判決。
28　東京地裁（金山薫裁判長）、坂本さん一家殺害など7事件で早川紀代秀さんに死刑判決。

8・29　横浜地裁（矢村宏裁判長）、医師ら2人強盗殺人事件で高橋義博さんに死刑判決。共犯者3

衆議院選立候補者に「死刑に関するアンケート」発送〈フォーラム90東京と四国フォーラムの共同行動〉。
8　死刑廃止フォーラムinおおさか、執行阻止夜回り。
9　フォーラム東京、午前7時から正門近くの公園、正門を見渡せる荒川土手から監視行動。ビデオ映像をインターネットでライブ中継。
死刑廃止・タンポポの会、福岡拘置所に申し入れ。

東京拘置所内では、多数の獄中者が所長面接を要求し「死刑執行をするな」の声を挙げた。
＊各地の緊急行動が執行を止めた。
21　遺族が死刑囚の減刑を求める上申書。
22　米カリフォルニア州世論調査で「死刑制度の公正さが証明されるまで執行停止に賛成」が73%。
25　辺見庸講演会「死刑のある国・日本　私たちはどのような時代に生きているのか」〈フォーラム90〉。

7・5　公明党・上田勇法務総括政務次官が「できれば死刑廃止の方向で議論を進めたい」と就任記者会見で語る。
11　「いのちの絵画展」島根で開催（16日まで）〈いのちの絵画展松江実行委員会〉。

8・31　死刑廃止フォーラムinおおさか、執行阻止夜回り。

を殺傷。	名は無期懲役（うち1名は求刑死刑）。	
9・28 イスラエルとパレスチナが衝突。死者は200人を超えた。	9・8 最高裁第二小法廷（河合伸一裁判長）、4人連続殺人事件で一、二審の死刑判決を支持し、田中（旧姓宮下）政弘さんの上告を棄却。 18 横浜地裁（岩垂正起裁判長）、強盗殺人・強盗強姦で板垣学さんに無期懲役判決。 28 高松高裁（島敏男裁判長）、保険金目当て2人殺人事件で一審死刑判決を支持し、坂本春野さんの控訴を棄却。	9・7「死刑廃止義連」竹村泰子参院議員と保坂展人衆院議員が、死刑執行停止を求める申入書を保岡興治法相に提出。死刑廃止フォーラムinおおさか、執行阻止夜回り。 8 東京拘置所前で緊急監視行動。 9 ビデオ「絞死刑」（監督・大島渚）上映と講演「正義があっても殺さない」（中山千夏）〈救援連絡センター〉獄中・獄外ジョイントセミナー「人質・拷問としての拘留体験」（安田好弘／佐々木通武）〈統一獄中者組合〉 10 与党三党「終身刑導入検討プロジェクトチーム」発足。 13 死刑廃止フォーラムinおおさか、執行阻止夜回り。 14 東京拘置所前で緊急監視行動。 21 死刑廃止フォーラムinおおさか、執行阻止夜回り。 29 後藤田裁判（松山地裁）、原告の主張を認めながら「さほどの利益侵害はなかった」と請求棄却判決。原告は控訴。
10・5 ユーゴのミロシェビッチ独裁政権が崩壊。 15 長野県に田中康夫新知事誕生。 26 参院比例区を非拘束名簿式とする改正案が可決、成立。 27 中川秀直官房長官が女性問題などで辞任。	10・26 高松高裁（島敏男裁判長）、連続保険金殺人事件で一審の無期懲役判決を破棄し、山崎義雄さんに死刑判決。	10・7 かえるの会、大阪拘置所周辺夜廻り。 21「癒しと和解への旅をめぐって」（坂上香、服部美恵子、原田正治、日方ヒロコ）〈死刑廃止フォーラムinなごや他〉。
11・5 旧石器発掘捏造事件発覚。 8 重信房子・日本赤軍最高幹部が大阪で逮捕される。 11 オーストリアのケーブルカー	11・14 仙台高裁（泉山禎治裁判長）、幼女殺人事件で一審の無期懲役判決を支持し、検察の控訴を棄却。	11・18 ミニ集会第6回「日独裁判官物語」（元裁判官の方を招いて）〈そばの会〉 30 午前10時前、保坂展人、大島令子両議員が松尾法務事務次官に執行停止の直談判。 死刑執行。藤原清孝（旧姓勝田）さん、宮脇喬さん（ともに

火災で155人死亡。

20　内閣不信任案否決。反乱を起こした加藤・山崎氏らは腰砕けに終わる。

28　刑事罰の対象年齢を「14歳以上」に引き下げるなどの「改正少年法」が成立。

12・4　東京・新宿歌舞伎町のビデオ店に高校生が作った爆弾が投げ込まれ爆発。

5　森第二次改造内閣発足。法務大臣に高村正彦氏就任。

13　11月7日に投票されたフロリダ州の集計を巡って混迷を続けていた大統領選が決着。新大統領はブッシュ氏。

16　渋谷駅前で高校生が金属バットで殴り8人に重軽傷を負わせる。

12・11　東京高裁（高橋省吾裁判長）、栃木3人殺人事件で一審死刑判決を支持し、竹沢一二三さんの控訴を棄却。

名古屋拘置所）、大石国勝さん（福岡拘置所）の三人が執行された。

午後2時30分、廃止議連の保坂、大島、木島、竹村、江田の各議員が松尾事務次官に抗議。記者会見で抗議声明発表。

イタリアで「ハンズ・オフ・カイン」のメンバー50人（国会議員も参加）が、日本大使館に死刑執行抗議デモ。

30　死刑廃止フォーラムinおおさか、司法記者クラブへ執行抗議声明配布

12・1　死刑廃止・タンポポの会、福岡拘置所に抗議行動。死刑廃止議員連盟、新執行部選出。会長・竹村泰子（民主党）、副会長・金田誠一（民主党）、木島日出夫（共産党）、福島瑞穂（社民党）、事務局長・保坂展人（社民党）

2　フォーラム東京緊急抗議集会。

7　出版妨害訴訟控訴審敗訴。

26　「いのちの絵画展」聖心女子大マリアンホール（28日まで）

編集後記

諸般の事情で二〇〇〇―二〇〇一年合併号となってしまった。早くから原稿を寄せていただいた方にはお詫びの言葉もない。また悪法がどんどん成立した小渕一四五国会があり再審請求中の確定囚まで処刑され、安田弁護士も長期間獄中にとらわれていた九九年という転換点の時代を総括する座談会に出ていただいた方にも、刊行の遅延をお詫びせねばならない。合併号にしたことで、メインの特集も「終身刑を考える」に変えた。これからは年はじめの刊行を読者・執筆者の皆さんに約束すると共に、一刻も早く死刑制度を廃絶させ、本誌を廃刊にすることを切に希んでいる。

二〇〇一年は高松での死刑廃止合宿で始まった。私は安田弁護士たちと八名で夜行列車で高松入り。全国から七〇名ほどが集まり、死刑廃止に向けてどのような行動をとるか、様々な意見が出された。

今年二〇〇一年は、欧州評議会から日本の死刑制度の実態調査が来たり、六月の欧州評議会での死刑廃止会議に日本の死刑廃止運動からもオブザーバーを派遣することになっていたり、死刑廃止情報センター設立、フォーラム90のホームページ作成など、さまざまな新しい試みが行われることになりそうだ。

まず二月二〇日、欧州評議会人権委員会のグンナール・ヤンソン委員長らを歓迎するため、月島のもんじゃ焼き屋に三〇名ほどのフォーラム関係者が集まった。この日から彼は精力的に免田栄さんや死刑囚家族、被害者遺族、死刑事件の弁護人など多数から聞き取りを行い、日本での死刑制度の実態を調査した。また高村正彦法務大臣にも会い、死刑囚監房の視察を申し入れたりした。この年報の英語版が出ていれば、この調査の役にたっただろうにと一瞬思ったが、とてもそこまで余力はない。とにかくいま、日本での非人間的な死刑囚処遇と死刑執行の実態が世界で問題にされようとしているのだ。新しい展開を期待したいと思う。

年報死刑廃止のバックナンバー総目次は小社ホームページに掲載されている。また死刑廃止運動関連の重要文献は現在作製途上にあるフォーラム90のホームページに順次掲載される。http://www.jca.apc.org/stop-shikei/ がURLです。

（深田卓）

編集委員
阿部圭太
岩井信
江頭純二
菊池さよ子
菊田幸一
島谷直子
高田章子
対馬滋
永井迅
安田好弘（50音順）
深田卓（インパクト出版会）

装幀・本文レイアウト
貝原浩

協力
フォーラム90実行委員会

終身刑を考える

年報・死刑廃止2000-2001

定価2000円＋税
2001年3月15日　第１刷発行

編集・年報・死刑廃止編集委員会

発行・㈱インパクト出版会
東京都文京区本郷2-5-11
服部ビル
TEL03-3818-7576
FAX03-3818-8676
E-mail:impact@jca.apc.org
http://www.jca.apc.org/~impact/
郵便振替00110-9-83148

印刷・モリモト印刷
ISBN4-7554-0104-6

殺すこと殺されること　死刑制度と日本社会Ⅰ
かたつむりの会 編　鶴見俊輔・池田浩士・野本三吉・戸次公正 著　1650円＋税
死刑という問題を単に国家の制度としてのみとらえるのではなく、それを支え、むしろ望んでいる私たち民衆の側の問題として、その文化・歴史・教育・心理とさまざまな角度から考える。

死刑の文化を問いなおす　死刑制度と日本社会Ⅱ
かたつむりの会 編　森毅・なだいなだ・新島淳良・内海愛子・吉田智弥 著　1650円＋税
93年3月、三年四か月の停止を破り、死刑執行が再開された。なぜ死刑はなくならないのか。死刑から私たちは何を学ぶべきか。死刑のある社会に生きることの意味を問いなおす。

グローバル化と女性への暴力　市場から戦場まで
松井やより 著　2200円＋税
経済のグローバル化が世界を覆いつくし、貧富の格差を拡げ、生命さえ脅かしている今、最も犠牲を強いられているのは「女性」である。いまグローバル化の真実を知るための１冊。

たたかう女性学へ　山川菊栄賞の歩み1981-2000
山川菊栄記念会 著　2800円＋税
女性の経験を掘り起こし、女性差別の現実をえぐりだす諸研究に贈られる山川菊栄賞の20年には20世紀後半の女性学の歴史が凝縮されている。いま山川菊栄を学びなおすために。

女たちの〈銃後〉　増補新版
加納実紀代 著　2500円＋税
女たちは戦争の主体だった！　三原山の自殺ブームで幕を開けた1930年代からエロ・グロ・ナンセンス、阿部定、そして国防婦人会・大日本婦人会へ。十五年戦争下の女性を描く女性史の決定版。

まだ「フェミニズム」がなかったころ
加納実紀代 著　2330円＋税
「遅れリブ」を自称する女性銃後史研究の第一人者がみずみずしい文体で若い世代に贈る1970年代論。働くこと、子育て、母性、男社会を問うなかから21世紀の女の生き方を探る。

女のくせに　草分けの女性新聞記者たち
江刺昭子 著　2300円＋税
生きた、恋した、書いた……。「明治」から「大正」へ、男に伍してジャーナリズムの最先端を、スキャンダラスに、そして革新的に生きた14人の女性記者たちの姿を生き生きと描きだす。

女がヒロシマを語る
江刺昭子・加納実紀代・関千枝子・堀場清子 著　2000円＋税
母性神話を越えて、女たちはヒロシマをどうとらえるか。21世紀へのメッセージ。

女に向かって　中国女性学をひらく
李小江 著　秋山洋子 訳　2000円＋税
自らの生活実感を基盤に「女に向かう」ことを提唱する現代中国女性学の開拓者・李小江の同時代史。「わたしはなぜ95年世界女性会議ＮＧＯフォーラムへの参加を拒絶したか」ほか収載。